KiWi
PAPERBACK
932

Über das Buch:
Al-Qaida hat sich grundlegend verändert. Das Netzwerk ist nicht nur professioneller geworden, es hat sich auch geöffnet: Im Internet wird über Ideologie und Strategie diskutiert, das Know-how für Anschläge steht zum Download bereit. Inzwischen kann jeder im Namen al-Qaidas zur Tat schreiten. Eine zentrale Lenkung von Aktionen findet kaum noch statt – und die Grenzen zwischen Sympathisanten und Kadern verschwimmen immer mehr. Besondere Probleme bereitet den Sicherheitsbehörden eine neue Generation von Glaubenskriegern, die durch ihre schnelle Radikalisierung in kein gängiges Muster mehr passt. Hier spielt der Krieg im Irak eine wichtige Rolle, scheint er doch die Grundüberzeugung der Terroristen zu bestätigen, der Westen führe einen »Kreuzzug« gegen die Muslime. Droht die neue al-Qaida zur Massenbewegung zu werden?
Yassin Musharbash hat die Online-Aktivitäten der Dschihadisten beobachtet, mit Aktivisten gechattet und ihre Sympathisanten im Nahen Osten getroffen. Im Buch macht er ihre Texte und die ihrer Idole zugänglich, bewertet sie und setzt sie in Beziehung zu aktuellen Erkenntnissen von Terrorexperten aus aller Welt.

Über den Autor:
Yassin Musharbash, geboren 1975, ist Sohn eines jordanisch-stämmigen Vaters und einer deutschen Mutter. Während des Studiums der Arabistik und Politologie in Göttingen und den Palästinensischen Gebieten begann er als Journalist zu arbeiten, u. a. für die »taz«, »Jordan Times« und die »Neue Osnabrücker Zeitung«. Heute ist er Redakteur bei SPIEGEL ONLINE.

Yassin Musharbash

Die neue al-Qaida

**Innenansichten eines
lernenden Terrornetzwerks**

Kiepenheuer & Witsch

1. Auflage 2006

© 2006 by Verlag Kiepenheuer & Witsch, Köln, und
© SPIEGEL ONLINE GmbH, Hamburg
Alle Rechte vorbehalten. Kein Teil des Werkes darf in irgendeiner Form
(durch Fotografie, Mikrofilm oder ein anderes Verfahren) ohne schriftliche
Genehmigung des Verlages reproduziert oder unter Verwendung elektro-
nischer Systeme verarbeitet, vervielfältigt oder verbreitet werden.
Umschlaggestaltung: Barbara Thoben, Köln
Gesetzt aus der Sabon und der ITC Franklin Gothic
Satz: Pinkuin Satz und Datentechnik, Berlin
Druck und Bindearbeiten: Clausen & Bosse, Leck
ISBN 10: 3-462-03667-X
ISBN 13: 978-3-462-03667-1

Inhalt

6
Auf dem Weg zur Bewegung?
Al-Qaidas Zukunft

Vorwort

Die endgültige Entscheidung, dieses Buch zu schreiben, fällte ich im März 2005 nach einer Begegnung mit einem Taxifahrer namens Abd al-Karim in der jordanischen Hauptstadt Amman. Abd al-Karim ist kein gesuchter Topterrorist; auch verbringt er seine Tage nicht damit, sich Enthauptungsvideos aus dem Internet herunterzuladen oder Osama Bin Ladens neueste Reden nachzulesen. Abd al-Karim ist nur ein einfacher Islamist, wie es viele in der arabischen Welt gibt. Trotzdem waren es gerade seine Überzeugungen, Zweifel und Hoffnungen, die mich darin bestärkten, dass jeder Versuch, den internationalen islamistischen Terrorismus zu verstehen, zum Scheitern verurteilt ist, wenn man die Perspektive von Menschen wie Abd al-Karim außer Acht lässt – die Perspektive der Menschen nämlich, an die Osama Bin Laden und seine Mitstreiter sich in allem, was sie tun, vornehmlich wenden. *Ihr* Echo ist für die Dschihadisten von Bedeutung – nicht die Analyse westlicher Terrorexperten.

An dem Tag, an dem ich Abd al-Karim begegnete, hatte ich eigentlich die Abu-Darwisch-Moschee besuchen wollen. Dieses kleine, ganz aus schwarz-weißen Steinquadern erbaute Gebetshaus steht auf dem Gipfel eines Hügels im Stadtteil Aschrafiyya. Von der Moschee aus ein paar Schritte bergabwärts, gleich hinter der kleinen Kirche links der Straße, eröffnet sich ein eindrucksvoller Panoramablick auf die Innenstadt von Amman. Bei Sonnenuntergang kann man von hier aus die von allen Minaretten der Stadt zeitgleich ausgehenden Rufe zum Abendgebet hören – ein gewaltiger, harmonischer Kanon, der einen regelrechten Klangteppich bildet, schöner und filigraner als jede Korankalligraphie.

Zu den Merkwürdigkeiten des Gesprächs mit Abd al-Karim zählte, dass er mich zunächst gar nicht fahren wollte: Er war selbst gerade auf dem Weg zum Gebet, und Aschrafiyya lag abseits seiner Fahrtstrecke. Erst als ich ihm die Moschee als Ziel nannte, willigte er ein. »Dann bete ich dort, kein Problem«, sagte er. Dass Abd al-Karim ein Islamist ist, bleibt niemandem verborgen, der in seinen gelben 190er Mercedes steigt: Von jeder denkbaren Stelle baumeln Miniaturkorane, auf den Armaturen kleben Koranverse, und er selbst trägt den typischen langen Bart und traditionelle arabische Kleidung. Trotzdem war er, entgegen dem Bild, das sich viele Menschen im Westen von Islamisten machen, kein Dogmatiker und schon gar nicht unflexibel. Als unser Gespräch zu enden drohte, weil wir die Moschee erreicht hatten, schlug er in den ihm eigenen kurzen, harten Sätzen vor: »Wir fahren weiter. Ich hole mein Gebet nach. Es ist wichtig, dass ich mit dir rede. Einverstanden?«

Ich war einverstanden. Denn Abd al-Karim erzählte mir gerade von seinen Nachbarn, die zum Dschihad in den Irak gezogen waren. »Sie tun, was unsere Pflicht als Muslime ist«, sagte er. »Sie vertreiben den Eindringling. Würdest du dich nicht auch wehren, wenn jemand in dein Haus einbricht, deine Freunde und Verwandten umbringt und sogar noch bleiben will?« Einige dieser Dschihad-Freiwilligen sind in Abd al-Karims Viertel mittlerweile zu Helden geworden, weil sie an bestimmten Schlachten oder Anschlägen teilgenommen haben, von anderen gab es keine Nachrichten.

Abd al-Karim lebt in einem heruntergekommenen Industrieort nahe Amman. In Sarqa, woher auch Abu Musab al-Sarqawi stammte, der mittlerweile, im Juni 2006 getötete al-Qaida-Statthalter im Irak. Abd al-Karim hat noch nie in seinem Leben vor einem Computer gesessen, er besitzt weder Fernseher noch Radio. Dennoch war er über die Entwicklungen im Irak, aber auch über die Verlautbarungen von Osama Bin Laden im Bilde – weil beides dort Gesprächsthema ist, wo Abd al-Karim seine Informationen bezieht: in der Nachbarschaft, in der Moschee, im Teehaus.

Ab und zu spende er etwas für den Dschihad, sagte Abd al-Karim. Trotz dieser sympathisierenden Grundhaltung war er keineswegs mit *allem* einverstanden, was der von ihm verehrte al-Sarqawi tat. »Wie findest du es, dass Abu Musab seine Geiseln enthauptet?«, fragte ich ihn über ein Jahr bevor der Dschihad-Führer bei einem US-Luftangriff im Irak den Tod fand. »Das ist falsch«, entgegnete Abd al-Karim fest. »Ich war mir zuerst nicht sicher. Also habe ich einen Rechtsgelehrten gefragt. Der hat mir erklärt: Es ist im Islam verboten, Kriegsgefangene zu töten.«

An seiner grundsätzlichen Begeisterung für den Dschihad im Irak änderte das freilich nichts. Im Gegenteil, Abd al-Karim wurde nicht müde darzulegen, warum es eine religiöse Pflicht sei, die Amerikaner zu bekämpfen. »Wieso bist du dann nicht im Irak?«, wollte ich von ihm wissen, als wir unsere Rundfahrt beendet hatten und er schon anhielt, um mich aussteigen zu lassen. »Weil ich zu schwach bin«, antwortete er.

Das Gespräch mit Abd al-Karim berührt gleich mehrere Punkte, um die es in diesem Buch gehen soll. Es zeigt etwa, dass man keine Gehirnwäsche braucht, um ein al-Qaida-Sympathisant zu werden. Bin Laden und seine Mitstreiter bauen auf etwas auf, das bereits vorhanden ist; ihre Ideen sind nicht aus dem Nichts entstanden, sondern knüpfen an ganz bestimmten Stellen an ein Bild von der Welt an, das allen Islamisten gemeinsam ist. Terror-Sympathisanten und

Bin-Laden-Anhänger sind keineswegs zwangsläufig Verrückte, die keine eigenen Werte haben. Vielmehr spielt ihr Glaube eine entscheidende Rolle. Bin Laden und andere Terrorführer wissen das genau, sonst würden sie nicht immer wieder ausgiebig theologisch argumentieren. Ihnen ist bewusst, dass sie in einem Wettbewerb um die Sympathien der radikalen Muslime stehen. Abd al-Karims Anfrage bei seinem Rechtsgelehrten beweist das.

Abd al-Karim ist einer von wahrscheinlich Hunderttausenden in der arabisch-islamischen Welt, die von einem Weltbild durchdrungen sind, innerhalb dessen sich fast alle Terrorakte von al-Qaida und verwandten Organisationen rechtfertigen lassen und sinnvoll erscheinen. Zwar zieht er nicht selbst in den Dschihad, aber er sammelt Geld. Zwar lehnt er Enthauptungen ab, aber ich bezweifle, dass er einen al-Qaida-Rekruteur bei den jordanischen Behörden anschwärzen würde. Ich bin mir nicht einmal sicher, dass er das täte, wenn sein Nachbar in der Garage Chemikalien für einen Anschlag horten würde. Und wo wäre in diesem Fall die Grenze zwischen einem Sympathisanten und einem aktiven Unterstützer?

Al-Qaida bemüht sich seit Jahren offensiv um Menschen wie Abd al-Karim – mit immer intensiverer Propaganda, mit Onlinemagazinen, mit Dschihad-Videos und öffentlichkeitswirksam platzierten Video- oder Audiobotschaften ihrer Anführer. Mittlerweile will al-Qaida gar nicht mehr bleiben, was sie einmal war: eine straff organisierte militärische Organisation. Sie hat längst gemerkt, dass sie langfristig nur bestehen wird, wenn sie sich wandelt: zu einer Bewegung, der jeder beitreten kann, zu einer allgegenwärtigen Idee, die militärisch nicht mehr zu bekämpfen ist. Al-Qaida ist eine lernende Organisation. Um sie einzuschätzen, reicht es nicht mehr nur, zu wissen, wer sich wann mit wem trifft, wie viel Geld er an welche Adresse überweist oder wo er welche Waffen kauft. Es geht mehr als je zuvor darum zu begreifen, was die kämpfenden Kader und die Sympathisanten *denken*.

In diesem Buch sollen neue Schnittstellen zwischen Kadern und Sympathisanten ausgeleuchtet und neue Entwicklungen innerhalb al-Qaidas angesprochen werden: Welche Rolle spielt heute das Internet für die beständige Neuerfindung al-Qaidas, für ihre Propaganda und für ihr operatives Geschäft? Wie sehen die Adressaten der Propaganda Osama Bin Laden und seine Mitstreiter? Was sagen diese ihnen? Und wie viel davon nehmen wir »im Westen« gar nicht wahr? Al-Qaida ist mittlerweile eine Organisation, in der vieles, was früher geheim war, öffentlich zugänglich ist. Das gilt für Strategiepapiere ebenso wie für theologische Rechtfertigungen oder Anleitungen zum Bombenbau. Doch noch immer ist al-Qaida im Kern eine arabische Organisation, und viele Diskussionen und Debatten, die zum Beispiel im Internet stattfinden, schaffen es wegen der Sprachbarriere nicht allzu oft in westliche Medien. Auch hier will dieses Buch ein wenig Abhilfe schaffen.

Dies ist kein Buch über den Islam und die Muslime. Es ist eines über militante Dschihadisten, was ein großer Unterschied ist. Islamisten unterscheiden sich von Muslimen dadurch, dass sie aus ihrem Verständnis ihrer Religion die Forderung nach einer Gesellschaft ableiten, die vollständig durch den Islam bestimmt wird. Sie unterscheiden nicht zwischen privat und öffentlich, Religion und Politik sind für sie eins. Dschihadisten wiederum sind militante Islamisten. Ihr Denken kreist vor allem um den bewaffneten Kampf gegen alle ihrer Meinung nach Ungläubigen – denn so und nicht anders verstehen sie den Begriff Dschihad. Sie dehnen ihn sogar so weit aus, dass er Terrorakte als religiös legitimiert. Auf diese Personengruppe ist der Fokus dieses Buches gerichtet.

Es geht hier nicht darum, Alarm zu schlagen. Dass al-Qaida eine Bedrohung darstellt, weiß mittlerweile jeder, und dass dies auch in geografischer Nähe zu Deutschland so ist, haben nicht zuletzt die Anschläge von London gezeigt. Das Ziel dieses Buches ist vielmehr, den islamistischen Terrorismus und die ihm zugrundeliegende Ideologie – so weit es geht – *von innen* zu betrachten, im Spiegel dessen, was Terroristen und ihre Sympathisanten selbst sagen.

1

Kleiner Sieg im großen Krieg: das Weltbild von al-Qaida & Co.

Von New York nach Amman

Die meisten Menschen auf der Welt wünschen sich aus gutem Grund, dass sie niemals einen Selbstmordattentäter zu Gesicht bekommen. Faisal wünschte sich dagegen nichts sehnlicher, als dass ihm genau das passiert wäre. Es war der 10. November 2005, und einen Tag zuvor waren in der jordanischen Hauptstadt Amman drei Selbstmordattentäter in drei Luxushotels eingedrungen, hatten ihre Sprengsätze gezündet und Dutzende Menschen getötet. Faisal arbeitete als Sicherheitsbediensteter in einem dieser Hotels, dem Hyatt. Vielleicht wäre ihm ja rechtzeitig etwas an dem Attentäter aufgefallen, wenn er ihn nur gesehen hätte, sagte er. Aber ein Kunde hatte ihn in ein Gespräch an der Rezeption verwickelt, die Explosion ereignete sich hinter seinem Rücken. Er schilderte, wie er, nachdem er wieder bei Bewusstsein war, sechs seiner toten Kollegen aus den Trümmern bergen musste. Nur knapp 24 Stunden nach den Anschlägen standen plötzlich vor jedem Hoteleingang elektronische Sicherheitsschleusen. Das sei ein Sieg für die Sicherheit, verkündeten die jordanischen Behörden. Vielleicht. In jedem Fall war es ein Sieg für Abu Musab al-Sarqawi, den damaligen Chef der irakischen al-Qaida-Filiale, der für die Tat verantwortlich war.

Am selben Abend versammelten sich Tausende Jordanier

zu einer Anti-Terror-Kundgebung vor den angegriffenen Hotels. Sie waren ein wenig unsicher, wie man so etwas macht: Einige beteten laut, andere steckten Kerzen an, wieder andere sangen die Nationalhymne und Lieder über den König oder skandierten »Sarqawi du Tier, verschwinde von hier!«. Spontane, ungeplante Gesten. Eine junge Frau namens Mirna hatte »Jordan's 9/11« auf ein Plakat geschrieben, »Jordaniens 11. September«. Das war mehr als ein Spiel mit den Daten 9/11 und 11/9. In der Nacht vor den Anschlägen waren ihre Eltern zu einer Feier in einem der betroffenen Hotels eingeladen gewesen. Mirna wusste, dass die Opfer von New York und Amman von Menschen mit demselben Weltbild und aus denselben Gründen ermordet worden waren.

Die meisten Menschen im Westen fühlten keine so starke Verbindung zwischen den Ereignissen 11. September 2001 und jenen in Amman. Sie denken bei al-Qaida an die Kette New York – Madrid – London, denn sie sehen al-Qaida zumeist als eine Terrororganisation, die vor allem den Westen im Visier hat. Das hat vielleicht mit der Sprachbarriere zu tun, damit, dass sie die Verlautbarungen Osama Bin Ladens und seiner Gefährten nicht ungekürzt und in ihrer Muttersprache zur Kenntnis nehmen können. Aber diese im Westen verbreitete Vorstellung ist unvollständig. Für ein umfassenderes Bild muss man dagegen nachvollziehen, wie die Terroristen eigentlich die Welt, die Geschichte und ihre Feinde sehen. Dann wird klarer, warum auf Mirnas emotionaler Landkarte Amman und New York dicht beieinander liegen.

Missverständnis 9/11

*Seid zuversichtlich, auch wenn die Hoffnungslosigkeit
uns auflauert.
Seid zuversichtlich, auch wenn die Verzweiflung uns von
sich kosten lässt.
Seid zuversichtlich, dass der Regen unsere Erde tränken
und das Gesäte Frucht tragen wird.
Seid zuversichtlich, ihr Leute, auch wenn ihr weint!*

Dieses Gedicht wurde anlässlich des ersten Jahrestages
der Terroranschläge vom 11. September 2001 verfasst,
und zwar von Sulaiman Abu Ghaith, einem der damaligen
»Sprecher« des Terrornetzwerks al-Qaida. Er widmete diese im Internet veröffentlichten Verse den al-Qaida-Kämpfern in aller Welt, insbesondere den in Guantánamo Bay
inhaftierten Gefährten. Was treibt eine Terrororganisation,
die den Jahrestag eines gigantischen Schlags gegen die westliche Welt feiern könnte, sich stattdessen in selbstmitleidi-
gen Versen zu ergehen?

Die Antwort ist in dem Gedicht zu spüren: Osama Bin
Laden und seine Anhänger sehen sich gar nicht als Täter,
sondern in erster Linie als Opfer. Für sie waren die Terroranschläge vom 11. September nie jene Kriegserklärung, die
US-Präsident George W. Bush und mit ihm so gut wie die
gesamte westliche Welt darin erblickte. In den Augen von
al-Qaida & Co.[1] stehen die kollabierenden Twin Towers
nur für eine einzige, siegreiche Schlacht in einem blutigen
Krieg, der ihnen, den Verteidigern und Rächern des wahren
Islam, schon vor Jahrhunderten aufgezwungen worden ist.
»Why do they hate us?«, fragten die Zeitungen in den USA
nach 9/11 verstört, weil al-Qaida es wochenlang nicht für
nötig hielt, die Tat zu erklären. Als Osama Bin Laden sich
dann endlich zu Wort meldete, teilte er nur lakonisch mit,

er habe die USA vorgewarnt – womit er nicht einmal Unrecht hatte, wie ein *fatwa*[2] von 1998 belegt.

Schon über die Einordnung des 11. September 2001 besteht also ein Missverständnis zwischen »dem Westen« und al-Qaida. Es ist nicht das einzige. Fast alle lassen sich allerdings auf eine Ursache zurückführen: Al-Qaida & Co. leben in einer anderen Welt als ihre Feinde; sie leben sogar in einer anderen Zeit oder haben, präziser formuliert, eine andere Vorstellung von der Geschichte. Wenn »der Westen« und al-Qaida dasselbe betrachten, sehen sie etwas ganz Verschiedenes. Darauf wird noch zurückzukommen sein.

Natürlich sprengt sich niemand inmitten einer Menschenmenge in die Luft oder steuert ein Flugzeug in ein Gebäude, den eigenen Tod vor Augen, nur weil er dieses Weltbild der Dschihadisten teilt. Jeder Attentäter hat auch eine persönliche Geschichte, die ihn anfällig dafür macht, sein Leben im Rahmen einer religiös-ideologischen Ideenwelt umzuinterpretieren. Über die wissen wir oft nicht allzu viel. Inzwischen kann aber als belegt gelten, dass weder psychische Störungen noch der Wunsch nach Suizid in diesem Prozess eine große Rolle spielen.[3]

Dschihadisten sind überzeugt, es sei möglich, dem eigenen Leben einen Sinn zu geben, indem man es opfert und dabei möglichst viele Mitmenschen ermordet. Daher sprechen sie auch nie von Selbstmordanschlägen, sondern immer nur von »Märtyreroperationen«. Aus ihrer Perspektive ist der Selbstmordanschlag eine Schlacht, in die man in der Hoffnung zieht, dabei sein Leben zu verlieren und im Gegenzug das Paradies zu gewinnen. Die Frage, ob es taktisch nicht klüger und effektiver wäre, mehrere Anschläge auszuführen, bevor man sich opfert, spielt für Dschihadisten deshalb meistens keine Rolle. Ohne Todesbereitschaft in die Schlacht zu ziehen, widerspricht ihrem Denken. Als die Attentäter sich bei den Anschlägen in Madrid im März

2004 *nicht* in die Luft sprengten, fürchteten Analysten kurzzeitig, ein neues Muster von Terroranschlägen habe sich herausgebildet. Doch heute können wir ziemlich sicher sein, dass das eine Ausnahme war: Tägliche Selbstmordattentate im Irak, die Anschläge von London und jene von Amman belegen es. Und auch die Madrid-Bomber töteten am Ende lieber sich selbst und einen spanischen Polizisten, als dass sie sich verhaften ließen.

Für die Motivation von Terroristen ist derweil die Auffassung von besonderer Bedeutung, die das zitierte Gedicht ausdrückt: Sie glauben angegriffen worden zu sein, zu den Opfern zu zählen, sich wehren zu müssen und zu dürfen. Doch gegen wen genau? An Feindbildern besteht bei al-Qaida & Co. kein Mangel; alleine Osama Bin Laden und Sulaiman Abu Ghaith benannten im Laufe der Jahre Dutzende Gruppen, Staaten und Individuen als Feinde. Dazu zählen die USA und sämtliche Staaten, die an den Kriegen im Irak oder in Afghanistan teilnehmen; ebenfalls darunter sind die als Tyrannen betrachteten arabischen Herrscher. Aber auch die Juden, der Staat Israel und die Freimaurer werden genannt, darüber hinaus alle Nichtregierungsorganisationen und Menschenrechtsorganisationen, die Vereinten Nationen, westliche Hilfsorganisationen, international agierende Konzerne (insbesondere die Firma Halliburton), ferner die Schiiten, die internationalen Medien, die Sowjetunion natürlich – wie überhaupt die Kommunisten und alle Demokraten und Säkularisten. Und schließlich die Christen und die angeblich vom Glauben abgefallenen Muslime sowie alle, denen al-Qaida vorwirft, einen »Kreuzzug« gegen den Islam zu führen.

Angesichts der Singularität des 11. September 2001 einerseits und dieser auf den ersten Blick wirren Liste von Feinden andererseits ist es nicht verwunderlich, wenn Experten, Politiker, Intellektuelle oder Journalisten immer wieder einen von zwei Schlüssen ziehen, je nachdem, was davon sie mehr verunsichert: Entweder wird behauptet, al-Qaida betreibe einen ideologischen Gemischtwarenladen und folge einer »fantasy ideology«, wie zum Beispiel die »Washington Post« kurz vor dem ersten Jahrestag des 11. September meinte. Oder es heißt, al-Qaida bekämpfe den Westen, weil der so ist, wie er ist: frei und von der Gleichberechtigung von Mann und Frau geprägt, in den Augen der Islamisten also moralisch verwahrlost, von Alkoholkonsum und Dekadenz gezeichnet und viel zu freizügig. »Sie glauben, dass die Bewohner des Westens (...) von perverser Lust zersetzt sind«, versuchte zum Beispiel nach den Anschlägen auf die Londoner U-Bahn im Juli 2005 der niederländische Schriftsteller Leon de Winter die Motive für die Tat zu begreifen.[4] Diese Sicht ist legitim, sie ist nicht falsch, aber sie erklärt doch nur einen Teil der Aktivitäten al-Qaidas – nämlich jene, die tatsächlich gegen den Westen gerichtet sind. Der Journalist Peter Bergen polemisierte schon 2001 in seinem lesenswerten Buch »Heiliger Krieg Inc.« über diese These: »In sämtlichen Medien konnte man (nach dem 11. September, Y. M.) die Kommentare zahlreicher Wichtigtuer hören oder lesen, die von einem Angriff auf den ›American Way of Life‹ sprachen, auf alles, was die Vereinigten Staaten und ihre Kultur verkörperten. Solche Aussagen mögen vielleicht demjenigen, der sie äußert, psychologische Befriedigung verschaffen, aber letztlich tragen sie nicht dazu bei, die Motive von Bin Laden und seinen Anhängern zu erhellen.«[5]

Das ist zu harsch formuliert; eine »Befriedigung« findet wohl kaum jemand bei diesem Gedanken. Trotzdem hat Bergen in einem Punkt Recht: Der Hass auf die Kultur des Westens oder den Westen *an sich* ist nicht das Element, das alle oben aufgeführten Feindbilder verknüpft. Gegenprobe: Die saudischen Sicherheitsbehörden dienen einem Staat, wie es seit dem Fall der Taliban keinen fundamentalistischeren mehr gibt. Regelmäßig greift al-Qaida sie an. Aber wer würde je auf die Idee kommen, diese Anschläge mit Feindseligkeit gegenüber dem Westen zu erklären? Für die schon erwähnten Selbstmordattentate von Amman gilt dasselbe. Al-Qaida ist ein international agierendes Netzwerk. Bestenfalls einen Teil seiner Anschläge kann man mit Hilfe der These vom Hass auf den »perversen Westen« deuten.

Auch die These von der Phantasie-Ideologie ist nicht in der Lage, eine zufrieden stellende Erklärung zu bieten. »Vernunftfeindlich« sei das Denken al-Qaidas, schreibt der Journalist Jason Burke. Das stimmt natürlich zum Teil schon deshalb, weil Religion, nicht Rationalität das Maß aller Dinge für die Terroristen ist.[6] Dennoch ist al-Qaidas Denken weder unlogisch noch an den Haaren herbeigezogen; es wurzelt vielmehr in bestimmten Vorstellungen, die zum Kernbestand des Islam gehören (in seiner islamistischen Auslegung). Das gilt auch für die verwirrende Aufzählung von Feinden.

Selbstverständlich bedeutet das nicht, dass al-Qaida eine *islamische* Ideologie vertritt. Im Gegenteil: Al-Qaida ist sehr weit davon entfernt, die Ansichten der Mehrheit der Muslime zu repräsentieren. Das Netzwerk bildet eine extrem kleine Minderheit innerhalb der *islamistischen* Minderheit. Sie ist der zurzeit schlagkräftigste Auswuchs des militanten Dschihadismus. So gut wie nichts von dem, was in diesem Buch beschrieben wird, ist außerhalb dieser Randgruppe gültig. Die große Mehrheit der 1,3 Milliarden Muslime auf der Welt findet die al-Qaida-Rhetorik ebenso abstoßend wie die meisten Bewohner der westlichen Welt. »Einige Muslime sind bereit, diese extreme Interpretation ihrer Religion zu unterstützen«, sagt der Islamwissenschaftler Bernard Lewis. »Wenige sind bereit, sie umzusetzen.«[7]

Trotzdem macht es sich zu leicht, wer behauptet, der

islamistische Terrorismus habe mit dem Islam gar nichts zu tun. Tatsächlich gründet er im Islam, ob es den Muslimen gefällt oder nicht. (Den allermeisten gefällt es nicht.) Die Begründung für den Terror basiert auf denselben religiösen Quellen, an die alle frommen Muslime glauben, vor allem auf dem Koran und den Sammlungen der Aussprüche und Taten des Propheten. Mit dem bedeutsamen Unterschied freilich, dass militante Islamisten diese Quellen selektiv auswerten und oft vollkommen konträr zur Mehrheitsmeinung interpretieren – allerdings nicht willkürlich. Das Terrornetzwerk al-Qaida leitet aus seinem Verständnis dieser Quellen ein alles umfassendes Weltbild ab. Sowohl die Vielzahl der benannten Feinde als auch der Terror als Methode stellen innerhalb dieses Systems gültige Schlussfolgerungen dar.

Die Welt als Schlachtfeld

Um in dieses Weltbild einzudringen, muss man sich zunächst klarmachen, dass radikale Islamisten das gesamte Weltgeschehen religiös deuten. Geschichte ist für sie nicht das Produkt menschlicher Handlungen, sondern das Ablaufen von Gott bestimmter Konfrontationen. Bin Laden sieht sich deshalb auch nicht als jemand, der einen Konflikt begonnen hat, sondern als jemand, der einen Konflikt fortführt:

Dass der Westen unsere Länder besetzt, ist eine alte Neuigkeit. Das Kräftemessen und das Ringen zwischen ihnen und uns (...) geht schon Jahrhunderte. Und diese Auseinandersetzung zwischen Recht und Übel wird fortbestehen bis zum Jüngsten Tag. Beachtet diese Regel! Es gibt keinen Dialog mit den Besatzern außer mit den Waffen.[8]

Hinter solchen Aussagen steht der Glaube, die Gemeinschaft der rechtgläubigen Muslime stehe in einem ewigen Kampf den immer verschiedenen Ausformungen des Unglaubens gegenüber. Die Welt, so hat es der Islamwissenschaftler David Zeidan formuliert, sehen Islamisten als ein »Schlachtfeld, in dem die Streitmächte des Guten und des Bösen gegeneinander kämpfen«.[9] Als einen »unaufhörlichen Kampf zwischen Glauben und Unglauben« beschrieb auch ein Kampfgefährte Bin Ladens das Weltgeschehen.[10] Es handelt sich dabei nach Ansicht der Islamisten um eine Auseinandersetzung, an der nicht teilzunehmen eine Sünde ist – und an deren Ende, gemäß der koranischen Prophezeiung, der Sieg steht. Wer als Märtyrer fällt, dem ist das Paradies gewiss. Diese Ideen hat al-Qaida nicht entwickelt; aber keine andere islamistische Organisation erhebt sie dermaßen konsequent und umfassend zum Maßstab des Handelns.

Eine Unterscheidung zwischen Terror und Verteidigungskrieg wird nicht gemacht. Alle Anschläge, bekräftigte Bin Laden immer wieder, etwa am 12. November 2002, seien »nichts als Reaktionen und Erwiderungen«.[11] Fast wortgleich hatte er sich schon nach 9/11 geäußert: »Die Ereignisse vom 11. September waren nichts als eine Reaktion auf die fortgesetzte Unterdrückung unserer Söhne im Irak, in Somalia, im Südsudan und anderswo, zum Beispiel in Kaschmir und Assam.«[12] Und im November 2004 legte er nach: »Ich bin überrascht von euch«, erklärte er »an das amerikanische Volk« gerichtet. »Obwohl wir uns im vierten Jahr nach den Ereignissen vom 11. September befinden, (...) bestehen die Gründe für eine Wiederholung dessen, was geschehen ist, fort.«[13]

Die Muslime führen also, nach Interpretation von Bin Laden und seinen Anhängern, einen Abwehrkrieg. Doch sehen die Dschihadisten die Welt nicht nur als ein Schlachtfeld, sondern zugleich auch als Eigentum Gottes, der sich

und seinen Willen den Menschen durch den Koran unmissverständlich offenbart hat. Gott ist in diesem Weltbild der
einzige Souverän, ihm schuldet ein jedes seiner Geschöpfe
absoluten Gehorsam. Das bedeutet: *Nur* seine Gesetze sind
bindend, und *alle* seine Gesetze sind bindend. Wer sich
daran nicht hält, den hat man als Gottesfeind identifiziert.
Diese Eigenschaft ist es in den Augen von al-Qaida & Co.,
die ihre Feinde miteinander verbindet: Sie haben gegen Gott
gesündigt, willentlich und wissentlich.

Die jeweiligen »Beweise« dafür legen die Dschihadisten
immer wieder in Rechtsgutachten für ihre Sympathisanten
dar. Demokraten etwa, lautet ein dort anzutreffendes Argu-
mentationsmuster, verabschieden von Menschen gemachte
Gesetze. Diese können jedoch der Scharia, dem islamischen
Rechtssystem, widersprechen – und tun es oft ja auch, wie
etwa das Recht auf freie Meinungsäußerung, das das Recht
einschließt, den Islam für eine Irrlehre zu halten. Dadurch
wird nach islamistischer Interpretation jedoch der Anspruch Gottes auf Gehorsam ausgehöhlt. Al-Qaida-Spre-
cher Sulaiman Abu Ghaith erklärte deshalb:

*Amerika ist der Kopf des Unglaubens in der modernen
Welt, denn es hat ein ungläubiges, demokratisches Regime,
das auf der Trennung von Kirche und Staat basiert und außerdem darauf, dass das Volk durch das Volk regiert wird,
und zwar, indem Gesetze verabschiedet werden, die dem
Weg Gottes zuwiderlaufen und außerdem erlauben, was
Gott verboten hat.*[14]

Den Kommunismus gilt es nach islamistischer Lesart zu
bekämpfen, weil er die Abschaffung Gottes im Sinn hat.
(Insofern war die Sowjetunion in Afghanistan ein dank-
barer Gegner, weil es in theologischer Hinsicht unkompli-
ziert war, die Mudschahidin zu motivieren: »Glaube gegen
Unglaube«.) Und den westlichen Hilfs- und Menschenrechtsorganisationen wiederum wird vorgeworfen, für das

Christentum zu missionieren – ebenfalls ein Verbrechen gegen Gott, der doch den Auftrag erteilt hat, den Islam erst anzunehmen und dann zu verbreiten.

Einen Sonderfall stellen die Juden dar. Ihre Verdammung zeigt besonders deutlich, wie selektiv al-Qaida & Co. die religiösen Quellen auswerten. Denn im Koran, der natürlich maßgeblich ist, gibt es ebenso Passagen, die zur Toleranz gegenüber den Juden mahnen, wie Verse, die ihre Bekämpfung verlangen. Die Mehrheit der Muslime hat sich im Laufe der Geschichte vor allem im Sinne des Toleranzgebots verhalten; Judenverfolgungen blieben, zumal im Vergleich zu Europa, die Ausnahme.

Al-Qaida freilich rechtfertigt ihren Antisemitismus durch die blutrünstigen Verse, während alle anderen unterschlagen werden. So handhabt es auch Osama Bin Laden:

Die Juden sind Prophetenmörder, Brecher von Abkommen, über die Gott gesagt hat: »Jedes Mal, wenn sie unter Eid ein Versprechen abgeben, brechen einige von ihnen es. Die meisten von ihnen sind Ungläubige.« So sind die Juden: Wucherer und Zuhälter.[15]

Dieses Vorgehen hat Tradition in islamistischen Bewegungen. Sie tendieren seit der Gründung Israels 1948 dazu, ihren Hass auf den jüdischen Staat dadurch zu legitimieren, dass sie die Israelis mit »den Juden« gleichsetzen.

Vier Beispiele, die zeigen: Militante Islamisten wählen sich ihre Feinde nicht willkürlich aus; sie rechtfertigen ihre Wahl stets mit dem Argument des angeblichen Ungehorsams gegen Gott. Diese Eigenschaft verbindet in den Augen von al-Qaida auch die Opfer von New York mit jenen von Amman. Die US-Bürger genau wie die Jordanier machen sich nach ihrer Auffassung durch die mittelbare Unterstützung ihrer ungläubigen Regierungen schuldig.

Dass die Welt *immer* ein religiöses Schlachtfeld ist und dass es *immer* einen Feind gibt – diesen Gedanken verdeutlicht eine Dschihad-Abhandlung mit dem Titel »Warum kämpfen wir? Und gegen wen kämpfen wir?« von Abu Hamza al-Baghdadi. Abu Hamza gehört zum Scharia-Komitee der irakischen al-Qaida; er und seine Mitstreiter verbringen ihre Tage zu einem guten Teil mit der Planung von Selbstmordattentaten und Anschlägen gegen die Soldaten der US-geführten Kriegsallianz und die irakischen Sicherheitskräfte. Trotzdem hält der Rechtsgelehrte es für nötig, die Frage, *warum* und *wofür* gekämpft werden muss, zuerst zu klären. Sie hat sogar Vorrang vor der Frage, *wer* der Gegner ist:

Warum kämpfen wir? Oder anders gesagt: Was ist es, was wir durch den Dschihad erreichen wollen? Jeder Muslim muss die Antwort auf diese Frage kennen und sie richtig verstehen (...). Dafür ist die folgende Erkenntnis unumgänglich: Als Allererstes ist es notwendig zu verstehen, dass der Islam die Religion der Barmherzigkeit ist. Das Ziel seiner Offenbarung ist die Rechtleitung der Menschheit und ihr Ausgang aus dem Dunkel in das Licht und zur Scharia (also dem religiösen Gesetz, Y. M.) des Islam und seiner Barmherzigkeit – um nämlich den Irregegangenen auf den rechten Weg zu führen (...) Dafür ist wiederum das Folgende notwendig: (...) Das höchste Wort in der Welt muss der Scharia des Islam und seiner gerechten Ordnung gelten. Wie schon der Scheich des Islam (der mittelalterliche Damaszener Rechtsgelehrte, Y. M.) Ibn Taimiyya gesagt hat: »Das durch die Sendung des Propheten Beabsichtigte ist die Abschaffung des Unglaubens und des Polytheismus auf der Erde.«[16]

Das Ziel des Dschihad ist demnach die Durchsetzung einer »gerechten« und »barmherzigen« islamischen Ordnung in der Welt. Diese Verwirklichung einer religiösen Utopie – die weltweite Durchsetzung des Islam – ist das Hauptmotiv. Kampf und Märtyrertod werden zu Etappenzielen. Der Abzug der Amerikaner aus dem Irak? In der Abhandlung Abu Hamzas wird er nur gestreift.

Die Truppen Satans

Grundsätzlich sind die USA für al-Qaida & Co. allerdings der Hauptfeind, der Anführer aller Ungläubigen. Denn die Vereinigten Staaten werden als Führungsmacht eines neuen Kreuzzugs gesehen, der gegen den Islam gestartet worden sei. In Washington laufen nach ihrer Ansicht alle Fäden zusammen, von hier aus werden das »Projekt der Besetzung der islamischen Welt« und deren »Ausbeutung« gesteuert. Die USA sind also gewissermaßen die Zentrale Satans auf Erden, irdische Manifestation von Gottes größtem Widersacher. Dass dies keine Überspitzung ist, zeigt sich, wenn man einen Blick auf jenes berühmte *fatwa* wirft, mit dem Osama Bin Laden 1998 seinen Krieg auf die USA ausweitete:

Die Arabische Halbinsel wurde noch nie, seit Gott sie ausgebreitet, ihre Wüsten erschaffen und sie mit Meer umgeben hat, in vergleichbarer Weise von einer Streitmacht bestürmt wie es heute durch die Kreuzfahrerheere der Fall ist, die wie Heuschrecken über sie herfallen, ihre Reichtümer verbrauchen und ihre Plantagen zerstören. (...) Im Lichte dieser Situation und angesichts des Mangels an Unterstützung sind wir und seid ihr verpflichtet, diese Angelegenheiten zu diskutieren. (...) Niemand bestreitet drei Tatsachen, die jedem bekannt sind (...):

Erstens: Seit über sieben Jahren halten die USA nun schon die Länder des Islam in ihren heiligsten Stätten – der Arabischen Halbinsel – besetzt, plündern ihre Reichtümer, erteilen den Herrschern Befehle, erniedrigen ihre Bewohner, terrorisieren ihre Nachbarn und verwandeln ihre Basen in der Halbinsel zu Brückenköpfen, von denen aus die benachbarten muslimischen Völker bekriegt werden sollen. (...)

Zweitens: Ungeachtet der gigantischen Verwüstung des Irak durch die jüdisch-kreuzfahrerische Allianz und ungeachtet der großen Anzahl Getöteter, die über eine Million beträgt, versuchen die Amerikaner diese schrecklichen Massaker zu wiederholen, ganz so, als ob sie mit dem Boykott, den sie nach dem grausamen Zerstörungskrieg (den Irakern, Y. M.) aufgezwungen haben, noch nicht zufrieden wären.

Drittens: Wenn die Ziele der Amerikaner hinter diesen Kriegen religiös und ökonomisch sind, so dienen sie doch auch dem Interesse des jüdischen Staates und haben die Ablenkung von der Besetzung Jerusalems und dem Mord an den Muslimen dort zum Ziel.

All diese Verbrechen, die die Amerikaner begangen haben, stellen eine eindeutige Kriegserklärung gegen Gott dar, gegen seinen Propheten und gegen die Muslime. (...) Auf dieser Grundlage, und in Einklang mit Gottes Befehlen, verkünden wir das folgende Dekret an alle Muslime:

Amerikaner und ihre Verbündeten – Zivilisten oder Militärs – zu töten, ist eine individuelle Pflicht für jeden Muslim und hat zum Ziel, die Aqsa-Moschee (in Jerusalem) und die Heilige Moschee (in Mekka) zu befreien und ihre Armeen aus den Ländern des Islam zu vertreiben (...). Diese Pflicht kann in jedem Land erfüllt werden, wo es möglich ist. Dies steht in Übereinstimmung mit Gottes Wort: »Und tötet die Heiden alle zusammen, genau wie sie euch alle zusammen bekämpfen« sowie »Und bekämpft sie, bis es keinen Aufruhr und keine Unterdrückung mehr gibt, und Gerechtigkeit und der Glaube an Gott sich durchsetzen«. (...)

Wir – mit Gottes Hilfe – rufen jeden Muslim, der an Gott glaubt und auf Belohnung (durch ihn) hofft, dazu auf, Got-

tes Befehl zu befolgen und die Amerikaner zu töten und ihr
Geld zu plündern, wo und wann auch immer er sie findet.
Wir rufen außerdem die islamischen Rechtsgelehrten und
Herrscher, die Jugendlichen und die Soldaten dazu auf,
einen Angriff auf Satans US-Truppen und alle ihre teuf-
lischen Unterstützer zu starten (...). [17]

Vor dieser Kampfansage war Osama Bin Laden im Westen – wenn überhaupt – nur deshalb ein Begriff, weil er
in Afghanistan die Mudschahidin gegen die Sowjets unterstützte. Experten war er bekannt, weil er einige Jahre zuvor bereits zum Sturz der Monarchie in seinem Heimatland
Saudi-Arabien aufgerufen hatte. Bin Laden selbst machte
später geltend, ihm sei schon in Afghanistan klar gewesen,
dass man über den Krieg dort und die Bekämpfung der
»vom Glauben abgefallenen« arabischen Herrscher den
großen Gegner USA nicht vergessen dürfe.[18]

Das zitierte Rechtsgutachten mit dem Titel »Gegen die
Kreuzfahrer und die Juden«, das er gemeinsam mit seinem
Mentor Aiman al-Zawahiri sowie drei Dschihadisten aus
Bangladesch, Pakistan und Ägypten veröffentlichte, markiert den Zeitpunkt, ab dem die Mudschahidin um Bin Laden ihren Kampf internationalisierten. Es ist eine Art Gründungsdokument der al-Qaida, auch wenn sie damals noch
unter dem Namen »Islamische Weltfront« firmierte. Diese
Erklärung Bin Ladens sei eine »License to kill«, schrieb
der Islamexperte Bernard Lewis, der ein feines Ohr für die
Zwischentöne arabischer Botschaften hat – und als solche
wurde sie auch wahrgenommen.[19] Vielleicht lag ihr Erfolg
darin begründet, dass Bin Laden, wie Ahmed S. Hashim
meint, in dem *fatwa* auch »all jene in der arabischen und
islamischen Welt anspricht, die nicht unbedingt die Agenda
oder die Sprache der Fundamentalisten teilen«.[20] Jedenfalls
»kamen nach Ausrufung der Front viele junge Männer mit
dem Ziel zu uns, sich ausbilden zu lassen«, wie Bin Laden

Jahre später dem al-Dschasira-Reporter Ahmad Zaidan gegenüber behauptete.[21] In Saudi-Arabien, Bin Ladens Heimatland, erfolgten derweil innerhalb von wenigen Monaten zwei Anschläge gegen US-Einrichtungen, von denen zumindest einer von Bin Laden inspiriert war.[22]

Wenn es noch eines Beweises bedurft hätte, dass die religiöse Untermauerung für einen Dschihad-Aufruf zentral ist, war er 1998 erbracht. Diejenigen, die sich auf der Grundlage der »Kriegserklärung« Bin Laden anschlossen, taten dies, bevor die »Weltfront« (also al-Qaida) irgendeinen symbolträchtigen Großanschlag gegen den Westen ausgeführt hatte (wenn auch der erste – die Bomben gegen die US-Botschaften in Nairobi und Daressalam – nicht lange auf sich warten ließ). Sie taten es, weil die theologische Argumentation Bin Ladens sie überzeugte, dass der Krieg gegen die USA eine Pflicht sei. Bin Laden behauptete später, er habe sich sogar noch mehr von seiner Kriegserklärung erhofft:

Wir dachten, dass sie ein Ansporn für die internationale Dschihad-Arbeit gegen die Juden und Christen, insbesondere die Amerikaner sein würde, und dass die Bewegungen und Gruppen und einzelne Muslime sich daraufhin der Bewegung anschließen würden. Doch es scheint, als hätten wir unsere Fähigkeiten und Möglichkeiten überschätzt und es wäre wohl besser gewesen, wenn wir auf die Erklärung verzichtet hätten. Aber es ist geschehen.[23]

Dieses Lamento des »Weltfront«-Gründers muss man allerdings nicht allzu ernst nehmen; es soll die Aura des uneitlen, selbstkritischen Dschihad-Führers wahren. Bin Laden achtet peinlich genau auf sein Image – und kokettiert dabei auch gerne.

Das Medina-Modell

Zugleich ist Bin Laden freilich ein Hochstapler: Weil er seiner Ausbildung nach kein Rechtsgelehrter ist, darf er nämlich streng genommen gar kein *fatwa* ausstellen; er ist kein *mufti*. Ein auf Form bedachter, traditionell-orthodoxer Muslim würde sein Rechtsgutachten deshalb nicht anerkennen. Islamisten indes sind dazu bereit, weil sie von jeher eine tiefe Abneigung gegen das religiöse Establishment hegen – ein Punkt, in dem sie sich von der Mehrheit der Muslime unterscheiden. Ihnen gelten die meisten Religionsgelehrten (*ulama'*) nur als korrupte Hofgelehrte, die dekretieren, was ihr Herrscher wünscht. Bin Laden beschimpfte sie in einer Ansprache als »Männer im Dienste eines Regimes, die die Wahrheit verzerren und falsch Zeugnis ablegen, selbst in den heiligen Stätten Mekka und Medina«.

Das bedeutet nicht, dass Islamisten die Autorität von Gelehrten generell gering schätzen. Sowohl Bin Laden als auch die irakische und die saudische al-Qaida-Filiale unterhalten Scharia-Komitees, die aus radikalen Predigern und Gelehrten zusammengesetzt sind. Aber es hat zur Folge, dass Islamisten einen Großteil der islamischen Rechtsliteratur verachten, die im Laufe der Jahrhunderte entstanden ist. Deshalb führt es in die Irre, wenn man al-Qaida & Co. nachsagt, sie verträten einen mittelalterlichen Islam – als sei der Islam desto radikaler gewesen, je früher er interpretiert wurde. Es gab im Mittelalter ausgesprochen tolerante Religionsgelehrte, die heute im islamischen Mainstream anerkannt sind, von Islamisten jedoch geflissentlich ignoriert werden.[24]

Nur ausgewählte Gelehrte genießen den Respekt der Islamisten, an erster Stelle der kompromisslose Ibn Taimiyya, der an der Wende von 13. zum 14. Jahrhundert lebte. Kaum eine Rede Bin Ladens, in der der Damaszener nicht zitiert wird. Es ist bezeichnend, dass Ibn Taimiyya lange Jahre seines Lebens eingekerkert war. Unnachgiebig forderte er die muslimischen Herrscher seiner Zeit heraus. Er argumentierte etwa, dass die formal zum Islam übergetretenen Mongolen als Ungläubige betrachtet und bekämpft werden müssten. Generell habe sich die Gesellschaft so genau wie möglich an der Scharia und den Handlungsweisen des Propheten zu orientieren, Neuerungen seien abzulehnen. Eine Herrschaft, die sich nicht an das schariatische Recht halte, werde zur Tyrannei. Und: Der Dschihad gegen die Verderber der Religion sei die höchste Pflicht eines Muslims nach dem Glauben selbst.[25] Viele Argumente Ibn Taimiyyas führt Bin Laden heute gegen die saudische Monarchie und die USA ins Feld, um zum Dschihad aufzustacheln.

Neben der unterstellten Willfährigkeit der *ulama'* gibt es noch einen zweiten Grund, aus dem Islamisten die islamische (Geistes-)Geschichte nicht als die ihre akzeptieren. Denn ihrer Ansicht nach wurde das islamische Reich, das der Prophet aufgebaut hatte, nur noch kurze Zeit nach dessen Tod in gottgefälliger Weise regiert. Lediglich den ersten vier Kalifen – Nachfolgern des Propheten Muhammad als geistliche und weltliche Herrscher – gestehen sie dies zu. Die übrigen gut 13 Jahrhunderte betrachten Islamisten als bloßen Auftakt zu der Katastrophe, in der sich die islamische Welt heute befinde; sie sei dem Abweichen von den göttlichen Regeln geschuldet. Stets, so glauben sie, war nach dem Tod Muhammads nur eine Minderheit Rechtgläubiger bereit, den wahren Pfad Gottes zu beschreiten. Heute sehen sie sich selbst in dieser Rolle.

Als ideale Ordnung gilt al-Qaida & Co. deshalb jene, die der Prophet Muhammad zu Lebzeiten in Medina errichtete. Muhammad herrschte als religiöses und weltliches Oberhaupt, er sprach Recht und führte Eroberungszüge an. Die Rechtleitung der Gemeinde durch Gott war zudem gewährleistet, denn er offenbarte sich noch immer seinem Gesandten. Einige Experten haben die Sehnsucht der Islamisten nach diesem »goldenen Zeitalter« des Islam als »Medina-Modell« beschrieben. Sie geht so weit, dass islamistische Gruppen wie die Hizb ut-Tahrir sich die Mühe machen, das Gewicht der damals von Muhammad akzeptierten Gold- und Silbermünzen zu rekonstruieren, denn auch die müssen ihrer Ansicht nach wieder eingeführt werden. Medina als Fixpunkt, als entrücktes Ideal einer gesellschaftlichen Ordnung – diese Vorstellung hat Folgen für die Art und Weise, wie radikale Islamisten den Lauf der Geschichte wahrnehmen.

Der amerikanische Pharao

Sobald aber ein paar Dutzend ihrer Leute in Nairobi und Daressalam getötet worden waren, bombardierten sie Afghanistan und den Irak, und alle Heuchler versammelten sich hinter dem Kopf des Unglaubens, dem Hubal unserer Zeit.[26]

Was bedeutet dieser Satz von Osama Bin Laden? Wer oder was ist Hubal? Um diese Frage zu beantworten, muss man schon Muslim sein oder sich zumindest mit der islamischen Theologie und arabischen Geschichte vertraut gemacht haben. Hubal war einer der Götzen, die auf der Arabischen Halbinsel angebetet wurden, bevor der Islam sich durchsetzen konnte. George W. Bush – um den geht es hier – mit Hubal zu vergleichen, ist eine in muslimischen Ohren sehr eindringliche Art, ihn zum Ungläubigen schlechthin zu stempeln. Doch steckt hinter dem Bin-La-den-Zitat mehr als ein bloßer Vergleich. Es offenbart das Geschichtsverständnis von al-Qaida & Co., das sich vom westlich-säkularen extrem unterscheidet. Das gilt auch für die vielen anderen historischen Anspielungen, die der al-Qaida-Chef so liebt.

Jeder gläubige Muslim – nicht nur ein Islamist – betrachtet die Offenbarung Gottes an seinen Propheten Muhammad als eine Zeitenwende in der Menschheitsgeschichte. Damals hat Gott den Menschen seine abschließende und endgültige, alles andere ergänzende Botschaft mitgeteilt. Der Koran vollendet, was in Thora und Evangelien der Menschheit bereits zur Kenntnis gegeben, durch Juden und Christen dann aber verfälscht wurde. Seitdem, so die islamische (immer noch: nicht nur die islamistische) Sicht, ist jeder Mensch, der den Koran hört, vor die Wahl gestellt: Entweder er bringt Gott den geforderten Gehorsam entgegen, oder er stellt sich willentlich gegen ihn. Schon der Name der durch Muhammad begründeten Religion spiegelt diese Vorstellung wider. Islam bedeutet Unterwerfung, gemeint ist unter den Willen Gottes.

Vor dem Islam, so formulierten es in der Folge die islamischen Rechtsgelehrten und Geschichtsschreiber, sind die Araber unwissend gewesen. Aus dem arabischen Wort dafür leiteten sie den Sammelbegriff *Dschahiliyya* ab, mit dem sie die Zeit vor Muhammads Sendung kennzeichneten. Insbesondere wurden darunter all jene Praktiken zusammengefasst, die der Islam verbot: die Anbetung steinerner Idole wie Hubal etwa oder die Magie, das Glücksspiel und das Vorhersagen der Zukunft. Früh schon war die erste Konnotation von *Dschahiliyya* deshalb Heidentum. Gemeint aber war eine historische Scheidelinie.

Im Islamismus des 20. Jahrhunderts erlebte dieser Begriff eine Renaissance – aus der ursprünglich *zeitlich* gemeinten Unterscheidung von Islam und *Dschahiliyya* wurde eine *heilsgeschichtliche*. Anders ausgedrückt: Waren zuvor zwei Zustände gemeint, die *aufeinander folgten*, galt die Unterscheidung jetzt zwei Zuständen, die *nebeneinander* existieren. Aus »vor Muhammad« und »nach Muhammad« wurde »für Muhammad« oder »gegen Muhammad«.

Einer der Ersten, der in modernen Zeiten diesen transzendenten Geschichtsbegriff geprägt hat, war der Ägypter Sayyid Qutb, der vielleicht einflussreichste Vordenker des Islamismus überhaupt. Er sei für diese (islamistische) Welt »so einflussreich wie Lenin für den Kommunismus«, meint der Fundamentalismusforscher Malise Ruthven.[27] 1966 wurde Qutb wegen staatsfeindlicher Umtriebe in Ägypten hingerichtet. Bis heute wird er von Islamisten auf der ganzen Welt in Ehren gehalten. In seinem grundlegenden Werk »Die Wegzeichen« formulierte er seine Gedanken in der für ihn typischen, redundanten, aber kraftvollen Sprache:

Der Islam kennt nur zwei Arten von Gesellschaften: Die islamische Gesellschaft und die Gesellschaft der Dschahiliyya. Die »islamische Gesellschaft« ist die Gesellschaft, in der der Islam befolgt wird (...) und zwar hinsichtlich der Glaubensgrundsätze, der Untertanenschaft (gegenüber Gott), der Scharia und des Systems. Das gilt auch für Moral und Anstand. Die »Gesellschaft der Dschahiliyya« dagegen ist die Gesellschaft, in der der Islam nicht befolgt wird und seine Glaubensgrundsätze und Vorstellungen, seine Werte und Gewichtungen, sein System und seine Gesetze, seine Moral und sein Anstand keine Anwendung finden. Auch ist die »islamische Gesellschaft« nicht gleich die Gesellschaft jener Menschen, die von sich sagen, sie seien Muslime, während die Scharia gar nicht das Gesetz dieser Gesellschaft ist. Und zwar selbst dann noch nicht, wenn doch gebetet, gefastet und nach Mekka gepilgert wird![28]

Diese apodiktische Weltsicht inspirierte Islamisten rund um den Globus. Weil Qutb weiter argumentierte, dass der rechtgläubige Muslim möglichst wenig Kontakt mit der »Gesellschaft der *Dschahiliyya*« haben sollte, öffnete sein Gedankengut auch die Tür in den Untergrund. Darüber hinaus erklärte er: Eine halb-islamische oder halb-*dschahilitische* Gesellschaft gebe es nicht. Damit befeuerte er den Eifer der islamistischen Internationale gegen die als ungläubig betrachteten islamischen Herrscher.

Es handelt sich bei diesem Aspekt der islamistischen Weltsicht also beileibe nicht um eine Nebensächlichkeit. Im Gegenteil: In der Umdeutung des Begriffs der *Dschahiliyya* steckte jede Menge Sprengstoff. Schließlich – und hier wird die transzendente Sicht auf die Weltgeschichte besonders interessant – bekämpfte ja schon der Prophet Muhammad die Auswüchse der *Dschahiliyya.* Dieses Verschwimmen von Gegenwart und Vergangenheit ist ein entscheidender Schlüssel für das Verständnis der Traktate, Pamphlete und Dschihad-Aufrufe von al-Qaida & Co.

Das oben angeführte Bin-Laden-Zitat bedeutet genau aus diesem Grund auch mehr als einen schlichten Vergleich. Es impliziert eine Gleichsetzung, eine Identifizierung: Bush *ist* Hubal, sagt Bin Laden – der Kampf zwischen Gut und Böse währt schließlich ewig, das Böse kommt lediglich in verschiedener Gestalt daher. Und wenn Bush Hubal *ist*, dann kämpfen wir nicht einen ähnlichen, nicht einen vergleichbaren, dann kämpfen wir *denselben* Krieg, den der Prophet kämpfte.

Bin Laden und seine Mitstreiter nehmen in ihren Reden und Schriften häufig Gleichsetzungen dieser Art vor. Eine von ihnen ist besonders bedeutsam: die Gleichsetzung mit dem Pharao, der im Koran als Verkörperung der Tyrannei porträtiert wird. Mehrfach hat Bin Laden den US-Präsidenten mit ihm verglichen, zum Beispiel in seiner Rede vom 12. November 2002. Einen Monat später setzte er auch Israel mit dem Pharao gleich:

Es ist in der Geschichte nicht bekannt, dass sonst jemand Kinder (auf diese Weise) getötet hätte – dies ist sehr selten und war ansonsten nur noch die Art Pharaos.[29]

Man muss hinzufügen, was für Islamisten selbstverständlich mitschwingt: Dass der Widerstand gegen Pharao
eine heilsgeschichtliche Komponente hat – der Sieg ist vor-
hergesagt, er ist im Koran *belegt.*

Auf demselben Prinzip beruht eine weitere historische
Gleichsetzung, mit der Bin Laden kurz vor Beginn des Irak-
kriegs operierte:

*Ehrliche Menschen, die durch die Situation beunruhigt
sind, sollten sich fern vom Schatten der unterdrückerischen
(arabischen, Y. M.) Regime treffen und eine generelle Mo-
bilmachung erklären, um sich darauf vorzubereiten, den
Raubzug der Römer zurückzuschlagen, der im Irak begonnen hat und von dem noch niemand weiß, wo er enden
wird.*[30]

Die Römer in Bagdad? Keineswegs spielte der al-Qaida-
Chef auf das italienische Kontingent der Kriegskoalition
an. Vielmehr zog er eine Parallele zu den Zuständen auf
der Arabischen Halbinsel in vorislamischer Zeit:

*Der Dschihad ist der Weg, suche ihn! Falls wir aber ver-
suchten, sie auf andere Art als durch den Islam zurückzuschlagen, wären wir genau wie unsere Vorväter, die
Ghassaniden (ein vorislamischer, arabischer Stamm unter
byzantinischer Vorherrschaft, Y. M.). Das Anliegen ihrer
Führer war es, zu Königen und Beamten der Römer ernannt
zu werden, wodurch sie zwar die Interessen der Römer ver-
traten, aber indem sie ihre Brüder, die Araber der Halbinsel,
töteten. Genauso steht es mit den neuen Ghassaniden, den
arabischen Herrschern.*[31]

Bin Laden drückte damit zum einen aus, dass jeder
Widerstand nur mit einer islamischen Legitimation statthaft ist, und zum zweiten, dass die arabischen Herrscher
Ungläubige sind, die den Interessen der Feinde des Islam
dienen. Das bedeutet ein Todesurteil, zumindest eine Auf-
forderung, die arabischen Herrscher zu bekämpfen, weil es

ihnen nur darauf ankomme, den USA zu gefallen – und sie niemals für Bagdad in den Krieg ziehen würden.

Durch dieses transzendente Geschichtsverständnis wird jeder Mudschahid unmittelbar zum Kämpfer gegen das von Gott designierte Böse und führt einen göttlichen Auftrag aus. Bin Ladens Ausflüge in die Historie sind also keineswegs »obskur«, wie die »Washington Post« 2004 meinte. Sie enthalten für die Ohren, für die sie bestimmt sind, deutliche Botschaften. Das gilt im Übrigen auch für die hartnäckig wiederholte Bezeichnung der USA und ihrer Alliierten als Kreuzzügler. Es sind nicht mangelnde Geschichtskenntnisse, die zu solchen Gleichsetzungen führen, es ist ein bestimmtes Bild von der Geschichte.

Wie wirksam und handlungsleitend dieses Geschichtsbild sein kann, zeigte sich am 6. Oktober 1981. Nur einen Satz sprach Khalid al-Islambuli, nachdem er den ägyptischen Staatspräsidenten Anwar al-Sadat ermordet hatte: »Ich habe Pharao getötet!« Nach dem Bruder des Attentäters, dem Islamisten Schawki al-Islambuli, hat al-Qaida später übrigens eine Brigade benannt.

Die vergessene Glaubenspflicht

Ein ewiger Krieg zwischen Gut und Böse also, dazu eine Vielzahl von Feinden, die sich allesamt dadurch auszeichnen, gegen Gottes Gehorsamsgebot zu verstoßen, und schließlich die Gewissheit, dass man denselben Kampf kämpft, in den schon der Prophet gezogen ist, ja sogar mit denselben Gegnern: Diese Elemente stecken den Rahmen des Welt- und Geschichtsbildes von al-Qaida und verwandten Organisationen ab. Doch in welcher Reihenfolge und mit welchen Methoden ist der Kampf gegen die Feinde zu führen? Auch hier zeichnet sich al-Qaida nicht durch Willkür aus. Stattdessen hat das Terrornetzwerk eine regelrechte Theorie des Dschihad entwickelt.

Dabei ist es zunächst nicht einmal ausgemacht, dass der Begriff Dschihad überhaupt einen bewaffneten Konflikt bezeichnet. Viele Muslime leiden erheblich unter der Art und Weise, wie militante Islamisten den Dschihadbegriff zu monopolisieren versuchen. Dass eine Mehrheit der Gläubigen darunter nicht mehr versteht, als das arabische Wort meint – eine »Anstrengung« nämlich –, geht oft unter. Das ist nicht nur die Schuld westlicher Experten und Medien, wie oft geklagt wird. Tatsächlich tun die Dschihadisten alles, um die Erinnerung daran zu tilgen, dass viele Muslime jahrhundertelang nichts Böses im Schilde führten und allerhöchstens an Selbstverteidigung, meistens aber nur an Selbstüberwindung dachten, wenn sie vom Dschihad sprachen. Die islamische Theologie hat im Laufe der Geschichte eine Dschihad-Vorstellung entwickelt, die zunächst zwischen innerem, persönlichem und äußerem, kriegerischem Dschihad unterscheidet und ferner feststellt, dass der einzige Krieg, der sich mit dem Islam begründen lässt, der Verteidigungskrieg ist (für Aggressionskriege gibt es eigene Begriffe, beispielsweise kann man auf *qital* für Kampf, *harb* für Krieg oder *ghazw* für Angriff ausweichen).

Diese Mehrheitsmeinung gilt den Dschihadisten nichts. Einen schlagenden Beweis dafür liefert ihr Vordenker Abd al-Salam Farag in seinem 1981 veröffentlichten Werk »Die verlorene Glaubenspflicht«[32], das bis heute sehr einflussreich ist und gelegentlich als »Bibel der Sadat-Attentäter« gepriesen wird. Farag stellt den Dschihad als einen sechsten Pfeiler des Islam dar – neben den fünf universell akzeptierten Glaubensbekenntnis, Gebet, Armenopfer, Fasten und Pilgerreise. Er geht dabei sogar so weit, die Unterscheidung zwischen offensiv und defensiv auszuhebeln:

An dieser Stelle ist es angebracht, eine Erwiderung gegen

all jene zu verfassen, die behaupten, der Dschihad könne im Islam nur zu Verteidigungszwecken geführt werden und der Islam sei nicht durch das Schwert verbreitet worden. Das ist dummes Gerede. Eine große Zahl hervorragender Menschen hat sich schon dagegen ausgesprochen. Die Wahrheit ist, dass der Prophet auf die Frage »Welcher Dschihad ist der auf dem Wege Gottes?« antwortete: »Derjenige, der zum Ziel hat, dass Gottes Wort das höchste in der Welt ist.« Der bewaffnete Kampf im Islam geht also darum, Gottes Wort in der Welt zu erhöhen, und zwar ohne Betrachtung der Frage von Angriff und Verteidigung. Der Islam wurde durch das Schwert verbreitet. (...) Es ist deshalb für jeden Muslim nötig, das Schwert zu erheben gegen die Führer, die das Recht verdüstern und das Schlechte zum Vorschein bringen.

Das ist selbst für militante Islamisten radikal – nicht einmal Osama Bin Laden verzichtet ja darauf, seine Angriffe als Akte der Selbstverteidigung zu definieren. Trotzdem muss Farag, der der intellektuelle Kopf der ägyptischen Terrororganisation »al-Gihad« war, zu jenen Ideologen gezählt werden, die großen Einfluss auf al-Qaida gehabt haben.[33]

Farags Traktat spiegelt wie andere Dschihad-Abhandlungen dieser Zeit einen Streit wider, der das islamistische Lager spaltete. Diskutiert wurde vor allem, ab wann man einen anderen Muslim zum Ungläubigen erklären und bekämpfen darf und ob und in welcher Weise arabische Regime bekriegt werden durften, wenn sie den Islamisten ein wenig Freiraum gewährten. Alle diese Fragen hingen unmittelbar mit der Dschihad-Idee zusammen, wie Quintan Wiktorowicz und John Kaltner nachgezeichnet haben.[34] Die Mehrheit sprach sich für einen zurückhaltenden Gebrauch von Gewalt aus; eine radikale Minderheit erkannte im bewaffneten Kampf dagegen die einzige Methode, ihre

Ziele zu erreichen (Befreiung der islamischen Welt von ausländischen Invasoren und »ungläubigen« Regimen, Bekämpfung Israels und Amerikas, Errichtung eines gottgefälligen Kalifats).

Wie erbittert diese Auseinandersetzung geführt wurde, lässt sich daran ermessen, dass Farag in seinem Buch jeden denkbaren Einwand gegen den totalen Dschihad zu entkräften versucht. Weder könne diese Glaubenspflicht durch Missionierung abgegolten werden, noch gelte die Ausrede, dass ein Dschihad nur dann ausgerufen werden dürfe, wenn es eine angemessene islamische Führung gibt:

Es gibt welche, die argumentieren mit dem Fehlen einer Führung, die den Dschihad leitet. Es müsse einen Führer oder Kalifen geben, der führt. Wer solches sagt, gehört aber doch genau zu denen, die diese Führung haben verloren gehen lassen und den Marsch des Dschihad erst stoppten!

Stattdessen, so Farag, sei der bewaffnete Dschihad eine Pflicht für jeden Muslim, *fard 'ain*, im Gegensatz zu einer Verpflichtung, die man auf das Gemeinwesen verlagern kann, *fard kifaya*. Wie alle Dschihadisten ist er der Ansicht:

Dass wir den Dschihad aufgegeben haben, ist die Ursache der üblen Umstände, in denen die Muslime heute leben.

Farag wurde später im Zusammenhang mit der Ermordung des ägyptischen Staatspräsidenten Anwar al-Sadat hingerichtet (den er in seinem Buch als Juden bezeichnet, weil er mit Israel Frieden geschlossen hatte).

Ein weiterer Dschihad-Theoretiker von Rang war Abdallah Azzam, ein Palästinenser, der in Afghanistan mit Bin Laden zusammentraf, erheblichen Eindruck auf ihn ausübte und zur ersten Generation von al-Qaida gehört. In einem *fatwa*, mit dessen weit reichender Anerkennung er sich brüstete, begründete er auf ganz ähnliche Weise

wie Farag die Pflicht eines jeden Muslims, in den Krieg zu
ziehen – damals am besten nach Afghanistan.[35] Bis heute
entwickeln al-Qaida-Ideologen diesen Gedanken des unbedingten Dschihad stetig weiter. Yusuf al-Uyairi etwa, im
Jahr 2004 getöteter und bis heute hochverehrter Chef der
saudischen Filiale des Terrornetzwerks, schrieb in seinem
Todesjahr:

Eine der Verpflichtungen, die aus den Köpfen der Musli-
me entschwunden zu sein scheint, ist der Dschihad. Einige
von ihnen scheinen ganz vergessen zu haben, dass es im
Islam eine Pflicht dieses Namens gibt![36]

Während al-Qaida heute die weltweite Dschihad-Zen-
trale ist, war ausgerechnet ihr Gründer Osama Bin Laden
lange Zeit kein überzeugter Dschihadist. »Bis 1984 war ich
zurückhaltend, was die physische Teilnahme am Dschihad
anging«, zitiert ihn die Terroranalystin Rita Katz. »So ging
es, was ich heute bitterlich bereue, bis zum Monat Radschab
des Jahres 1984, als ich zum ersten Mal in die Schlacht und
in den Dschihad zog.« Katz meint, die Bekehrung sei auf
den Einfluss von Abdallah Azzam zurückzuführen.[37] Andere
Darstellungen machen Aiman al-Zawahiri, damals Anführer
der ägyptischen Dschihadisten, als Schlüsselfigur aus.

Schon lange zählt der Dschihad-Begriff jedenfalls zum
Kernbestand der al-Qaida-Ideologie. Berichte von den
Dschihad-Schlachtfeldern der Erde und Erzählungen über
Märtyrer nehmen in den Schriften des Netzwerks breiten
Raum ein. Der Dschihad wird zum Mythos, die Teilnahme
zum Beweis des Glaubens und der Standfestigkeit. Er wird
glorifiziert und zugleich als großes Opfer dargestellt, wie
man zum Beispiel einem Text entnehmen kann, den ein Bin-
Laden-Biograph aus dem Umfeld der al-Qaida geschrieben
hat:

Die Leute reden viel vom Dschihad auf dem Wege Got-
tes. Das ist ein schönes Wort, ein sehr schönes. Aber der

Dschihad ist nicht immer schön. Der Dschihad ist nicht nur so wie in den wohltönenden Predigten. Nicht wie die schönen Worte. Er besteht nicht nur aus Beute machen und Gefangene nehmen, nicht nur aus Sieg (...). Dort gibt es auch den Tod des geliebten (Gefährten), die Verwundung des Freundes.[38]

Dschihadisten verschiedener Länder und Denkschulen kamen auf den Schlachtfeldern von Afghanistan nach der sowjetischen Invasion 1979 für längere Zeit zusammen. In diesem Klima wurde al-Qaida geboren – nicht zuletzt, weil es ihrer Keimzelle um Bin Laden und al-Zawahiri gelang, die verschiedenen Stränge zu einer gemeinsamen Ideologie zu verknüpfen. Deren Kern bestand in der Idee, den Kampf zu internationalisieren. 1995 und 1996 wandte sich Bin Laden noch vor allem gegen das saudische Königshaus und dessen Politik; ab 1998 aber erweiterte er, gemeinsam mit seinen Mitstreitern, seinen Horizont und nahm die USA und ihre Verbündeten ins Visier. Dieser globale Ansatz hat al-Qaida zu dem gemacht, was sie ist.

Ironischerweise gründet er historisch auf der Niederlage der ägyptischen Mudschahidin in ihrem Heimatland. Zuvor hatte sich deren Anführer Aiman al-Zawahiri, heute die Nummer zwei al-Qaidas, noch an der von Farag geprägten Lehre vom Kampf gegen den »nahen Feind«, also gegen das jeweils heimische Regime, orientiert. »Erst als 1997 vollkommen klar wurde, dass die Islamisten den Kampf gegen den ägyptischen Staat nicht für sich würden entscheiden können, wählte er eine Doppelstrategie gegen den ›fernen‹ und den ›nahen Feind‹«, schreibt der Terrorexperte und Islamwissenschaftler Guido Steinberg in seiner umfassenden und lesenswerten Analyse.[39] Infolge dieses Strategiewandels gab es nach 1997 zunächst Angriffe gegen ägyptische Ziele im Ausland, zum Beispiel die Botschaft des Mubarak-Regimes in Pakistan. »Von da«, führt Steinberg weiter aus, »war es nur noch ein Schritt bis zum Bündnis mit Usama Bin Laden und den Angriffen auf die amerikanischen Botschaften in Ostafrika, an denen ägyptisches Personal federführend beteiligt war.« Die Entwicklung gipfelte im formalen Beitritt von al-Zawahiris Truppe zu al-Qaida.

Vor dem Afghanistankrieg hatten Ägypter die ägyptische Regierung bekämpft, Palästinenser die Israelis, Marokkaner und Algerier ihre Regime und die Saudis die Monarchie. Bin Ladens und al-Zawahiris weltumfassende Ideologie sorgte nun dafür, dass die in Afghanistan geschmiedete panarabische Dschihad-Allianz nicht zerfiel – weil nach neuer Lehre alle Gegner *gleich wichtig* waren. Sie standen ja auch für dasselbe: für den Unglauben in der Welt. Sie alle würden fortan parallel angegriffen werden; und jeder, der wollte, konnte dies als Teil der al-Qaida tun. Von 9/11 bis 11/9: Was wir heute beobachten, ist die Umsetzung dieser Idee – modifiziert allerdings durch wichtige Entwicklungen, die *nach* dem 11. September 2001 eingesetzt haben.

2
Al-Qaida:
ein lernendes Terrornetzwerk

Fünf Jahre nach 9/11

Terroristen trifft man nicht zum Kaffee. Aber man kann sich mit Fuad Hussein verabreden, wenn man Genaueres darüber erfahren möchte, wie al-Qaida heute funktioniert. Es dürfte kaum einen anderen Terrorexperten geben, der noch vor kurzem derart hochrangige Kontakte mit al-Qaida gehabt hat wie der jordanische Journalist, Filmemacher und Schriftsteller.

Das »Grand Palace Hotel«, vormals »Hotel Amra«, liegt in der Nähe des Sixth Circle im neuen, modernen Teil von Amman, genau dort, wo das vornehme Viertel Umm Udhaina beginnt. Wie fast alle Gebäude Ammans ist auch das »Grand Palace« aus weißem Sandstein gebaut. Im Erdgeschoss, von der viel befahrenen Straße nur durch eine durchsichtige Plane abgetrennt, die den Staub und den schlimmsten Teil des Lärms aussperren soll, liegt das »Café Vienna«. »Ich habe keine Angst«, sagt Fuad Hussein gleich zur Begrüßung. »Ich rede offen.« Schwungvoll nimmt der schlanke Mittfünfziger Platz und bestellt Mokka. Er hat eine Halbglatze und hellwache Augen, trägt eine schwarze Lederjacke, darunter einen abgewetzten hellen Anzug. Was er da gerade gesagt hat, ist keine Selbstverständlichkeit: Mitten in Jordaniens Hauptstadt in normaler Lautstärke über Topterroristen zu sprechen, verlangt einen gewissen Mut, auch wenn nur wenige Zuhörer zugegen sind. Abu Musab al-Sarqawi zum Beispiel, der Anführer der irakischen al-Qaida, war ein Sohn des kleinen Landes, und seine Organisation verfügt hier noch immer über ein Netzwerk von Unterstützern. Die jordanischen Behörden sind entsprechend alarmiert, eine Vielzahl von Agenten und Spitzeln ist im Kampf gegen die Terrorgefahr im Einsatz. Man ist in Amman also gut beraten, weder öffentlich noch halböffentlich den Eindruck zu erwecken, ungebührlich viel über den islamistischen Terrorismus zu wissen. Fuad Hussein aber kann das nicht schrecken. Er redet nicht nur offen über al-Sarqawi, sondern auch über Saif al-Adl, die »Nummer drei« des Terrornetzwerks al-Qaida, mit bürgerlichem Namen Muhammad al-Makkawi.

Saif al-Adl, dessen Kampfname »Das Schwert der Gerechtigkeit« bedeutet, ist einer der letzten al-Qaida-Kader aus den Tagen vor dem 11. September 2001, der weder getötet noch verhaftet wurde. Er wird derzeit im Iran vermutet. Westliche Geheimdienste nehmen an, dass er dort unter einer Art Hausarrest steht. Er ist also wohl nicht ganz frei und wird gewiss beschattet, aber er befindet sich dafür auch nicht in den Händen der USA. Es ist nicht weniger als eine Sensation, dass es Fuad Hussein gelungen ist, mit Saif al-Adl zu korrespondieren. Entsprechend zufrieden lächelt der kleine Mann denn auch, wenn er von seinem Coup berichtet. In seinem Buch hat er sogar einen handschriftlichen Brief Saif al-Adls als Beleg im Faksimile abgedruckt.

Fuad Husseins Beschäftigung mit al-Qaida hat eine lange Vorgeschichte: Mitte der neunziger Jahre saß er für einige Wochen gemeinsam mit Abu Musab al-Sarqawi in einem jordanischen Gefängnis. Der spätere Topterrorist war wegen der Planung von Anschlägen in seinem Heimatland inhaftiert, der Journalist lediglich, weil er die Entscheidung der damaligen Regierung kritisiert hatte, die Brotpreissubventionen zu kürzen. Trotzdem lernten die beiden einander kennen – wenn auch nicht unbedingt schätzen. Diese Begegnung legte die Grundlage für Husseins späteres Interesse am islamistischen Terrorismus. Jahre nach seiner Entlassung aus dem Gefängnis, kurz vor Beginn des Irakkrieges im Frühjahr 2003, beschloss Hussein dann, sich als TV-Korrespondent nach Bagdad versetzen zu lassen. »Ich wollte herausfinden, ob es al-Qaida tatsächlich gibt«, sagt er über seine Beweggründe. Zwar fand auch er keine Belege für die Behauptung der USA, der irakische Diktator Saddam Hussein kooperiere mit dem Terrornetzwerk, aber Hussein gelangte dennoch zu der Erkenntnis, dass al-Qaida im Irak aktiv ist.

Während seines Aufenthalts in Bagdad knüpfte er zahlreiche Verbindungen: zum nationalistischen Widerstand, aber auch zu Mittelsmännern, die ihm helfen konnten, später mit al-Qaida-Kadern Kontakt aufzunehmen. Über »spezielle Post«, wie er es bewusst unpräzise ausdrückt, kam schließlich der Kontakt zu Saif al-Adl zustande. Auch zu anderen »Vordenkern der ersten Reihe« hat Hussein nach und nach Kontakt gehabt, versichert er. Ihre Namen will er nicht preisgeben, wohl aber seine Schlussfolgerungen: Eine »neue Generation« von Aktivisten, ist er überzeugt, spielt mittlerweile eine ebenso bedeutende Rolle für Aktionen, die im Namen des Netzwerks ausgeführt werden, wie die alte Garde der al-Qaida. Zwei Arten von Anschlägen gebe es heute, hätten ihm seine Informanten mitgeteilt: *mahalli* oder *markazi*, also »örtliche« oder »zentrale«. Damit ist gemeint, dass Osama bin Laden und Aiman al-Zawahiri nur noch beim zweiten Typus überhaupt Bescheid wissen, dass ein Anschlag stattfinden soll. Der erste Typus wird dagegen vollständig lokal und autonom organisiert und exekutiert. »Al-Qaida«, betont Fuad Hussein am Ende des Gesprächs, »ist heute nicht mehr dieselbe Organisation wie 2001.«

Gut fünf Jahre sind seit dem 11. September 2001 vergangen, und damit seit dem Tag, an dem die meisten Menschen das Wort »al-Qaida« zum ersten Mal gehört haben. Auch unter den Terrorexperten, Geheimdienstlern und Journalisten gab es zu diesem Zeitpunkt nicht allzu viele, die sich mit der Organisation auskannten. Es dauerte deshalb Jahre, bis der Westen sich eine Vorstellung davon gemacht hatte, mit wem man es da zu tun hatte. Gerichtsprozesse, die Aussagen Gefangener und im Afghanistankrieg erbeutete Dokumente, dazu natürlich Geheimdienstinformationen – das waren die Puzzleteile, mit deren Hilfe man ein Bild von al-Qaida zusammensetzte. Doch während das Bild Gestalt annahm, veränderte sich der Gegenstand der Beobachtung bereits wieder. Heute wissen wir mehr als je zuvor darüber, wie al-Qaida 2001 und in den Jahren davor aussah, aber nicht genug darüber, wie sich das Netzwerk seitdem weiterentwickelt hat.

Trotzdem, einige Fakten und Konstanten gelten auch weiterhin und haben zwangsläufig Konsequenzen für die »neue« al-Qaida. Geht man von dem Bild aus, das al-Qaida Ende 2001 abgab, kann man etwa konstatieren, dass die Ur-Organisation heute so gut wie zerschlagen ist: Osama Bin Laden und Aiman al-Zawahiri halten sich seit Jahren versteckt und sind vor allem damit beschäftigt, zu überleben. Vermutlich hausen sie unter höchst unwirtlichen Bedingungen irgendwo im pakistanisch-afghanischen Grenzgebiet. Zuletzt hörte man von al-Zawahiri, der »Nummer zwei«, und dem al-Qaida-Gründer und -Chef im April 2006. Anscheinend sind die beiden in der Lage, zu jedem Zeitpunkt, den sie für richtig halten, eine Video- oder Audiobotschaft zu veröffentlichen. Das läuft in der Regel so, dass ein Kurier die Kassette oder Diskette abholt und diese über mehrere Stationen weiterleitet, bis sie ihren Adressaten – zum Beispiel die Redaktion des arabischen Satellitensenders al-Dschasira – erreicht.

Im Herbst 2005 fing die US-Armee – nach eigenen Angaben allerdings – einen Brief von Aiman al-Zawahiri an Abu Musab al-Sarqawi ab. Wenn er authentisch ist, verrät er etwas darüber, wie schwierig es geworden ist, die Kommunikation zu den verschiedenen Kadern und Filialen aufrechtzuerhalten:

Mein lieber Bruder, wir verfolgen deine Nachrichten, trotz aller Schwierigkeiten und ungünstigen Umstände. Wir haben deine letzte veröffentlichte Nachricht erhalten, die du an den Scheich Osama Bin Laden gerichtet hast. Auch ich habe sichergestellt, dass ich dich in meiner letzten Rede, die al-Dschasira am Samstag, den 18. Juni 2005 ausgestrahlt hat, erwähne und dir Grüße sende und dich unserer Unterstützung und unseres Dankes versichere für die heldenhaften Taten, die du für die Verteidigung des Islam und der Muslime durchführst. Wurde dieser Teil gebracht oder nicht?[1]

Die Authentizität dieses Schreibens ist unabhängig nicht zu bestätigen, auch wenn die USA es im Faksimile zur Verfügung gestellt haben.[2] Ist es echt, bedeutet es, dass die Abgeschiedenheit von al-Zawahiri so total ist, dass er nicht einmal Satellitenfernsehen empfangen kann.[3] Auch machen er und Bin Laden von ihrem persönlichen Kuriersystem demnach offenbar nur spärlich Gebrauch und weichen darauf aus, einander über das Internet oder al-Dschasira zu grüßen. »Viele Verbindungslinien sind unterbrochen«, gibt al-Zawahiri in dem Brief unumwunden zu.

Wenn Bin Laden und al-Zawahiri eine längere Sendepause einlegen, kann das dreierlei zur Ursache haben: Taktik, Schwierigkeiten oder sogar ihren Tod. Dass sie imstande sind, größere Summen Geldes zu bewegen, ist derweil so gut wie ausgeschlossen. Alles, was auffällt, wäre viel zu riskant – schließlich handelt es sich um zwei der meistgesuchten Männer der Welt. Das hat Folgen für die Aktivitäten von al-Qaida: Wer gezwungen ist, stillzuhalten und keine Spuren zu hinterlassen, eignet sich nicht zum Terrorplaner. Bin Laden kann deshalb heute nur noch ein *spiritus rector* seiner Organisation sein, eine Quelle der Inspiration. Aber der Zugang zu ihm und seine eigenen Möglichkeiten zu agieren sind so eingeschränkt, dass er sicher nicht mehr das Operationszentrum darstellt. In dem angeblichen Brief findet sich sogar ein Hinweis darauf, dass die ehemalige Zentrale unter Geldknappheit leidet. Al-Sarqawi möge doch bitte 100 000 (eine Währung wird nicht genannt, gemeint sind wohl US-Dollar) überstellen, bittet die Nummer zwei jener Organisation, für die Geld lange Zeit die geringste Sorge war.

Vielen anderen Mitgliedern des erweiterten Führungszirkels ist es in den letzten Jahren nicht besser ergangen als Bin Laden und al-Zawahiri, oft sogar schlechter. Abu Zubaida zum Beispiel, altgedienter Logistiker und Militärchef, ist bereits 2002 in Pakistan verhaftet worden. Khalid Scheich Muhammad, der fähige und erfahrene Operationschef, ohne den ein Anschlag vom Maßstab des 11. September nicht möglich gewesen wäre, sitzt seit März 2003 in US-Haft. Abu Faradsch al-Libi, sein wahrscheinlicher zeitweiliger Nachfolger, wurde 2005 ebenfalls in Pakistan festgenommen und den USA überstellt. Im Winter 2005 wurde mit Hamza Rabi' der mutmaßlich bereits vierte Operationschef nach Khalid Scheich Muhammad vermutlich getötet. Er war kurz zuvor noch der Assistent seiner Vorgänger gewesen und musste die Lücke ausfüllen, die durch die Festnahmen entstanden war. Der Nachfolger hat stets weniger Erfahrung als sein Vorgänger – auch dieses der Not geschuldete Muster macht es für al-Qaida mittlerweile nahezu unmöglich, Anschläge zu planen, die ähnlich viel Sorgfalt, Zeit, Geld und Fachwissen beanspruchen wie 9/11.

Dazu kommt, dass zahlreiche wichtige al-Qaida-Mitglieder im afghanischen Bombenhagel umgekommen
sind – oder sie werden, wie vermutlich Saif al-Adl, im Iran
unter Hausarrest gehalten, mit empfindlich eingegrenzten
Wirkungsmöglichkeiten. Insgesamt sind nach Angaben der
US-Regierung zwei Drittel der bekannten al-Qaida-Führung ausgeschaltet.[4] In gewisser Hinsicht bietet Bin Ladens
Truppe heute also ein Bild des Jammers – schon deshalb ist
al-Qaida zwangsläufig eine andere Organisation als 2001.

Doch hat Fuad Hussein mit seiner entsprechenden Behauptung nicht den Zerfall der Mutterorganisation im
Auge. Er beobachtet vielmehr, dass al-Qaida eine *neue* Gestalt angenommen hat. Und er hält es für möglich, dass diese neue Form sich als noch gefährlicher herausstellen könnte. »Wir befinden uns in einer neuen Phase der Erhitzung«,
lautet seine Erkenntnis. »Ich bin nicht leichtgläubig, aber
ich kann mir vorstellen, dass al-Qaida eines Tages Staaten
regiert.« An die Stelle der Ur-Organisation ist eine neue al-
Qaida gerückt – ein Netzwerk, das gelernt hat, auf das zu
verzichten, was es nicht mehr haben kann, und den besten
Nutzen aus den Möglichkeiten zieht, die ihm geblieben
sind oder die es sich erschlossen hat. Als eine »sich selbst
reparierende Organisation« hat der britische Journalist
Neil Doyle al-Qaida in böser Ahnung bezeichnet.[5]

Und in der Tat ist al-Qaida ja zumindest nach wie vor
in der Lage, dafür zu sorgen, dass größere Anschläge in
verschiedenen Ländern stattfinden: Madrid, Bali, Istanbul,
Dscherba, Casablanca, wieder Bali, Kairo, der Sinai, Aqaba, Amman, dazu immer wieder Attacken auf Ausländer
in Saudi-Arabien und tägliche Selbstmordanschläge im
Irak. Schließlich darf man auch die Zahl verhinderter Anschläge in Großbritannien, den USA und anderswo nicht
ganz außer Acht lassen. Zehn al-Qaida-Anschläge habe
man seit dem 11. September 2001 abgewendet, erklärte

US-Präsident George W. Bush im Oktober 2005, drei davon in den USA. Diese Aufzählung zeigt, dass al-Qaida lebt – irgendwie. Aber wie genau? Auf welche Weise hat al-Qaida sich verändert? Drei Trends fallen ins Auge, wenn man dieser Frage nachgeht: eine Professionalisierung in Analyse und Zielauswahl; eine parallel ablaufende Dezentralisierung und Regionalisierung; sowie eine weitgehende Öffnung gegenüber den Sympathisanten. Das sind die drei Hauptzutaten des Rezepts der neuen al-Qaida. Sie sollen im Folgenden beleuchtet werden.

Von New York nach Madrid

Die Autoren jenes Papiers, das einige Monate später die Welt in Erstaunen versetzen sollte, trafen sich nach ihren eigenen Angaben im Spätsommer 2003, um ihr Werk zu verfassen. Im Dezember desselben Jahres wurde es dann veröffentlicht – »vorher war das leider nicht möglich«, heißt es dazu in einer Fußnote zum Vorwort. Es erschien auf einer damals noch existierenden semi-offiziösen al-Qaida-Website, was über die Autoren zumindest die Aussage zulässt, dass sie eine wie auch immer geartete Beziehung zu den Resten der Führungsspitze des Terrornetzwerks gehabt haben müssen. Das 42-seitige Dokument trägt den Titel »Dschihad im Irak – Hoffnungen und Risiken«. Berühmt wurde es später vor allem wegen eines Satzes: »Wir glauben, dass die spanische Regierung nicht mehr als zwei, maximal drei Schläge aushalten kann, bis es wegen des großen Drucks aus der Bevölkerung zum Abzug aus dem Irak kommt.«[6]

»Ich habe nur meiner Frau davon erzählt, sonst niemandem«, erklärte Brynjar Lia später.[7] Dem norwegischen Terrorexperten, der am Forsvarets Forskningsinstituṭṭ[8] nahe

Oslo arbeitet, kommt das Verdienst zu, das Papier gespeichert zu haben, als er es im Internet fand. Als am 11. März 2004 die spanische Hauptstadt Madrid von einer brutalen Anschlagsserie auf Nahverkehrszüge erschüttert wurde, erinnerte er sich wieder an diesen Satz, der plötzlich eine ganz neue Bedeutung zu haben schien. Gab es eine Blaupause für den Terroranschlag, der drei Tage vor den geplanten Parlamentswahlen das Land ins Chaos stürzte, 191 Menschen das Leben kostete und Hunderte verletzte? Das war die Frage, die sich Terrorexperten auf der ganzen Welt stellten, nachdem Lia und sein Kollege Thomas Hegghammer unmittelbar nach dem Anschlag öffentlich gemacht hatten, dass es in Oslo eine elektronische Kopie von einem Papier gebe, das darauf hindeuten könnte.[9]

Tatsächlich vermitteln ganze Passagen in dem Dokument genau diesen Eindruck. Zum Beispiel jene, in der es heißt, dass man bei Anschlägen gegen Spanien »unbedingt aus den bevorstehenden Wahlen im März Nutzen ziehen sollte«. Denn selbst falls Spaniens Streitkräfte nicht sofort nach dem Anschlag abgezogen würden, »wäre der Sieg der Sozialistischen Partei doch so gut wie garantiert – und der Abzug der spanischen Truppen würde auf der Agenda des Wahlkampfes stehen.« Es ist fast gespenstisch, wie genau die al-Qaida-Strategen die Reaktionen in Spanien vorhersagten: Der sozialistische Herausforderer Zapatero konnte den Urnengang im Windschatten des Anschlags tatsächlich für sich entscheiden, und wie prophezeit wurden kurz danach die Soldaten aus dem Irak zurückbeordert.

Wer das Papier genau liest, stellt allerdings fest, dass darin wahrscheinlich gar nicht Anschläge *in Spanien* vorgeschlagen wurden, sondern vielmehr Attacken gegen *spanische Ziele im Irak*. Diese Lesart wird dadurch gestützt, dass dieselben Herausgeber – die »Liga für den Sieg des irakischen Volkes« und das »Zentrum für Dienstleistungen für die Mudschahidin« – um dieselbe Zeit auch einen »Brief an das spanische Volk« publizierten, in dem es ganz klar hieß, es werde Anschläge gegen spanische Soldaten geben, obwohl »das spanische Volk einen guten Standpunkt eingenommen hat, indem es die amerikanische Besatzung des Irak ablehnt«. Wenn »das spanische Volk das Blut seiner Söhne retten will«, schrieben sie weiter, »dann zieht es sie aus dem Irak ab!«[10]

Dieses Missverständnis sollte man aber nicht überbewerten. Denn einiges deutet daraufhin, dass die Attentäter von Madrid das Papier kannten und ihre Entscheidung, in Spanien zuzuschlagen, durch die dort vorgestellte Argumentation abgedeckt fanden. Es mag der geografischen Nähe geschuldet sein, dass die Terroristen beschlossen, in Madrid zur Tat zu schreiten. Die planende und ausführende Zelle bestand vor allem aus in Spanien lebenden Marokkanern, dazu je einem Tunesier und Algerier. Warum hätten sie in den Irak reisen sollen, wenn sie quasi in ihrer Nachbarschaft einen Anschlag durchführen konnten? Die Resultate, so nahmen sie berechtigterweise an, würden ja dieselben sein – im besten Fall in potenzierter Wirkung.

Bis heute ist ungewiss, wer das Papier verfasst hat und hinter der rätselhaften »Liga für den Sieg des irakischen Volkes« beziehungsweise dem »Zentrum für Dienstleistungen für die Mudschahidin« steckt. Da es Yusuf al-Uyairi gewidmet ist, dem im Juni 2003 getöteten Führer der saudiarabischen al-Qaida-Filiale, liegt der Schluss nahe, dass es sich bei den Autoren um Saudis handelt. Sie stellen ihr Werk zudem im Vorwort ausdrücklich in eine Reihe mit einem Buch al-Uyairis, das den Titel »Die Zukunft des Irak und der Arabischen Halbinsel nach dem Fall Bagdads« trägt.[11] Der al-Qaida-Experte Guido Steinberg vermutet eine marokkanisch-saudische Koproduktion unter Federführung von Abd al-Karim al-Madschati, der später im Zusammenhang mit dem Anschlag von Madrid gesucht und 2005 in Saudi-Arabien von Sicherheitsbehörden getötet wurde. Die Selbstbezeichnung als »Zentrum für Dienstleistungen für die Mudschahidin« lässt jedenfalls auf tatsächliche oder suggerierte Nähe zu al-Qaida schließen, denn Osama Bin Ladens Netzwerk ging seinerzeit in Afghanistan aus dem »Büro für Dienstleistungen« hervor. Diese Anspielung wurde mit Sicherheit nicht ohne Bedacht gewählt.

Das Irak-Dschihad-Papier ist also vermutlich nicht als 1:1-Plan für den Anschlag von Madrid zu lesen. Es ist allerdings einer der eindrucksvollsten Belege für eine Entwicklung innerhalb al-Qaidas, die man grob unter dem Begriff Professionalisierung rubrizieren kann. Wie kein anderes al-Qaida-Dokument vor ihm offenbart es, dass das Terrornetzwerk in der Lage ist, dazuzulernen. »Analyse der Situation, Betrachtung der Zukunft und konkrete Arbeitsschritte auf dem Weg des gesegneten Dschihad«, lautet der Untertitel dieses Leitfadens. »Wir müssen unsere wahre Stärke kennen, müssen wissen, wie die Lage aussieht, müssen wissen, was möglich ist und was unmöglich ist«, steht als Mahnung am Ende des Papiers. Der selbst formulierte Anspruch wird konsequent eingelöst; die analytische Tiefe des Dokuments ist beeindruckend – und zugleich erschreckend. »Das Internetdokument deutet darauf hin, dass hier eine neue Intelligenz am Werk war, eine Rationalität, die man in al-Qaida-Dokumenten zuvor nicht gesehen hatte«, befand ganz richtig der Journalist Lawrence Wright.[12]

Schon die Prämisse steht in auffälligem Widerspruch zu den ideologisch und theologisch verbrämten und nicht gerade von rationalen Überlegungen geprägten al-Qaida-Pamphleten älteren Datums. Die gesamte Abhandlung ist von dem Gedanken durchzogen, dass der Hauptfeind im Irak, die USA, militärisch nicht zu besiegen sein dürfte. Das ist ein unerwartetes, aber ehrliches Eingeständnis. Trotzdem soll der Kampf natürlich nicht aufgegeben, sondern effizienter gestaltet werden. Die Dschihad-Strategen schlagen einen Umweg vor: Es sei erfolgversprechender, die Kriegsallianz zu spalten. Denn wenn die USA erst isoliert seien, weil sie plötzlich alleine im Irak stehen, würden auch sie an den Abzug ihrer Soldaten denken. Also komme es darauf an, neben den täglichen Attacken gegen die US-Armee auch deren Alliierte ins Visier zu nehmen – und zuvor genau zu untersuchen, welches Land besonders empfindlich und im gewünschten Sinne auf entsprechende Anschläge reagieren würde.

Aus dieser Überlegung heraus entfällt gut die Hälfte der 42 Seiten auf die Analyse der innenpolitischen Konstellationen in den Staaten, die aus Sicht der Autoren die wichtigsten in der US-geführten Irakkriegskoalition sind: Großbritannien, Polen und Spanien. Das ist ein gänzlich neues Vorgehen für al-Qaida-Strategen, die in Bezug auf den Westen zuvor kaum je Binnendifferenzierung geübt haben. Über Großbritannien, den »wichtigsten der europäischen Verbündeten der USA«, heißt es zum Beispiel: »Wir glauben, dass der einzige Faktor, der Großbritannien zum Abzug bewegen könnte, der öffentliche Druck ist; der wäre in der Tat dann groß, wenn Großbritannien bedeutende Verluste erleiden würde oder wenn die anderen Länder wie Spanien oder Italien abziehen würden.« Die Verfasser lassen damit erkennen, dass sie es für wenig wahrscheinlich halten, die Briten aus dem Irak bomben zu können. Andere Staaten, vor allem Spanien und Italien, erscheinen ihnen als sinnvollere »erste Dominosteine«, deren Fall dann letztlich den Abzug Großbritanniens und der USA nach sich ziehen soll.

Polen, schließen sie aus ihren Beobachtungen, sei »trotz seiner offensichtlichen Schwäche« ebenfalls kein gutes erstes Ziel, denn man müsse damit rechnen, dass ein Verlust an Menschenleben Bevölkerung und Regierung Polens eher noch zusammenschweißen würde. Der gerade erst erfolgte Beitritt zu EU und Nato stehe hier im Vordergrund. Die Ablehnung des Krieges in Polen und die Kritik an den USA haben in den Augen der Vordenker der al-Qaida also die kritische Schwelle nicht überschritten.

Zu ganz anderen Erkenntnissen gelangen sie dagegen in Bezug auf Spanien: »Was die Kriegsfrage im Irak angeht, so geht ein vollkommener Riss durch das Land. Die Bevölkerung steht auf der einen und die Regierung, vertreten durch die konservative Partei, auf der anderen Seite. Schon vor dem Krieg gab es in Spanien Demonstrationen mit einer Million Teilnehmern. (...) Man kann ohne Übertreibung sagen, dass die Stimmung in Madrid und einigen anderen Städten und insbesondere an den Universitäten ungefähr so wie bei einem regelrechten Volksaufstand ist.« Dieses Moment gelte es auszunutzen.

Für die Angriffe auf die USA schlagen die unbekannten Verfasser eine verbesserte Strategie vor. Nach einer Auswertung der Haushaltsdebatten in den USA kommen sie zu dem Schluss, dass es aussichtsreicher sei, die USA durch hohe Kosten aus dem Irak zu treiben, als durch den bewaffneten Kampf: »Wir glauben (...), dass der irakische Widerstand in der Lage ist, die Kosten für die USA in die Nähe dessen zu treiben, was ihnen als erwartete Obergrenze gilt, (...) nämlich 400 Milliarden US-Dollar«, schreiben sie, nicht ohne zuvor aus der »Financial Times« und aus offiziellen US-Regierungsverlautbarungen zitiert zu haben. Deshalb seien auch Anschläge auf Öl-Pipelines im Irak eine vorzügliche Methode. Noch 2002 hatte Peter Bergen behaupten können, al-Qaida verstehe die Bedeutung des Öls nicht. Heute gibt es neben dem Irak-Papier viele andere Strategievorlagen, in denen argumentiert wird, dass solche Anschläge am besten seien, die den Preis pro Barrel in die Höhe trieben, weil das die US-Wirtschaft belaste.[13]

In vergleichbarer Weise haben sich al-Qaida-Strategen noch nie zuvor in ihre Feinde hineingedacht. Der neue Realismus wird durch den nüchternen Stil des Dokuments noch unterstrichen, in dem religiös-theologische Phrasen und Erbauungspassagen nur zu Beginn und am Ende eingestreut sind, von der Analyse klar geschieden. Auch eine Reflexion der eigenen Rolle findet sich: »Das internationale System (…) können wir als ein Spinnennetz bezeichnen. Und wenn auch wie in einem Spinnennetz alles miteinander verknüpft ist, so reicht doch schon ein leichter Wind, um dieses Gewebe wieder zu zerreißen.« Dieser »leichte Wind« will al-Qaida heute sein – er ersetzt den in alten Pamphleten beschworenen Ansturm des Millionenheeres der Muslime. An die Stelle religiöser Endsiegrhetorik tritt ein am Möglichen orientierter Schlachtplan. Das Irakpapier ist zweifellos ein Meilenstein für die analytische Weiterentwicklung al-Qaidas.

Freilich bedeutet das nicht, dass al-Qaida gegenwärtig ausschließlich von rationalen, tief schürfenden Analytikern gesteuert würde; nicht einmal alle Passagen des »Dschihad«-Papiers erfüllen den selbst gestellten Anspruch. Da taucht etwa in der Analyse der polnischen Verhältnisse eine Fußnote auf, der zufolge die Zahlen und Fakten über das Land der Webseite der polnischen Botschaft in Ägypten entnommen sind, was dann doch an eine Schülerhausarbeit erinnert. Die meisten al-Qaida-Kader sind immer noch Amateure. Aber Lernfähigkeit kann man ihnen nicht absprechen. Madrid ist das beste Beispiel dafür, zumal der tatsächliche Anschlag gezeigt hat, dass die Kalkulationen al-Qaidas auch dem Realitätstest standhalten. Nicht zu Unrecht hält Steinberg den Horror von Madrid für »eine der wirkungsvollsten Operationen in der Geschichte des Terrorismus«.[14]

Längst sind andere Strategiepapiere aufgetaucht, in denen rationale Überlegungen ebenfalls eine größere Rolle spielen als früher. So zum Beispiel in Saudi-Arabien, wo der dortige al-Qaida-Chef Abd al-Aziz al-Muqrin im Sommer 2004 eine Rangliste der angepeilten Ziele veröffentlichte.[15] Unter der Rubrik »Menschliche Ziele, nach Grad der Wichtigkeit sortiert« forderte er dazu auf, beim »Kampf in den Städten« zunächst Juden (vor den Christen und den »vom Glauben Abgefallenen«, also vermeintlich ungläubigen Muslimen) zu ermorden. Unter den Juden wiederum seien israelische und US-amerikanische vor »britischen, französischen und so weiter« ins Visier zu nehmen. Diese zynische Rangfolge orientiert sich wohl daran, wie viel Aufmerksamkeit zu erwarten ist – eine Überlegung, die al-Qaida bei der Anschlagsplanung immer häufiger berücksichtigt. Weiter weist al-Muqrin darauf hin, dass es zu Beginn des Dschihad nicht sinnvoll sei, »Gewalt gegen religiös-ideologische Ziele anzuwenden«. Dahinter verbirgt sich offensichtlich der Versuch, die Mudschahidin von unüberlegten Aktionen abzuhalten, die das stillschweigende Wohlwollen der islamistischen, aber nicht unbedingt militanten Sympathisanten gefährden könnten. Schließlich nennt er westliche Firmen namentlich, die in Saudi-Arabien Dependancen unterhalten und die er für vernünftige Ziele hält. Auch die saudische al-Qaida hat ein Bild gefunden, um ihre Taktik zu beschreiben: Die Mudschahidin, schrieb sie, müssten agieren wie ein Floh, der einen Hund so lange an den empfindlichen Stellen beißt, bis er umfällt.[16]

Erwähnenswert ist in diesem Zusammenhang noch eine weitere Person: Mustafa Setmarian Nasar alias Abu Musab al-Suri, ein Syrer, der sich als Stratege einen Namen gemacht hat. Unter anderem verfasste er eine Abhandlung über den Nutzen von Massenvernichtungswaffen für die Mudschahidin und dachte laut über eine Kooperation mit

Nordkorea oder dem Iran nach. Außerdem propagierte er die Idee, dschihadistische »Elite-Einheiten« aufzustellen. Al-Suri ist ein unabhängiger Denker, er hat auch Bin Laden schon kritisiert. »Er ist trotzdem sehr wichtig«, glaubt der israelische Experte Reuven Paz.[17] Ende Oktober 2005 ging al-Suri den Behörden in Pakistan ins Netz. Seine Schriften aber sind noch immer zu haben und von hoher analytischer Qualität. Sogar die West Point Academy der US-Armee befasste sich ausgiebig mit seiner Analyse des Scheiterns der syrischen Islamisten, die in den 1980ern den Aufstand gegen das Regime geprobt hatten.[18]

Weil die Autoren häufig unbekannt sind, ist die Bedeutung von Strategiepapieren grundsätzlich schwer einzuschätzen. Am besten interpretiert man sie als Konkretisierungen der abstrakten Handlungsanweisungen Osama Bin Ladens und Aiman al-Zawahiris. Sie sind gefährlich, weil sie im schlimmsten Fall das Bindeglied zwischen Theorie und Praxis sein können, wie Madrid gezeigt hat.

Dass es auf Seiten der Dschihadisten eine Bereitschaft gibt, Bin Ladens Anregungen aufzugreifen, haben wir im ersten Kapitel bereits gesehen. Schon einer seiner ersten antisaudischen Aufrufe Mitte der neunziger Jahre führte ja zu einem Anschlag in Saudi-Arabien. Auch heute ist es noch so: Im Februar 2002 beziehungsweise im Oktober 2003 identifizierte Bin Laden etwa Spanien, Italien und Marokko als Feinde, und wenig später folgten die Anschläge von Madrid und Casablanca sowie Attacken auf italienische Ziele im Irak. Nach dem 11. September 2001 hatten Bin Laden und al-Zawahiri in ihren Videobotschaften das Palästina-Problem in den Mittelpunkt gestellt, und im November 2002 führten islamistische Terroristen im kenianischen Mombasa erstmals einen Anschlag gegen israelische Ziele durch. Dabei griffen sie ein Hotel an und versuchten parallel, einen israelischen Jet abzuschießen, was glücklicherweise misslang. Ähnliches konnte in Pakistan beobachtet werden: Gerade einmal drei Monate nachdem al-Zawahiri seine Kritik am Präsidenten Pervez Musharraf erneuert hatte, folgten im Dezember 2003 zwei Attentatsversuche gegen den Machthaber.

Es liegt also nahe, hier einen Zusammenhang anzunehmen. Sicherheitsbehörden auf der ganzen Welt lesen Bin-Laden-Reden schon lange als Erstes unter diesem Gesichtspunkt und passen ihre Gefahrenprognosen entsprechend an. Es sei »festzustellen, dass Anhaltspunkte für eine Übereinstimmung zwischen Botschaft der al-Qaida-Führung und späteren Anschlägen hinsichtlich der Zielauswahl und des Anschlagslandes vorhanden sind«, heißt es auch beim Bundeskriminalamt.

Allerdings sollte nicht unterschlagen werden, dass Bin Laden auch schon Staaten vor Anschlägen gewarnt hat, in denen Vergleichbares nie zustande kam, namentlich etwa Nigeria, Frankreich, Deutschland, Kanada und Australien.[19] Der Jemen ist gleich in mehreren Verlautbarungen zum »nächsten Sumpf« ausgerufen worden, in den man die USA ziehen werde – und auch hier hat sich abgesehen von kleineren Zwischenfällen nichts Bedrohliches ereignet. An diesen Stellen offenbaren sich die Grenzen der Fähigkeiten al-Qaidas: Nicht alles, was Bin Laden als *spiritus rector* des Netzwerks wünscht, kann umgesetzt werden. Da aber, wo es die Möglichkeit gibt, finden sich bereitwillige Strategen, die den Auftrag zu Ende denken und eine entsprechende Handlungsanleitung verfassen. Auf dieser Grundlage wiederum können weitgehend autonome Zellen zur Tat schreiten. Vor dem 11. September war al-Qaida ganz anders organisiert gewesen: Bin Laden wählte die Attentäter höchstpersönlich aus, er entschied selbst über Ziele und konkretes Anschlagsdatum. Heute sind direkte Befehle mit Sicherheit eine Ausnahme – dafür ist al-Qaida als Netzwerk intellektueller, strategischer und professioneller geworden.[20]

Al-Qaida kommt nach Hause

So, wie die Bomben von Madrid die Professionalisierung al-Qaidas veranschaulichen, stehen – neben mittlerweile vielen anderen – die Anschläge, die 2003 die türkische Metropole Istanbul erschütterten, für ein weiteres Phänomen, das sich in der Folge von 9/11 herausbildete: eine Dezentralisierung des Terrornetzwerks. Am 15. November 2003 starben 25 Menschen bei Anschlägen auf zwei Synagogen; nur eine Woche später schlug al-Qaida erneut in der Stadt zu.

Obwohl das Café in einer Seitenstraße der türkischen Metropole lag und die Explosion eine Ecke weiter und gut 70 Meter entfernt stattgefunden hatte, war die Frontscheibe durch die Wucht der Detonation zerstört worden. Eine Neonröhre hing schief von der Decke, und in der Holztür steckten Splitter. Die mit groben Steinen gepflasterte kleine Gasse vor dem winzigen Gebäude war mit Trümmerteilchen übersät. Vier Männer saßen verschreckt in dem kleinen Raum und tranken Tee. In einem Fernseher an der Decke, der nicht beschädigt worden war, liefen derweil die Nachrichten, die immer wieder berichteten, was jeder von ihnen selbst miterlebt hatte: dass zwei Selbstmordattentäter fast zeitgleich zwei Gebäude in der Stadt angegriffen hatten, dass 32 Menschen getötet und beinahe 400 verletzt worden waren.

Wenige Stunden waren an diesem 20. November 2003 seit dem Doppelschlag vergangen. Um die Verständigungsschwierigkeiten zu überbrücken, malten die Männer auf einer Serviette auf, was sie gesehen hatten: Dass ein Lastwagen in das um die Ecke gelegene britische Konsulat gefahren war, woraufhin es einen lauten Knall gegeben habe. »Bumm! Bumm! Bumm!«, rief einer der Männer laut, um das Ausmaß der Explosion verständlich zu machen. Sie waren geschockt. Ein Anschlag, hinter dem nur al-Qaida stecken konnte, hier, in ihrem friedlichen Land! Noch gab es keine offiziellen Erkenntnisse über die Täter, aber über eines waren sich die Männer schnell einig: »No Turks! Arabs!«, sagten sie. Nur Araber, waren sie überzeugt, würden in der Türkei zuschlagen. Die Männer lagen falsch. Wie sich bald herausstellte, waren die Attentäter hauptsächlich kurdische Türken gewesen, die im Auftrag und mit Hilfe al-Qaidas gehandelt hatten und zu der Organisation IBDA-C (Front der Vorkämpfer für einen großen islamischen Osten) gehörten.

Eine ähnlich bittere Erfahrung wie die Türken mussten die Saudi-Araber in Riad, die Marokkaner in Casablanca und die Ägypter auf dem Sinai machen: dass ihre eigenen Landsleute (wieder) in ihren eigenen Städten Bomben explodieren ließen. In den Jahren 2002 bis 2006 gab es eine ganze Reihe solcher Anschläge, die Guido Steinberg unter der treffenden Formulierung »al-Qaida kommt nach Hause« zusammenfasst. Zumeist handelte es sich bei den Hintermännern um Afghanistan-Veteranen der al-Qaida. Nach dem Krieg in Afghanistan und dem Verlust von Führungszentrale und Ausbildungslagern hatten sie sich auf den Heimweg gemacht, um ihre Aktivitäten in dem Rahmen fortzuführen, der ihnen geblieben war. »Durch den Verlust einer physischen Basis verwandelte sich al-Qaida augenblicklich in etwas, das weniger zentralisiert, weiter ausgebreitet und virtueller war als seine vormalige Erscheinungsform«, schrieb bereits im November 2002 der Journalist Peter Bergen.[21]

Ab Februar 2002 gab es Hinweise darauf, dass al-Qaida auf den Krieg in Afghanistan mit einer Strategie der Dezentralisierung reagieren würde: Die schon erwähnte

Nummer drei, Saif al-Adl, und der Logistiker Abu Zubaida hätten bereits unabhängig von Bin Laden und der Mutterorganisation Pläne für Anschläge und Rekrutierungen in Großbritannien, Israel, dem Jemen und dem Libanon geschmiedet, hieß es.[22] Steinberg ergänzt, dass dieser Prozess wahrscheinlich nicht gänzlich ohne Abstimmung mit Bin Laden vonstatten ging: Im Mai 2002 wurde demnach eine Zelle geflüchteter saudischer Terroristen in Marokko aufgegriffen. Sie sagten aus, der al-Qaida-Chef habe den Arabern in Afghanistan den Auftrag erteilt, sie sollten »in ihre Heimatländer oder andere Länder, die sie gut kannten, zurückkehren und anschließend terroristische Anschläge dort planen, organisieren und ausführen«. Lediglich einige Ausgewählte, darunter sie selbst, sollten konkrete Anschläge übernehmen; in diesem Fall ging es um Attacken auf westliche Kriegsschiffe in der Straße von Gibraltar.[23] Im November 2002 soll zudem eine Art al-Qaida-Gipfeltreffen im Nordiran stattgefunden haben, bei dem die Führung feststellte, dass sie angesichts des Verlustes zahlreicher Kader nicht länger als hierarchische Organisation würde existieren können, sondern stattdessen ein dezentrales Netzwerk werden müsse.[24] Der große Teil der Afghanistan-Flüchtlinge kehrte also dahin zurück, von wo aus sie in den Dschihad aufgebrochen waren: nach Ägypten, Saudi-Arabien, Marokko, Jordanien und so weiter. Und sie begannen selbstständig zu agieren.

Für Beobachter des islamistischen Terrorismus stand deshalb ab 2002 vor allem ein Eindruck im Vordergrund: Al-Qaida schien auf einmal überall zu sein. In Saudi-Arabien und im Irak etablierten sich sogar al-Qaida-Tochterunternehmen, die heute über eine mehr oder weniger gefestigte Struktur verfügen. Dazu gehören etwa eine vornehmlich aus Afghanistanrückkehrern zusammengesetzte zentrale Führung, einheitliche Briefköpfe und Bekennerschreiben sowie Beratungsgremien. Hierbei handelt es sich allerdings um zwei besondere Fälle: Im Irak findet gerade ein »heißer Krieg« statt, in dem Dschihadisten aus aller Herren Länder einen Ersatz für Afghanistan gefunden haben, und Saudi-Arabien ist das Mutterland al-Qaidas, wo die Organisation eine andere Rolle spielt als in anderen Ländern. Die »Regionalisierung« in Saudi-Arabien und dem Irak ist also ein besonderer Aspekt der allgemeinen Dezentralisierung al-Qaidas.

Diese spiegelte sich in Anschlägen von Marokko bis Saudi-Arabien, von Großbritannien bis Kenia und von Indonesien bis Jordanien:

Am 11. April 2002 explodiert ein Lastwagen nahe einer Synagoge auf der tunesischen Ferieninsel Dscherba. Außer den beiden Attentätern sterben 19 Menschen, darunter 14 Deutsche. Kurz vor der Tat telefonierte der Täter mit dem al-Qaida-Planer Khalid Scheich Muhammad.

Am 6. Oktober 2002 wird vor der jemenitischen Küste der französische Tanker »Limbourg« attackiert, ein Besatzungsmitglied kommt ums Leben.

12. Oktober 2002: Auf der indonesischen Urlaubsinsel Bali kommen inklusive zweier Attentäter 202 Menschen zu Tode, als parallel Bomben in der Nähe touristischer Einrichtungen explodieren; die meisten Toten sind Urlauber. Der Anschlag wird von der indonesischen »Jemaah Islamiyah«, wahrscheinlich in Absprache mit al-Qaida, ausgeführt.

28. November 2002: In Kenia greifen Terroristen ein Hotel an und versuchen, ein israelisches Flugzeug abzuschießen. 16 Menschen sterben. Auch hier steckt al-Qaida dahinter.

12. Mai 2003: Saudische Terroristen der örtlichen al-

Qaida-Filiale ermorden in Riad 26 Menschen, darunter viele westliche Staatsangehörige.

16. Mai 2003: In Casablanca sterben 33 Menschen bei parallelen Selbstmordanschlägen auf westliche und jüdische Einrichtungen. Der Anschlag geht auf das Konto der marokkanischen GICM, die Beziehungen zu al-Qaida unterhält.

15. und 20. November 2003: Jeweils zwei parallele Selbstmordanschläge auf zuerst zwei Synagogen und dann eine britische Bank und das britische Konsulat erschüttern Istanbul. Die überwiegend kurdische Extremistenorganisation IBDA-C ist beteiligt, aber ebenso ein Afghanistan-Veteran der al-Qaida.

14. und 25. Dezember 2003: Die pakistanische Organisation »Lashkar-e Tayyiba«, die mit al-Qaida kooperiert, führt Attentate auf den pakistanischen Präsidenten Pervez Musharraf durch.

11. März 2004: Bei Bombenanschlägen auf Vorstadtzüge in Madrid sterben 191 Menschen. Der Anschlag wird von der al-Qaida-nahen GICM organisiert.

29. Mai 2004: In der saudischen Stadt Khobar überfallen Terroristen eine Ausländerwohnsiedlung; 22 Tote. Dahinter steht der lokale al-Qaida-Ableger.

7. Oktober 2004: Drei Bomben explodieren auf der ägyptischen Sinai-Halbinsel. 34 Menschen, zumeist Urlauber, kommen ums Leben. Die Tat dürfte zumindest von al-Qaida inspiriert gewesen sein.

7. April 2005: Anschlag auf Touristen in Kairo; drei Westler und ein Attentäter sterben. Die Tat dürfte zumindest von al-Qaida inspiriert gewesen sein.

30. April 2005: Erneute Anschläge auf Urlauber in Kairo, diesmal kommen nur die Attentäter ums Leben. Zumindest eine Inspiration durch al-Qaida ist wahrscheinlich.

7. Juli 2005: 52 Menschen sterben bei parallelen Selbstmordanschlägen in Londoner U-Bahnen und einem Bus, dazu die vier Attentäter. Al-Qaida schreibt sich den Anschlag später gut. Mindestens zwei der vier Attentäter hielten sich zuvor in Pakistan auf.

23. Juli 2005: Drei Bomben explodieren auf der Sinai-Halbinsel; wahrscheinlich gibt es eine al-Qaida-Verbindung hinter dem Anschlag.

9. November 2005: Drei Bomben explodieren zeitgleich in drei Hotels der jordanischen Hauptstadt Amman; dahinter steckt die irakische al-Qaida-Filiale.

24. April 2006: Drei parallele Bomben in dem Ferienort Dahab auf der ägyptischen Sinai-Halbinsel töten 21 Menschen, darunter drei Attentäter. Alles deutet auf einen von al-Qaida inspirierten oder mitorganisierten Anschlag hin.

Gibt es Muster hinter dieser erschütternden Liste, die noch nicht einmal alle, sondern nur die größten Terroranschläge militanter Islamisten umfasst? Und wenn ja, was sagen sie uns über die Verfasstheit und die Organisationsstrukturen der neuen al-Qaida?

Angesichts dieser Vielzahl von Anschlägen haben Experten und Journalisten in den letzten Jahren zahlreiche Bilder geprägt, um die neue Organisationsform al-Qaidas zu fassen: Einmal hieß es, die Organisation sei wie ein »Spinnennetz« aufgebaut, in dessen Zentrum Bin Laden stehe; ein anderes Mal wurde geschrieben, al-Qaida-Anschläge würden von Schläferzellen durchgeführt, die das Netzwerk lange vor 9/11 gepflanzt habe und die nun eine nach der anderen aktiviert würden. Darin spiegeln sich noch Reste des Glaubens wider, al-Qaida sei nach wie vor eine zentral gesteuerte Kaderorganisation. Das Netzwerk sei am besten wie ein »Franchise-Unternehmen« und

»al-Qaida« entsprechend als Marke zu verstehen, schlug dagegen Olivier Roy 2004 vor. Das berücksichtigte immerhin, dass die Beziehung der Attentäter zur ehemaligen Zentrale immer diffuser zu werden schien.[25] Weil indes meistens doch noch irgendeine Verbindungslinie an den Hindukusch zu finden war, wurde schließlich gar der Vergleich mit einer Tomate bemüht, auf die jemand geschlagen hat – und deren Kerne jetzt überall verstreut seien. Als der Journalist Jason Burke 2004 sein Buch über al-Qaida veröffentlichte, da spürte er wohl schon, dass keines dieser Bilder wirklich treffend war. Er trat die Flucht nach vorne an und verkündete: »Die gute Nachricht ist, dass diese al-Qaida gar nicht existiert. Die schlechte Nachricht ist, dass die Bedrohung, der sich die Welt heute gegenüber sieht, weit gefährlicher ist als irgendein einzelner Terroristenführer mit einer Armee von treuen Kadern (...). Wir haben derzeit kein Vokabular, mit dem sie sich treffend kennzeichnen ließe.«[26]

Der vorerst letzte Versuch, die neue al-Qaida mit einem Schlagwort zu fassen, stammt von Guido Steinberg und Jessica Stern. Beide operieren unabhängig voneinander mit dem Begriff »leaderless resistance«, der aus dem Umfeld US-amerikanischer Rechtsextremisten stammt und eine Taktik beschreibt, nach der man bewusst auf konkrete Befehle von der Führung verzichtet, um die Vorhaben nicht zu gefährden, und stattdessen den einzelnen Aktivisten viel Verantwortung in die Hände legt.[27] In der Tat hat der islamistische Vordenker Abu Musab al-Suri in einem Aufsatz ähnlich argumentiert.[28] Das Konzept des »führerlosen Widerstandes« berücksichtigt, dass die Rolle Bin Ladens im operativen Bereich – wie wir gesehen haben – vernachlässigenswert ist, seine abstrakten Direktiven dagegen bedeutsam bleiben.

Gleichwohl bleibt es schwierig, Muster hinter der Anschlagsserie zu erkennen, die seit dem 11. September 2001 abläuft. Schon scheinbar nahe liegende Schlüsse können in die Irre führen. So zeigt die oben angeführte Liste, dass zwei der Anschläge sich gegen westliche Zivilisten im Westen richteten. Das lässt sie geradezu zwangsläufig wie die Fortsetzung des 9/11-Anschlags erscheinen. Die Kette New York – Madrid – London ist denn auch der alles beherrschende Eindruck, unter dem Öffentlichkeit und Medien in den westlichen Staaten al-Qaidas Aktivitäten wahrnehmen. Tatsächlich hat der Terror von Madrid aber weniger mit 9/11 und London zu tun als mit den Selbstmordattentaten in Casablanca. Denn in Madrid und Casablanca zog dieselbe Organisation – die »Kämpfende marokkanische islamische Gruppe«, GICM – die Fäden. Es gibt inzwischen zahlreiche Querverbindungen zwischen den beiden Zellen. Dass auch in Casablanca eine spanische Einrichtung angegriffen wurde, verstärkt den Zusammenhang noch.

Von London unterscheidet sich der Madrid-Anschlag überdies durch den bedeutsamen Umstand, dass die Attentäter nicht, wie in London, im Land geboren und aufgewachsen waren. Und die Anschläge vom 11. September 2001 unterscheidet wiederum von allen drei anderen Vorfällen, dass an jenem Tag arabische Terroristen Zivilisten in einem Land angriffen, in dem keiner von ihnen überhaupt je länger gelebt hatte. Genau genommen, und das ist auf den ersten Blick überraschend, ist das Anschlagsmuster von 9/11 sogar *einmalig*.

Die Verwirrung lässt sich einfacher auflösen, wenn man sich vergegenwärtigt, was al-Qaida seit dem 11. September 2001 kennzeichnet: dass nämlich *parallele Prozesse* ablaufen. Die Zeiten, in denen man das Phänomen mit einem einzigen Schlagwort erfassen konnte, sind vorbei. Es gibt keine alleinige, stimmige, alles umfassende Strategie mehr.

Anschläge sind nicht länger Auftragsarbeiten, sondern entspringen der Eigeninitiative der Planer und Täter. Vor 9/11 entsandte die al-Qaida-Führung noch Aufklärungsteams in potenzielle Anschlagsländer, die dann Memos verfassten, in denen Sätze zu lesen waren wie: »Der Bus verließ Nairobi um 23 Uhr, wir erreichten Mombasa um 5 Uhr am Morgen des nächsten Tages. Die Straßen waren (…) in guter Verfassung. Normalerweise untersucht die Polizei keine Busse, aber kleine Autos durchsuchen sie genau. Es gibt vier mobile Checkpoints.«[29] Und die al-Qaida-Mitglieder unterschrieben damals regelrechte Arbeitsverträge, in denen zum Beispiel stand: »Ein unverheirateter Mudschahid hat ein Jahr nach Beitritt zu der Organisation Anspruch auf ein Rückflugticket in sein Heimatland. Er kann einen Monat Urlaub nehmen. Er bekommt nichts erstattet, wenn er das Ticket nicht nutzt, er kann es aber gegen eines zur Pilgerfahrt (nach Mekka, Y. M.) eintauschen.«[30]

Gegenwärtig findet Terror nicht mehr da statt, wo Terroristen hingeschickt werden, sondern da, wo sie schon sind oder hinzugehen selbst beschlossen haben. Es gibt auch keine Memos an Bin Laden mehr. Das bedeutet auf der einen Seite eine gewisse Verwässerung der al-Qaida-Gesamtstrategie, weil es kaum noch Kontrolle gibt. Auf der anderen Seite ist diese lange Leine für willige Terroristen seit dem Afghanistankrieg der Schlüssel zum Überleben für das Terrornetzwerk geworden.

Nie zuvor hatten Attentäter also mehr Freiheit, Ziele und Taktik selbst zu bestimmen. Trotzdem lassen sich drei Hauptkategorien von Anschlägen identifizieren, wenn man die oben angeführte Liste genauer betrachtet. Während in den westlichen Ländern unbewusst der Eindruck vorherrscht, nur Anschläge *im Westen* seien auch gegen den Westen gerichtet, und diese müssten deshalb gesondert betrachtet werden (also die Kette New York – Madrid – London), offenbart die Anschlagsliste, dass sich tatsächlich *fast alle* Anschläge gegen Angehörige westlicher Staaten richten – und zwar vor allem gegen westliche Touristen *in islamischen Staaten*. So geschehen zum Beispiel auf der Sinai-Halbinsel, in Indonesien und auf Dscherba. Die meisten Anschläge dieses ersten Typs gehen auf das Konto von Afghanistan-Rückkehrern. Sie belegen die »al-Qaida kommt nach Hause«-These und zeigen zugleich, dass die Sicherheit dieser Staaten wieder akut gefährdet ist, nachdem sie lange Jahre dadurch gegeben schien, dass die radikalsten Militanten sich in Afghanistan, Bosnien und anderswo herumtrieben.

Interessanterweise beleben die Terroristen mit den Angriffen auf Touristen eine Praxis wieder, die islamistische Gruppen in Ägypten bereits vor der Gründung al-Qaidas angewandt haben.[31] Al-Qaida hat dagegen vor 2001 nie westliche Touristen angegriffen. Für die heimgekehrten Afghanistankämpfer stellt der Rückgriff auf diese Praxis einen sinnvollen Kompromiss zwischen zwei Zielen dar: Sie können zugleich den Westen und – über die wirtschaftlichen Folgen – ihre Heimatländer treffen. Im Falle der Sinai-Anschläge vom Oktober 2004 wurde in dem al-Qaida-Magazin »Sawt al-Dschihad« klargestellt, dass das Netzwerk selbst den Angriff – trotz seiner stark ägyptischen Komponente – als al-Qaida-Anschlag auffasste.[32] Gelegentlich kommt bei diesem Anschlagstypus eine weitere Dimension hinzu, wenn nämlich, wie in Dscherba, Casablanca oder Istanbul, jüdische Einrichtungen zum Ziel genommen werden. Das richtet sich gegen die Reste religiöser Toleranz in diesen Staaten und steht im Einklang mit dem Weltbild islamistischer Gruppen.

Verglichen damit sind die Anschläge gegen Metropolen im Westen – der zweite Typus, der sich identifizieren lässt – geradezu eindimensional. Auf der anderen Seite ist sich al-

Qaida natürlich der Tatsache bewusst, dass diese Terrorakte hinter den feindlichen Linien besonders geeignet sind,
scheinbare Allmacht zu demonstrieren, und in der Sympa-
thisantenszene auf besonderen Widerhall stoßen. Sie sind
gewissermaßen die Vorzeige-Operationen al-Qaidas, und
zugleich der Typus, der für die Einwerbung von Spendengeldern am lukrativsten ist. Auch arabischen Terrorsponso-
ren ist wohler, wenn die Bomben, die sie finanzieren, nicht
vor ihrer eigenen Haustür explodieren.

Festnahmen und Ermittlungen in Belgien und auf den
Kanarischen Inseln im Herbst 2005 haben derweil im Zusammenhang mit den Anschlägen im Westen Interessantes
zutage gefördert. Sie legen nämlich den Verdacht nahe, dass
ein Netzwerk islamistischer Militanter, das vor allem von
Marokkanern mit Beziehungen zur GICM und anderen
Nordafrikanern dominiert wird, sich nach dem Afghanistankrieg zum Ziel gesetzt hat, eine Art Europa-Arm der
al-Qaida zu bilden.[33] Im Februar 2002 soll es in Istanbul
eine regelrechte Terrorkonferenz gegeben haben, auf der
marokkanische, libysche und tunesische Terroristen Pläne
für eine Eskalation in Europa und dem Mittelmeerraum
geschmiedet hätten, berichtete das »Wall Street Journal«.
Auch hierbei waren Afghanistan-Veteranen beteiligt. Sie
scheinen es wichtiger gefunden zu haben, Aufsehen er-
regende Anschläge in Europa und den Nachbarregionen
durchzuführen, als, wie von Bin Laden angeordnet, in ihren
Heimatländern aktiv zu werden. Dass die GICM an diesem
Projekt beteiligt sein soll, scheint plausibel, denn in marokkanischen Islamistenkreisen sind die Ressentiments gerade
gegenüber Spanien groß; das Land wird wegen seiner Geschichte als islamisches Territorium betrachtet, das es zu
befreien gilt.

»Es sieht so aus, als ob al-Qaida über eine Anzahl nordafrikanischer Zellen in Europa verfügt, die in der Art von

Subunternehmern agieren (...). Wir können annehmen, dass solche (...) Gruppen aus ›nicht so sehr schlafenden‹ Zellen auf europäischem Boden bestehen und nicht etwa aus ›importierten‹ Gruppen von Saudis und Ägyptern, wie es im Falle der Anschläge vom 11. September 2001 war«, schreibt der israelische Terrorexperte Reuven Paz.[34] Nach dem Anschlag von Madrid tauchte ein Bekennervideo auf, in dem ein angeblicher »Militärsprecher der al-Qaida in Europa« die Tat für seine Gruppe reklamierte. Das passt zu der These, dass einige Europa-Anschläge von einem Netzwerk innerhalb des Netzwerks organisiert wurden. Bin Laden oder al-Zawahiri haben die Existenz einer solchen Unterorganisation indes nie bestätigt; sie dürfte in Eigeninitiative entstanden sein.

Eine dritte Kategorie von Anschlägen deutet darauf hin, dass sich parallel eine asiatische Front al-Qaidas gebildet hat. Aus eigenem Antrieb und angefeuert von Osama Bin Laden sind einige ehemals von al-Qaida unabhängige Gruppen dazu bereit, ihre Terrorakte auf Bin Ladens Konto gutschreiben zu lassen. Beispiele dafür sind die Anschläge auf Bali, die von einer indonesischen Gruppe durchgeführt und später von al-Qaida adoptiert wurden, sowie die Attentatsversuche gegen den pakistanischen Präsidenten Musharraf, die ganz offensichtlich eine Reaktion auf entsprechende Aufrufe al-Qaidas darstellen, auch wenn die ausführende Organisation »Lashkar-e Tayyiba« eigentlich nicht Bestandteil des Netzwerks ist. Al-Qaidas nach dem Rückzug der Sowjets aus Afghanistan forcierte Kooperation mit lokalen, vor allem süd- und südostasiatischen Islamistengruppen hat offenbar begonnen, Früchte zu tragen.[35] Ohne sich formal Osama Bin Laden angeschlossen zu haben, operieren sie wie dessen verlängerter Arm. Sie haben die Schnittmenge zwischen ihren eigenen, lokal definierten Interessen (Kaschmir-Konflikt, Kampf gegen das pakistanische und indonesische Regime) und den globalen Interessen al-Qaidas erkannt und glauben, aus einer losen Kooperation Nutzen ziehen zu können. Die Beziehung ist symbiotisch, denn diese kleinen Gruppen wirken durch den al-Qaida-Bezug größer und schlagkräftiger, als sie sind, während al-Qaida auf die Logistik dieser Gruppen Zugriff erhält.

Al-Qaida, so lautet der Schluss, fördert heute, dass willige Attentäter da zuschlagen, wo sie sich aufhalten. Terroristen reisen in der Regel nicht mehr durch die Welt und verbringen auch nicht mehr Monate oder gar Jahre mit der Planung von Anschlägen nach dem Muster 9/11. An die Stelle elaborierter Anschlagsszenarien sind schnell und unauffällig planbare Attacken getreten. Anstatt, wie in New York und Washington, fast 3000 Menschen in einer technisch anspruchsvollen Operation zu töten, hat sich das Netzwerk darauf verlegt, seine Kader und Kämpfer zunehmend mittelschwere Anschläge durchführen zu lassen: lieber ein paar Mal 50 oder 200 Tote in schwer zu verhindernden Anschlägen wie in London oder Madrid als ein großer Schlag, bei dem das Risiko, dass er vereitelt wird, zu groß ist. Al-Qaida hat ihre Strategie so den Umständen angepasst. Heimgekehrte Afghanistanveteranen, lockere Zusammenschlüsse von Kämpfern und neuen Rekruten sowie ursprünglich unabhängige Terrorgruppen mit eigener Infrastruktur – das sind die Knotenpunkte der neuen al-Qaida.

Aufgrund dieser Entwicklungen begreift Steinberg al-Qaida nur noch für den Zeitraum von 1996 bis 2001 überhaupt als transnationale Organisation: »An die Stelle der Organisation al-Qaida traten eine Reihe von neuen Gruppen, deren Angehörige oft nur noch mittelbar mit Usama Bin Laden und Aiman az-Zawahiri in Kontakt standen. In gewisser Weise handelte es sich bei dieser Entwicklung um eine Rückkehr zur Situation der frühen 1990er Jahre, als viele Gruppen und Zellen unabhängig voneinander bestanden, nur vereint durch eine in groben Zügen ähnliche Ideologie und zahlreiche Kontakte untereinander.«[36] Diese Darlegung ist sehr zugespitzt angesichts der Tatsache, dass in al-Qaida-nahen Publikationen das Wort »al-Qaida« gerade in den letzten Jahren deutlich häufiger benutzt wird als zuvor. Trotzdem trifft Steinberg einen zentralen Punkt: Die neue al-Qaida ist weniger hierarchisch und zentralisiert als die Urorganisation.

Wann kann ein Anschlag al-Qaida überhaupt zugerechnet werden? Diese Frage war schon früher nicht einfach und ist jetzt noch schwieriger zu beantworten. Fast alle al-Qaida-Kader entstammen nationalen islamistischen Bewegungen, die in dem Netzwerk aufgegangen sind, aber immer noch existieren. Im Moment kann sinnvollerweise nur die Faustregel gelten, dass ein Anschlag dann ein al-Qaida-Anschlag ist, wenn die al-Qaida-Führung ihn als solchen ausgibt – das heißt, wenn Aiman al-Zawahiri oder Osama Bin Laden ihn in einer Videoansprache im Nachhinein adoptieren. Zuletzt geschah dies nach dem U-Bahn-Anschlag in London im Juli 2005, als al-Zawahiri im August ein entsprechendes Band veröffentlichte.

Komplizierter wird es, wenn sich – wie im Fall der Sinai-Anschläge – Gruppierungen bekennen, die durch ihre Namensgebung den Anschein erwecken, gleichzeitig zu al-Qaida zu gehören *und* in der Tradition bestimmter lokaler Gruppen zu stehen. Letztlich aber drückt dies nur auf authentische Weise aus, dass islamistische Terroristen sich häufig als Teil zweier Organisationen begreifen – so, wie man zum Beispiel auch der SPD und der Sozialistischen Internationale angehören kann, ohne beides immer genau trennen zu können oder zu wollen. Manchmal lassen

Terroristen allerdings mit Hilfe subtiler Hinweise durch-
blicken, dass sie *vorrangig* als al-Qaida-Kämpfer agiert
haben – etwa, wenn bestimmte operative Merkmale von
al-Qaida-Anschlägen bewusst aufgegriffen werden. Ein solches Erkennungszeichen ist es, mehrere Bomben in kurzen
Zeitabständen explodieren zu lassen. Ein zweites ist das ge-
schickte Terminieren eines Anschlags, denn das haben Bin
Laden und al-Qaida oft vorgemacht, indem sie ihre Bomben an bestimmten Jahrestagen (etwa der Stationierung der
US-Truppen in Saudi-Arabien oder des Beginns des Afghanistankrieges) zündeten.

Staatsmann Bin Laden

Durch die Dezentralisierung al-Qaidas nach dem 11. September 2001 wandelte sich auch das Bild, das das Netzwerk von sich selbst hat. Mit 9/11 stieg al-Qaida zu einem
global player auf – und Osama Bin Laden zu einer Art
islamistischem *elder statesman*. Wie sehr ihm diese Rolle
behagt und wie er sie nach »innen« und nach »außen« aus-
zufüllen bereit ist, dokumentiert seine berühmte Rede vom
April 2004, als er den europäischen Staaten, die am Krieg
im Irak teilnahmen, ein »Friedensangebot« machte:
*Eine Botschaft an unsere Nachbarn im Norden des
Mittelmeers, ein Angebot für einen Waffenstillstand, als
Antwort auf einige ihrer positiven Reaktionen. (...) Was
am 11. September und am 11. März (in Madrid, Y. M.)
geschah, ist eure eigene Währung, mit der euch zurückge-
zahlt wurde. Sicherheit ist für jeden wichtig. Wir sind nicht
damit einverstanden, dass ihr alleine sie haben sollt. Auch
finden wir, dass ein aufmerksames Volk es nicht zulässt,
dass seine Politiker mit seiner Sicherheit spielen. (...) Nach
welcher Religion gelten eure Getöteten als unschuldig und*

unsere als schuldig? Welche Glaubensrichtung betrachtet euer Blut als Blut und unseres als Wasser? Es ist gerecht, in gleicher Weise zurückzuschlagen, und der, der beginnt, trägt die größere Schuld. (...)

Was nun die Betrachtung dessen angeht, was geschehen ist und geschieht, nämlich das Töten in unseren Ländern und in euren Ländern, so erscheint es als eine wichtige Wahrheit, dass diese Ungerechtigkeit auf uns und auf euch kommt durch eure Politiker! Sie schicken eure Söhne in unsere Länder, um zu töten und getötet zu werden, obwohl sie dagegen sind. Es ist darum im Interesse beider Parteien, die Pläne derer zu stören, die das Blut der Völker aus ihrem eigenen Interesse vergießen. (...)

Als Reaktion auf das positive Verhalten der europäischen Völker angesichts der jüngsten Ereignisse, die gezeigt haben, dass die meisten europäischen Völker einen Waffenstillstand wollen, fordere ich alle Aufrichtigen auf, und nicht zuletzt die Religionsgelehrten, Prediger und Kaufleute, ein permanentes Gremium zu errichten, um die europäischen Völker von unserem gerechten Anliegen zu überzeugen, vor allem der palästinensischen Sache. (...)

Ich biete außerdem eine Initiative für einen Waffenstillstand an, dessen Kern darin besteht, dass wir alle Operationen gegen all jene Länder einstellen, die auf Feindseligkeiten gegen Muslime oder Einmischung in ihre Angelegenheiten verzichten (...). Dieser Waffenstillstand kann verlängert werden, wenn der Zeitraum, auf den sich die erste Regierung (gemeint: mit uns, Y. M.) geeinigt hat, abgelaufen ist – und zwar mit Zustimmung beider Parteien. Der Waffenstillstand würde mit dem Abzug des letzten Soldaten aus unseren Ländern beginnen. Das Angebot für diesen Waffenstillstand gilt für die Dauer von drei Monaten, und zwar ab Veröffentlichung dieser Erklärung.[37]

Selbstverständlich konnte zu keinem Zeitpunkt ein

Zweifel daran bestehen, dass dieses »Friedensangebot« vergiftet war. Als die Offerte trotzdem binnen Stunden von den ersten westlichen Regierungen empört zurückgewiesen wurde, war das für den al-Qaida-Chef indes willkommen. Auch eine Zurückweisung ist schließlich ein Akt der Kommunikation, und ganz gewiss war das eines der Motive, aus denen heraus Bin Laden sich »an die Nachbarn im Norden des Mittelmeers« gewandt hatte: Es ging darum, Reaktionen hervorzurufen. Denn nichts war besser geeignet, sich bestätigen zu lassen, dass er ein Faktor globaler Kalkulationen war. Durch eine Ablehnung des Angebots hatte er nichts zu verlieren, durch die Diskussion darüber konnte er nur gewinnen – und zwar unter seinen Sympathisanten, in deren Augen sein Ansehen dadurch stieg, dass westliche Politiker, die sich sonst sogar weigern, mit Politikern und Staatschefs wie Yassir Arafat oder Mu'ammar al-Gadaffi zu reden, das Angebot Bin Ladens mit Aufmerksamkeit bedachten. In den Diskussionsforen im Internet, über die noch zu sprechen sein wird, wurde die im Westen in den Feuilletons und anderswo über mehrere Tage geführte Diskussion, *wie* Bin Laden zurückzuweisen sei, begierig verfolgt.

Die »Botschaft an die Nachbarn nördlich des Mittelmeers« hatte also in Wahrheit zwei Adressaten: Auf der Oberfläche ging es darum, mit den Europäern Verhandlungen aufzunehmen. Im Subtext aber richtete sich Bin Laden an sein arabisch-islamisches Publikum. Nicht jeder dahergelaufene Islamist darf einfach so für sich das Recht in Anspruch nehmen, eine Waffenstillstands-Initiative zu starten. Das ist das Geschäft von Kriegsherren, Dschihadführern und Staatsmännern, von Kalifen und Emiren. Wer solches tut, ohne das nötige Ansehen zu haben, macht sich lächerlich. Das Dokument verrät also etwas darüber, wie Bin Laden seinen eigenen Stellenwert zu diesem Zeitpunkt einschätzte. Er war überzeugt, über genügend Popularität zu verfügen, dass er sich nicht zum Gespött machen würde, wenn er als Repräsentant aller Muslime auftrat. Der Terminus *sulh*, den Bin Laden verwendete, ist überdies mit Bedacht dem Bestand des klassischen islamischen Rechts entlehnt. Er bezeichnet eine Vereinbarung zu einer zeitlich befristeten Waffenruhe, ohne dass der grundsätzliche Kriegszustand in Frage gestellt wird.[38] Nicht zuletzt durch diese religiös konnotierte Wortwahl versuchte Bin Laden »große Segmente unter den moderaten Muslimen« anzusprechen, wie der Terrorexperte Rohan Gunaratna ganz richtig erkannte. Das bedeutete eine signifikante Ausweitung des Adressatenkreises. In den islamistischen Diskussionsforen wurde das Signal erkannt: Bin Laden habe sich endlich der Position eines Kalifen angenähert, lautete der Tenor. Im Westen wurde diese bedrohliche Dimension derweil kaum wahrgenommen, obwohl sie letztlich mehr über das Selbstbild al-Qaidas aussagte als der gesamte an den Westen gerichtete Text. Ein FBI-Analyst zog sogar den abwegigen Schluss, Bin Laden müsse »verzweifelt sein«, wenn er den Europäern die Hand zum Frieden reiche.[39]

Allerdings ist auch die an den Westen gerichtete Komponente der Rede keineswegs uninteressant – wenn auch unter einem ganz anderen Gesichtspunkt als dem einer Waffenruhe. Erst wenige Wochen waren ja seit den Anschlägen von Madrid vergangen, und ganz Europa diskutierte zu diesem Zeitpunkt, wie groß das Risiko sei, dem sich ein Land aussetzt, wenn es sich der US-geführten Anti-Terror-Allianz anschloss beziehungsweise ihr treu blieb. Bin Laden versuchte mit seinem »Angebot« auch, einen Keil zwischen Kriegsgegner und Kriegsbefürworter in Europa zu treiben, ganz nach dem Muster des schon vorgestellten Irakpapiers. Das war sein zweites Anliegen. Er spielte gewissermaßen Zuckerbrot und Peitsche auf islamistisch: Wer nachgibt,

wird verschont, wer es nicht tut, dem drohen Terroranschläge wie in Madrid. Letztlich bedeutet das die Fortsetzung des physischen Terrors von Madrid mit den Mitteln
der psychologischen Kriegsführung.

Anfang 2006 schlug Bin Laden in dieselbe Kerbe, als er
diesmal den Amerikanern ein Friedensangebot übermittel-
te: »Nichts hält uns davon ab, euch eine langfristige Waffenruhe zu gerechten Bedingungen anzubieten«, tönte er
und drohte zugleich: »Was die Verspätung erwarteter Anschläge in den USA angeht, so ist der Grund dafür nicht,
dass wir eure Sicherheitsvorkehrungen nicht durchbrechen
können.« Von den Kriegen in Afghanistan und im Irak, so
Bin Laden, profitierten doch nur die »Reichen« und »die
Händler des Krieges«. Es sei doch besser, »unsere Länder
wieder aufzubauen«. Er stellte ein Ende der Bedrohung
durch sein Terrornetzwerk in Aussicht – und verfolgte
genau wie bei den Europäern das Ziel, eine Spaltung im
feindlichen Lager herbeizuführen, indem er die Kriegsgegner und Befürworter eines sofortigen Abzuges gegen die
Regierung von Präsident George W. Bush auszuspielen versuchte. So führte Bin Laden Meinungsumfragen an, denen
zufolge Bush laufend an Unterstützung in seinem eigenen
Land verliere. »Bush kennt doch gar keinen Weg, um seinen Sieg zu verwirklichen«, höhnte der al-Qaida-Chef und
behauptete, die Moral der US-Armee sei am Boden. Die
Soldaten sähen oft keinen anderen Ausweg mehr, als sich
das Leben zu nehmen.[40]

Spätestens mit diesen Reden nahm Bin Laden die Rolle
des über den Dingen des Alltags stehenden, religiös geleite-
ten Führers der islamischen Massen an. Die Dezentralisierung der kämpfenden Kader korrespondiert also mit einem
weit ausholenden, ja universalen Anspruch ihres spirituellen Führers.

Die jüngeren al-Qaida-Anschläge – etwa in Madrid, London und Casablanca – deuten unterdessen darauf hin, dass die 2001/02 von Bin Laden in alle Welt ausgesandten Afghanistanveteranen nicht mehr die einzigen »Top-Gefährder« sind, auf die es das Auge zu richten gilt. Diese sind nach wie vor wichtig und gefährlich, aber eine andere Gruppe gewinnt für die neue al-Qaida an Bedeutung: Attentäter, die im Schnelldurchlauf den Weg zu ihr finden und in ihrem Namen aktiv werden. Neben der Professionalisierung und der Dezentralisierung gibt es nämlich noch ein drittes Element, das für die neue Ausrichtung kennzeichnend ist. Es könnte sich langfristig als das schärfste Schwert des Netzwerks herausstellen: die Öffnung al-Qaidas gegenüber dem sympathisierenden Umfeld.

Al-Qaidas Fernuniversität

Die Ruinen der al-Qaida-Camps in Afghanistan rauchten quasi noch, da schwärmten Geheimdienstler und Journalisten aus aller Herren Länder schon aus, um in den Trümmern Hinweise darauf zu finden, worin und wie gut die schätzungsweise 20 000 Absolventen im Laufe der Jahre ausgebildet worden waren. Sie suchten die legendenumwobene »Enzyklopädie des Dschihad«, jene Lehrbuchsammlung, nach der das Terrornetzwerk seine Rekruten unterrichtete. Es dauerte nicht lange, bis sie fündig wurden: Stolz berichtete im März 2002 die »New York Times«, sie habe Teile der Terrorfibel in vier verschiedenen Ausbildungscamps aufgetrieben. Nach und nach wurden Beschreibungen der »Enzyklopädie« angefertigt, je nach Zählweise enthielt sie zehn oder elf Kapitel, umfasste in jedem Fall aber mehrere tausend Seiten. Die Nachrichtenagentur »Associated Press« veröffentlichte einen Abriss und führte die Themenschwerpunkte der Teile auf, deren sie habhaft geworden war: Herstellung von Sprengstoffen; erste Hilfe; Bedienung von Pistolen, Granaten, Minen; Spionage; Sicherheitsmaßnahmen; Sabotageakte; sichere Kommunikation; Gehirnwäsche; Erkundung; Infiltrierung; Angriff; Geschichte und Gestalt des Panzers; physische Fitness; Kompassbenutzung; Kartenlesen; Umgang mit Artilleriegeschützen, Maschinengewehren und panzerbrechenden Waffen etc.[41] Angeblich soll es nur 30 komplette Exemplare der »Enzyklopädie« gegeben haben, die Schüler seien per Diktat unterrichtet worden, wie »Mönche in einem Kloster im Mittelalter«.[42] »Im Namen Gottes, des Barmherzigen, des Allerbarmers, dies gehört dem Gästehaus. Bitte nicht ohne Erlaubnis entfernen!«, trugen die einzelnen Bände als Inschrift.[43] Ob aus Angst vor Diebstahl oder um die Vertraulichkeit zu wahren, ist zwar unklar. Aber in jedem Fall ging al-Qaida mit der Enzyklopädie nicht gerade hausieren.

Zusammengestellt worden war das Material, je nach Quelle, im Laufe der Achtziger oder Neunziger, in Afghanistan oder im Sudan. Vielleicht stimmt auch beides. Schon im Oktober 2001 wusste Roland Jacquard zu berichten, dass es mindestens eine komplette Ausgabe des Werks auch auf CD-Rom gebe. Eine extrageheime Teilausgabe, die sich mit chemischen und biologischen Kampfstoffen beschäftige, werde überdies besonders vor den Augen Unbekannter geschützt.[44] Und bereits 1999 sollen jordanische Terroristen auf der Grundlage einer CD-Rom der »Enzyklopädie« mit Sprengstoffen experimentiert haben. Doch auch wenn vereinzelte CD-Roms existiert haben mögen, wurden sie offenbar ausschließlich al-Qaida-Mitgliedern oder engen Vertrauten ausgehändigt und nur der einfacheren Transportmöglichkeiten halber auf Datenträger gebracht. (Die gedruckte Version füllte schließlich zwei Koffer, wie Rita Katz berichtet.[45]) Die »Enzyklopädie« war also in der Regel nur dem zugänglich, der sich nach Afghanistan aufmachte.

Das sollte allerdings nicht so bleiben. Denn nach dem Verlust der Trainingslager ging al-Qaida in die Offensive: Spätestens ab 2003 war die komplette »Enzyklopädie« auf einmal im Internet zu finden. Tausende bebilderte und illustrierte Seiten mit Beschreibungen über den Bau von Bomben, detaillierte Vorschriften zur Codierung von Informationen, ausführliche Handreichungen für die Organisation von Zellen waren plötzlich für jeden verfügbar, der wusste, wo er danach zu suchen hatte, und das auch noch auf Arabisch. Nicht nur die Kämpfer zogen also in alle vier Himmelsrichtungen aus – das nötige Know-how folgte ihnen einfach.

Die ersten Veröffentlichungen der »Enzyklopädie« im WWW gingen offensichtlich von Afghanistanveteranen der al-Qaida aus. Darauf deutet zum Beispiel das Deckblatt einer der Ausgaben hin: »Islamisches Emirat Afghanistan – Büro für Dienstleistungen – Führung für Militärlager und Fronten« steht über dem Titel, darunter ist vermerkt: »Zweite elektronische Ausgabe«. Auch das Vorwort lässt keine Zweifel daran, dass die Autoren dieser früh öffentlich gemachten Ausgabe die ursprüngliche Edition gut kannten: *Dies ist die »Enzyklopädie«, welche die arabischen Mudschahidin in den Tagen ihres Kampfes gegen die Sowjets in Afghanistan geschrieben haben, und sie haben darin festgehalten, was sie durch ihre Versuche und lange Erfahrung gelernt haben. (...) Wir haben sie in zwei Teile unterteilt, was im Original anders ist, aber wir haben das der Einfachheit halber getan. (...). Wir haben die »Enzyklopädie« so abgeschrieben, wie sie ist, außer an einigen Stellen. Das betrifft zum Beispiel die Korrektur von Fehlern (...) oder das Einfügen von Zwischenüberschriften. Wir haben aber auch das Dankeswort getilgt, das an die pakistanische Regierung in den Tagen des Kampfes gegen die Russen ge-*

richtet war. Denn dabei handelte es sich um die Regierung des Generals Dia' al-Haq; kein Muslim (...) aber wird bezweifeln, dass die gegenwärtige Regierung (des Generals Pervez Musharraf, Y. M.) ungläubig gegenüber Gott und dem Propheten ist.

Das Vorwort ist unterzeichnet von »Euern Brüdern, den Unterstützern des Dschihad«. Im Laufe der Jahre wurde diese Original-Enzyklopädie von Freiwilligen immer wieder überarbeitet und auf den neuesten Stand gebracht. Wer dafür im Einzelnen verantwortlich war und ist, kann seit der »zweiten elektronischen Ausgabe« fast nie nachvollzogen werden. Sicher ist jedoch, dass Teile vergleichbarer Terrorfibeln der palästinensischen Hamas und der algerischen Islamisten ausgeschlachtet und der al-Qaida-Enzyklopädie zugefügt oder mit ihr vermischt wurden. Heute gibt es im Internet hunderte Webseiten, die verschiedene Enzyklopädien bereithalten – darunter gelegentlich auch Teile der Ursprungssammlung, zunehmend aber komplett neue Bücher. Rohan Gunaratna verfügt nach eigenen Angaben über hunderte Dschihad-Enzyklopädien.[46] Auch die ehemals supergeheimen Aufzeichnungen zur Produktion von Bio- und Chemiewaffen sind mittlerweile frei verfügbar.

Auf einer islamistischen Mailing-Group wurden im April 2005 »aktualisierte Versionen der Enzyklopädie« feilgeboten, ebenso ein Videofilm über die »Herstellung von Sprengstoffgürteln«. All das ist längst keine Ausnahme mehr. Sogar Anleitungen für schmutzige Bomben, also mit radioaktivem Abfall vermischte Explosionskörper, sind ohne größere Schwierigkeiten im Netz zu finden. Im Oktober 2005 machte gar eine elfteilige Anleitung zum Nuklearterrorismus im islamistischen Internet die Runde, das im Detail Gegenstand des nächsten Kapitels sein wird.[47]

Indem sie die Lehrbücher zugänglich machte, vollzog al-Qaida eine entscheidende Öffnung. Das Netzwerk gab die Kontrolle darüber auf, wer ihr Material lesen und auf dessen Grundlage handeln würde. Dieser Schritt war nicht anders zu verstehen, als dass die Sympathisanten selbst aktiv werden sollten. Al-Qaida wandelte sich damit von einer klandestinen Kader-Organisation zu einem interaktiven, in Teilen virtuellen Mitmach-Netzwerk. Aufrufe von al-Qaida-Führern verdeutlichten das Angebot an die Unterstützer: »Mit der Hilfe Gottes wird es dir nun möglich sein, für dich allein, in deinem Zuhause, oder gemeinsam mit deinen Geschwistern (im Glauben, Y. M.) mit der Durchführung dieses Programms zu beginnen«, schrieb etwa Abd al-Aziz al-Muqrin, der Chef der saudischen Filiale.[48] Das Programm, das er meinte, war ein von ihm verfasster Terrorkursus auf der Grundlage der »Enzyklopädie«. Darin erklärte er seinen Lesern unter anderem, wie man eine Zelle organisiert. Nirgendwo lässt sich deutlicher ablesen, in welcher Weise al-Qaida den Verlust der afghanischen Trainingslager zu kompensieren gedachte: Die tausenden Sympathisanten in der arabisch-islamischen Welt sollten allmählich an die Organisation herangeführt, aus diffusen Anhängern Self-made-Terroristen werden. Die Leser müssten wissen, dass »al-Qaida auf einem System von Zellen beruht und nicht vornehmlich danach strebt, eine herkömmliche organisatorische Einbindung zu haben«, erklärte al-Muqrin im Mai 2004 all jenen, die »am Dschihad teilzunehmen den Wunsch haben«. Eine »Erlaubnis«, aktiv zu werden, sei nicht mehr nötig. Zwar wendet sich al-Muqrin vor allem an saudi-arabische Nachwuchs-Dschihadisten; doch das Modell dürfte auch international gelten.[49]

Schon mehrfach ist bewiesen worden, dass diese strategische Entscheidung längst Früchte trägt. Die Attentäter von Madrid beispielsweise luden sich die Pläne für den Bau ihrer Bomben aus dem Internet herunter.[50] Und auch die im November 2005 in Australien verhafteten mutmaßlichen

Terroristen, deren Anschläge vereitelt werden konnten, hatten ihre Anleitungen zur Bombenkonstruktion aus den Tiefen des WWW gefischt.[51] Wie einfach diese Beschreibungen zu handhaben sind, zeigte sich im August 2005 bei einem tragischen Zwischenfall in Norwegen: Zwei syrischstämmige Brüder, 17 und 19 Jahre alt, bastelten nach Internet-Anleitung eine Bombe, mit der sie wahrscheinlich einen Geldautomaten sprengen wollten. Die Ladung explodierte allerdings zu früh; der jüngere der beiden Brüder starb, der ältere verletzte sich schwer.

»Al-Qaida ist eine Universität für Dschihad-Studien«, jubilierte 2005 ein gewisser »Ahmad, der auf Gott vertraut« angesichts des allgegenwärtigen Terror-Know-hows in einem Internetaufsatz.[52] Er fuhr fort:

Erinnert ihr euch noch daran, wie al-Qaida in den Tagen des afghanischen Dschihad anfing? Alles begann mit dem Büro für Dienstleistungen und dem Gästehaus (zur Unterbringung arabischer Kämpfer, Y. M.) und dem Militärlager al-Faruq – und heute ist al-Qaida an diesem gesegneten Punkt angelangt! (...) Al-Qaida (...) ist eine Universität, die dezentral ist, die keine geografischen Grenzen kennt und die es an jedem Ort gibt. Und ein jeder, der seine Religion liebt, kann sich einschreiben. (...) Gepriesen sei Gott, dass die al-Qaida-Universität (so viele) Helden graduiert, die verschiedene Spezialisierungen haben. (...) Diese Universität hat sogar verschiedene Fakultäten: eine für den elektronischen Dschihad, eine für den Dschihad gegen sich selbst (also: zur Selbstüberwindung, Y. M.), eine für die Technik von Sprengsätzen und andere mehr (...). Diese Universität ist immer noch geöffnet, und sie sagt zu euch: O ihr Söhne des Islam (...), lernt die Künste des Dschihad und seine Wissenschaften! Heute ein Dschihad-Student und morgen ein Mudschahid auf dem Pfade Gottes!

Instant-Mudschahidin

»Und morgen ein Mudschahid auf dem Pfade Gottes« – in diesen Worten ist der Weg vom Sympathisanten zum Terroristen schon vorgezeichnet. Leider wissen wir nicht, wer sich hinter »Ahmad, der auf Gott vertraut« verbirgt. Doch der begeisterte Sprachduktus und der Inhalt des Textes lassen darauf schließen, dass es sich um einen der jungen Männer handelt, die al-Qaida mit der strategischen Öffnung für sich zu gewinnen versucht.

Das Phänomen der neuen al-Qaida bedeutet auch, dass wir es mit neuen Arten von Attentätern zu tun bekommen werden. Sie zeichnen sich dadurch aus, dass sie ohne langwierige Vorbereitung im Zeitrafferverfahren zur Tat schreiten. In einer »alten« Teilausgabe der »Enzyklopädie des Dschihad« stand zum Thema Rekrutierung noch zu lesen: »Der Vorgang muss auf kleiner Flamme vor sich gehen!«[53] Erst nach sorgfältiger Prüfung der Glaubensfestigkeit solle der Rekruteur seinem Adepten zu Testzwecken Dschihadfilme oder Ähnliches zeigen – im Halblicht, und nie ohne Aufsicht. Und erst Monate später könne er ihm eröffnen, dass er den Weg in den Dschihad kenne. Die Hamburger Zelle des 11. September 2001 ist wohl auf nicht unähnliche Weise an ihre Tat herangeführt worden; ursprünglich stand ein Kampfeinsatz in Tschetschenien im Raum, dann eine Ausbildung in Afghanistan. Schließlich kam es zur Verwendung in dem größten Terroranschlag, den die Welt je gesehen hat.

Die al-Qaida-Anschläge der letzten Zeit zeigen jedoch: Immer seltener haben diejenigen, die die Bomben platzieren oder sich selbst in die Luft sprengen, eine klassische al-Qaida-Karriere hinter sich; immer häufiger haben sie nur kurz mit islamistischen Gruppen zu tun, bevor sie zu Terroristen werden. So war es zum Beispiel bei den vier Attentätern in

London, wo bisher nur bei zweien von ihnen gesichert ist, dass sie sich einige Wochen oder Monate in einer *Madrasa*, einer religiösen Schule, in Pakistan aufgehalten haben.[54] »Signifikante Entwicklungen« für die Zusammensetzung von dschihadistischen Terrorzellen konstatierte im Februar 2005 besorgt das Militär- und Geheimdienstfachmagazin »Jane's«, darunter »einen Anstieg der Anzahl von Mitgliedern, die sich ›angeschlossen‹ haben und nicht mehr ›rekrutiert‹ wurden«.[55]

Diese rasanten Entwicklungen führen dazu, dass Attentäter-Generationen immer schneller aufeinander folgen. Drei von ihnen kann man jedoch noch sinnvoll unterscheiden: Als »erste Generation« werden gemeinhin die in Afghanistan ausgebildeten und ideologisierten al-Qaida-Kader bezeichnet. Die »zweite Generation« bilden jene viel schneller ideologisierten Terroristen, die zuschlagen, ohne je länger oder überhaupt in Afghanistan gewesen zu sein, und in arabischen oder islamischen Staaten aufgewachsen sind. Die »dritte Generation« wiederum bezeichnet einen weiteren neuen Typus, der im Westen aufgewachsen ist und noch rascher al-Qaidas Ideologie übernimmt.

Wie eine Bestätigung für den immer kürzeren Weg zu al-Qaida & Co. liest sich ein arabisches Pamphlet, das um dieselbe Zeit auf islamistischen Webseiten kursierte und mit der Frage »Wie kann ich ein Mitglied von al-Qaida werden?« überschrieben war. Die Antwort:

Al-Qaida ist nicht mehr einfach nur eine Organisation, die allein gegen Juden und Kreuzfahrer kämpft. Al-Qaida ist heute eine ›Einladung‹, die alle Muslime auffordert, in Unterstützung für Gottes Religion aufzustehen. (...) Wer diesen Ruf beantwortet, wird als Teil von al-Qaida betrachtet, ob du es willst oder nicht. Wenn du aber ein wahrer Muslim bist, hast du gar keine andere Wahl, als diesen Ruf zu befolgen (...).[56]

Auf diese Weise lockt al-Qaida Instant-Mudschahidin an, die sich, wie die Londoner Attentäter, in atemberaubend kurzer Zeit selbst rekrutieren – und dadurch wesentlich unberechenbarer und schwieriger zu erkennen sind als Afghanistanveteranen.

Professionalisierung, Dezentralisierung und Öffnung – das sind die drei prägenden Merkmale der neuen al-Qaida. Doch um ihre volle Wirksamkeit zu entfalten, bedurften sie eines Katalysators, eines Mediums. Hier kommt das Internet ins Spiel, das als Nächstes betrachtet werden soll.

3

Al-Qaidas neues Betriebssystem: der Terror und das Internet

Bin Ladens Raum-Zeit-Maschine

Die sechs Männer trugen lange Bärte und gemusterte Kopftücher oder weiße gestickte Käppchen. Sie waren in lange weiße Gewänder gehüllt, wobei Weiß nur die Ursprungsfarbe gewesen war – denn die Männer waren außerordentlich verdreckt, von den Gesichtern bis zu den Lederlatschen. Einer von ihnen hatte auf der Höhe seiner rechten Wade breite, eingetrocknete, rötliche Flecken auf seiner *Dischda'scha*, die aussahen, als könnten sie von Blut stammen. Die sechs mochten zwischen 30 und 50 Jahre alt sein, aber das war nicht so genau zu sagen, denn die Tatsache, dass den meisten von ihnen einer oder mehrere ihrer Zähne fehlten, ließ sie möglicherweise älter erscheinen, als sie waren. Dazu rochen sie auch noch streng. Kurz gesagt: Sie sahen aus wie Mudschahidin direkt vom Schlachtfeld. Man konnte sich dieses dreckige halbe Dutzend definitiv leichter mit einem Raketenwerfer auf der Schulter als mit einem Boarding Pass in der Hand vorstellen.

Entsprechend groß war die Unruhe, die sie auslösten, als sie sich anschickten, das kleine Propellerflugzeug von Amman nach Tel Aviv zu besteigen: »Die werden die doch wohl nicht an Bord lassen?«, fragte einer der übrigen, vor allem westlichen und israelischen Passagiere. »Hoffentlich kommen wir heile an«, sagte ein anderer. »Die werden mit

93

dem Flugzeug in die Knesset stürzen«, fürchtete ein dritter. – »Sieh mal, die haben Angst vor uns«, griente einer
der Islamisten. Er genoss den Schrecken, den er verbreitete.
Während des Fluges las er dann ganz friedlich in einem
abgegriffenen Koran-Exemplar, wenn er nicht gerade mit
seinen Genossen tuschelte.

Natürlich wurde das Flugzeug weder entführt noch stürzte es in das israelische Parlament. Es war der 11. November
2005, zwei Tage waren vergangen, seit al-Qaida-Terroristen
drei Hotels in der jordanischen Hauptstadt angegriffen hatten, nur wenige Stunden, seit das erste Bekennerschreiben
von Abu Musab al-Sarqawi im Internet aufgetaucht war. In
Tel Aviv wartete Reuven Paz, ein anerkannter Fachmann
für alle Fragen, die mit al-Qaida, Internet und dem Cyber-
Dschihad zu tun haben – etwas, mit dem die radikalen Islamisten im Flugzeug weniger beschäftigt sein dürften, lag
deren Schwerpunkt doch möglicherweise eher auf dem Gebrauch tatsächlicher Waffen.[1] Der Dschihad von al-Qaida &
Co. wird eben mit den Waffen und Methoden des 7. und des
21. Jahrhunderts *zugleich* gekämpft, wovon man manchmal
einen geradezu sinnlichen Eindruck erhalten kann.

Diese Erfahrung war eine merkwürdige Grundlage für
das Gespräch am nächsten Morgen: Hier eine Hand voll
streng riechender Islamisten, möglicherweise direkt aus
den Schützengräben von Kaschmir, auf der anderen Seite
das Gesprächsthema: ein Heer von Internet-Terroristen, die
ihren Dschihad von zu Hause oder dem Internetcafé aus
führen. Und doch schlagen beide Gruppen, zumal ihrem
eigenen Verständnis nach, dieselbe Schlacht. Der »elektronische Dschihad«, wie al-Qaida und die Sympathisanten
des Terrornetzwerks es nennen, gilt inzwischen als nahezu
gleichberechtigt mit dem traditionellen Krieg. Mehr als
einmal haben al-Qaida-Autoren den Cyberspace zu einem
»weiteren Schlachtfeld« ausgerufen.

Reuven Paz ist ein kleiner, untersetzter und ausgesprochen freundlicher Mann. Unter einer grauen Helmut-Schmidt-Frisur blitzen graublaue Augen hervor. Der Terrorismus-forscher spricht leise, die Hände hält er meist im Schoß gefaltet. Vor dem Treffen, das in der sonnendurchfluteten Lobby des »Dan Accadia«-Hotels stattfindet, hat er sich schon einige Stunden im Internet herumgetrieben, um sich ein Bild darüber zu verschaffen, was das Thema des Tages in den islamistischen Diskussionsforen ist – wie jeden Tag. Gleich nach dem Treffen ist er mit einem Filmteam von »60 Minutes« zu einem Interview verabredet. Der Gründer des E-Prism-Instituts[2] ist ein viel beschäftigter Mann, und seine Aufsätze über strategische und theologische Diskussionen von al-Qaida-Kämpfern und -Sympathisanten werden von Experten auf der ganzen Welt geschätzt. Auch er hat be-obachtet, dass al-Qaida sich seit dem 11. September 2001 verändert hat: »Heute ist eine ganz neue Generation am Werk«, fasst er zusammen. »Eine Generation, die schon mit neuen Medien aufgewachsen ist.«

Fragt man Reuven Paz, warum er sich so sehr für die Ak-tivitäten von al-Qaida & Co. im Internet interessiert, ant-wortet er: »Ich wollte das Phänomen nicht länger nur aus dem engen Blickwinkel des Terrorismus betrachten.« Diese Antwort mag auf den ersten Blick überraschen – schließ-lich hat die Nutzung des Internets durch al-Qaida ja durch-aus etwas mit Terrorismus zu tun. Doch gerade, dass er die im WWW zu findenden Informationen nicht ausschließ-lich unter dem Aspekt der Terrorplanung liest, sondern ein feines Gespür für die dort geführten Debatten ent-wickelt hat, unterscheidet Paz wohltuend von jenen selbst ernannten und über-alarmistischen »Terrortrackern« und »Terrorhuntern«, deren Hauptquelle ebenfalls das Internet ist und über die später in diesem Kapitel noch zu sprechen sein wird. Das islamische Internet, sagt Paz stattdessen, hilft ihm besser zu verstehen, was ihn am meisten interessiert: die religiösen Rechtfertigungen von Terrorakten, die Ideologie al-Qaidas und die Zweifel und Hoffnungen von Kämpfern und Sympathisanten. Terrorplots hat er noch keine entdeckt – die Bedeutung des Internets für al-Qaida & Co. hält er trotzdem für zentral.

Tatsächlich könnte sie größer kaum sein. Denn das Internet ist das perfekte Medium, um die im vorherigen Kapitel beschriebenen Entwicklungen des Terrornetzwerks nicht nur voranzutreiben, sondern *unumkehrbar* zu machen: Know-how und Ideologie können mit seiner Hilfe an jedem Ort der Welt in Sekundenschnelle verfügbar gemacht, aber mit Sicherheit nie wieder eingefangen werden. Kämpfer und Sympathisanten haben die Möglichkeit, über vernetzte Rechner unerkannt und anonym Kontakt zueinander aufzunehmen. Theologische Fragen können sofort gestellt und umgehend beantwortet werden. Terroranschläge werden von Sympathisanten kritisiert oder gelobt, was al-Qaida ein unmittelbares Feedback gibt.

Propagandapamphlete, Strategiepapiere, Bekennerschreiben und Videos von Terrorakten reisen mit Hilfe des Internets rasend schnell um die Welt – und erreichen weit mehr potenzielle neue Anhänger als alle herkömmlichen Methoden. Die Abhängigkeit von nicht wohl gesinnten und staatlichen Medien nimmt zugleich stetig ab, schließlich steht al-Qaida mit dem Internet ein eigenes Massenmedium unerhörter Reichweite zu Gebote. Und nicht zuletzt kann eine weltumspannende Wertegemeinschaft der Dschihad-Begeisterten mit eigenen kulturellen Codes und eigener Sprache begründet werden, was den Anspruch einzulösen scheint, man bilde die Avantgarde des Islam.

Es gibt also, dank des Internets, mehr Austausch in weniger Zeit als je zuvor, während physische Entfernung eine immer kleinere Rolle spielt. Und selbst zeitliche Distanz wird im virtuellen Raum überbrückbar: Es ist allein al-Qaida und dem Internet zu verdanken, dass der mittelalterliche Damaszener Gelehrte Ibn Taimiyya heute wahrscheinlich wieder einer der am meisten gelesenen arabischen Religionsgelehrten ist. Im islamistischen Internet ist die im ersten Kapitel ausgeführte Parallelität von Vergangenheit und Gegenwart des islamistischen Weltbildes geradezu greifbar. Das World Wide Web ist Bin Ladens Raum-Zeit-Maschine.

»Al-Qaida liebt das Internet«, sagt deshalb Timothy Thomas, Analyst am Foreign Military Studies Office in Fort Leavenworth, Kansas.[3] Allerdings: Dass al-Qaida das Internet zu nutzen versteht, macht aus der Terrororganisation noch kein virtuelles Netzwerk. Al-Qaida sei »die erste Guerilla-Bewegung in der Geschichte, die vom physischen in den virtuellen Raum gewandert ist«, schrieb die »Washington Post« im August 2005 am Anfang einer ansonsten zu Recht viel beachteten und gelobten Artikelserie zum Thema. Doch diese Interpretation trifft nicht den Kern des Phänomens. Denn wenn es auch richtig ist, dass al-Qaida mittlerweile ganz erstaunliche Online-Aktivitäten zuwege gebracht hat, so hat das Netzwerk den physischen Raum doch nie verlassen – genau so, wie es nicht ausschließlich mit den Methoden des 21. Jahrhunderts operiert. Anschläge werden – auch künftig – von realen Selbstmordattentätern ausgeführt und töten wirkliche Menschen. Es wird noch eine ganze Weile dauern, bis die erste Bombe per Mausklick von einem virtuellen Terroristen gezündet wird, der sich den Explosionsort zuvor in Echtzeit per Webcam angeschaut hat, um den Schaden zu maximieren – wenn es überhaupt je passieren wird. Bislang wurde noch kein einziger Akt von Cyberterrorismus gegen Großrechner beobachtet, der auf das Konto von Islamisten ginge. Geschweige denn, dass auch nur ein Anschlag verhindert worden wäre, weil al-Qaida-Terroristen im Internet zu offensichtlich darüber geplaudert hätten. Es gibt nicht einmal Belege dafür, dass al-Qaida je das Steganographie-Verfahren angewendet hätte, mit dessen Hilfe man geheime Informationen etwa in den Pixeln unverfänglicher Bilder »verstecken« und so unauffällig transportieren kann – obwohl ganze Artikelserien dies als das angeblich größte Risiko beschrieben haben, das sich aus der Nutzung des Internets durch al-Qaida ergibt.

Das soll nicht bedeuten, dass islamistische Terroristen das Internet nicht zur Planung von Anschlägen und zur Kommunikation nutzen. Natürlich tun sie das. Eine E-Mail zum Beispiel ist so gut wie unentdeckbar, wenn sie nie abgeschickt, sondern im Entwurfsordner gespeichert wird. Der, an den sie eigentlich gerichtet ist, kann sie dann trotzdem lesen, wenn man ihm Login-Namen und Passwort auf unverdächtigem Wege zukommen lässt. Wir wissen, dass Khalid Scheich Muhammad auf diese Weise verfahren ist, und al-Qaida wäre schlicht dumm, solche Methoden nicht anzuwenden.[4] Doch wenn man es auf diese Weise nutzt, ist das Internet lediglich schneller und sicherer als herkömmliche Medien – und es wäre kaum der Mühe wert, darüber im Zusammenhang mit al-Qaida ein Wort zu verlieren. Die Nutzung des Internets durch al-Qaida, wäre sie auf diesen Bereich beschränkt, würde aus der Kader-Organisation al-Qaida bloß eine bessere und professionellere Kader-Organisation als zuvor machen.

Die wahre Bedeutung des Internets für al-Qaida liegt jedoch woanders: Es ist *das* Instrument, um eine globale, interaktive Diskussion immensen Ausmaßes darüber zu führen, was die neue al-Qaida sein kann und will – und was der beste Weg dorthin ist. Ein gigantischer »electronic think tank«, den sich das Netzwerk zunutze macht, ein Rekrutierungswerkzeug, das vor allem technisch versierte, besser gebildete Adepten anzieht.[5] Das World Wide Web ist zum Bestandteil der mutierten DNA von al-Qaida geworden: Die Organisation denkt über und wie das Internet, sie ist vernetzt über und wie das Internet, sie ist allgegenwärtig über und wie das Internet. Al-Qaida ist dadurch – als Idee, als Propaganda- und Aktionsplattform – so unzerstörbar wie das Internet selbst. Al-Qaida nutzt das Internet nicht nur dazu, noch mehr Anschläge in noch kürzeren Abständen zustande zu bringen, sondern vor allem dazu, zu wachsen, ihre Existenz zu sichern und sich militärisch schwerer besiegbar zu machen, indem sie immer mehr Züge einer Bewegung annimmt.

Die frappanteste Folge ist schon jetzt zu beobachten: Der Unterschied zwischen Kämpfern und Sympathisanten, zwischen Terroristen und ihren Anhängern im Cyberspace verschwimmt zusehends. Neben dem herkömmlichen Terrorismus, der im physischen Raum stattfindet, hat das Netzwerk ein zweites Standbein entwickelt – einen Cyber-Bereich, in dem die Zuarbeit freiwilliger und ehrenamtlicher Terrorhelfer höchst willkommen und effektiv ist. Dieser Bereich des internetbasierten, »soften« Terrorismus umfasst vor allem die Verbreitung von Propaganda, Knowhow und Ideologie sowie die Weiterentwicklung von Öffentlichkeitsarbeit, Werbung und Strategie. Aber er kann auch ein Sprungbrett in die Welt des »harten«, physischen Terrorismus sein.

Die Anonymität des Internets hat dabei eine interessante Konsequenz: Während in der »realen« Welt *niemand* zugeben würde, Mitglied von al-Qaida zu sein, suggerieren im dschihadistischen Internet *viele*, zu dem Netzwerk zu gehören, auch wenn in Wahrheit nur ein Bruchteil derer, die im Internet für den Dschihad aktiv sind, über belastbare Beziehungen zum harten Kern von al-Qaida verfügen. Diese Verzerrung muss man in Rechnung stellen, wenn man über al-Qaida und das Internet schreibt, und zwar bei jedem interessanten Posting und bei jeder brisanten Diskussion, die man im Netz verfolgt. Zugleich wächst allerdings die Anzahl der Querverbindungen. Wir kennen Beispiele für altgediente Dschihad-Veteranen, die fast nur noch am Laptop sitzen, ebenso wie für Internet-Dschihadisten, die nach Monaten virtueller Existenz in den Web-Diskussionsforen plötzlich in der realen Welt Anschläge planen.[6] Noch kann man verhältnismäßig gut nachvollziehen, welche Websites und welche Online-Publikationen von organisierten al-Qaida-Autoren stammen und welche von Sympathisanten. Die »authentischen« Botschaften machen den kleinsten Teil der über das Internet verbreiteten Nachrichten mit al-Qaida-Bezug aus. Diese Publikationen sind freilich oft die wichtigsten, weil zu ihnen beispielsweise Bekennerschreiben zählen. Außerdem sind sie am besten geeignet, nachzuzeichnen, auf welche Weise die Urorganisation versucht, die Gestalt der neuen al-Qaida zu prägen. Sie werden in diesem Kapitel deshalb als Erstes betrachtet.

Abu Reuters oder wie alles begann

Zieht man einschlägige Zeitungsarchive zu Rate, stellt man fest, dass die Anzahl der Artikel über al-Qaida und das Internet ab 2004 explodiert. Das ist – nachvollziehbarerweise – der medialen Aufmerksamkeitsspirale geschuldet, die mit der Verbreitung von Geiselhinrichtungsvideos aus dem Irak und Saudi-Arabien über das Internet in Schwung kam. Tatsächlich nutzt al-Qaida das Internet jedoch nicht erst seit gestern. Im Jahr 2006 könnte Osama Bin Laden, wenn er es wollte, sogar den zehnten Jahrestag seiner Internetpräsenz begehen. Damit ist seine Organisation nur ein Jahr weniger lange im World Wide Web vertreten als zum Beispiel SPIEGEL ONLINE – und länger als viele andere internationale Nachrichtenmagazine oder Zeitungen.

Wie fast alle islamistischen Gruppen hat al-Qaida keinerlei Berührungsängste mit moderner Technologie, wenn es Vorteile verspricht. Der Politologe Bassam Tibi hat dieses Phänomen früh als »Traum von der halben Moderne« gekennzeichnet: Die Erfindungen der Moderne werden übernommen, die Geisteshaltung, die zu ihrer Erfindung nötig war, dagegen ignoriert.[7] Islamisten nutzen also Technologien, die sie aufgrund ihrer Weltsicht, die alles Neue ablehnt, nie selbst entwickeln könnten. Allerdings ist dies nur ein scheinbares Paradoxon, denn natürlich haben Islamisten längst theologische Rechtfertigungen dafür gefunden, warum der Gebrauch von Computern & Co. für ihre Sache akzeptabel ist. Zumeist greifen sie auf eines von zwei Begründungsmustern zurück. Entweder argumentieren sie nach dem Motto »Der Zweck heiligt die Mittel«: Wenn unser Kampf erfolgreich sein soll, müssen wir ihn mit *allen* Methoden führen, die wir uns aneignen können. Oder sie bemühen eine etwas ausgefeiltere, dafür historisch fragwürdige Argumentation, der zufolge der Gebrauch westlicher Technologie erlaubt ist, weil diese nur auf der Grundlage der wissenschaftlichen Leistungen der alten Araber entwickelt werden konnte. Ohne arabische Algebra kein Microsoft-Flugsimulator, soll das heißen.

Das klingt wie ein islamistisches Glasperlenspiel. Doch sollte man sich davor hüten, es nicht ernst zu nehmen. In Saudi-Arabien beispielsweise, dem Land, aus dem Osama Bin Laden stammt, herrscht mit dem Wahhabitentum eine Islamauslegung vor, die ausdrücklich vor jeder modernen Neuerung (*bid'a*) warnt. Der Staatsgründer, Abd al-Aziz Al Saud (Ibn Saud), hatte seinerzeit große Schwierigkeiten, die Religionsgelehrten davon zu überzeugen, dass Telegraphen und Radios dringend notwendig sind, um einen modernen

Staat zu organisieren. Und Muftis werden auch heute regelmäßig um Antworten auf die Frage gebeten, ob man Jeans tragen oder Cola trinken darf, schließlich hat es beides zu Lebzeiten des Propheten nicht gegeben und es stammt aus dem Westen. Für die Gewissheit, ein gottgefälliges Leben zu führen, brauchen Islamisten solche Rechtfertigungen.

Einer, der sich früh dazu entschied, westliche Technik für antiwestliche Zwecke zu nutzen, ist Babar Ahmad. Mit ihm begann 1996 in London die Geschichte von al-Qaida und dem Internet. Babar Ahmad war damals ein 24-jähriger Student der Informatik am Imperial College in der britischen Hauptstadt. Er engagierte sich in einer muslimischen Studentenorganisation und galt dort, wie sich von der BBC interviewte Kommilitonen später erinnerten, als Stimme der Mäßigung.[8] Niemand hielt ihn für einen Radikalen. In seiner Freizeit jedoch und auf Serverkapazitäten seiner Hochschule erstellte der pakistanischstämmige Mann die Website www.azzam.com. Sie war nach Abdallah Azzam benannt, jenem palästinensischen Dschihadtheoretiker und -praktiker, der im ersten Kapitel vorgestellt wurde. »Das war die erste echte al-Qaida-Homepage«, sagt der Analyst Evan Kohlmann, der für verschiedene US-Behörden das islamistische Internet beobachtet.[9]

Auf der Website von Babar Ahmad fanden sich unter anderem Videos aus dem Krieg der Rebellen in Tschetschenien und Interviews mit Taliban-Führern. Der Student sammelte auch online Spenden für diese Organisationen. Nicht zuletzt deswegen sitzt er heute in Großbritannien in Abschiebehaft: Die USA wollen ihm wegen der Unterstützung des internationalen Terrorismus den Prozess machen. Darüber hinaus werfen sie ihm vor, in den Vereinigten Staaten versucht zu haben, Chemikalien zum Bombenbau zu kaufen und ein militärisches Ausbildungslager im US-Bundesstaat Utah geplant zu haben. Er soll in den USA außerdem den

Kontakt zu Menschen aufgenommen haben, die mit Osama Bin Laden in Verbindung standen. Sein Auslieferungsverfahren begann im März 2006.

War die Errichtung von azzam.com so etwas wie die Geburtsstunde von al-Qaida im Netz, so unterschied sich Ahmads Seite jedoch in einem bedeutenden Detail von den allermeisten heutigen dschihadistischen Homepages: Sie war englischsprachig. »Heute«, sagt Reuven Paz, ist das islamistische Internet »im Wesentlichen eine arabische Angelegenheit«. Westlichen Geheimdiensten und Sicherheitsbehörden fällt die Beobachtung entsprechend schwer. Trotz dieser Einschränkung (aus Sicht al-Qaidas ist eine arabische Seite natürlich besser) gelang Babar Ahmad der Beweis, dass Propaganda über das Internet für Terrororganisationen lohnenswert ist. Sein frisch zum Islam bekehrter Studienfreund Andrew Ramsey, den er auf die Website aufmerksam gemacht hatte, brauchte nur wenige Besuche dorthin, um aktiv zu werden: Schon kurz nach der Lektüre reiste er nach Afghanistan, um den Weg auf das Schlachtfeld zu suchen. »Instant-Mudschahidin« gab es also auch schon vor zehn Jahren. Aber damals existierte nur eine einzige al-Qaida-nahe Website. Heute dagegen ist ihre Anzahl regelrecht explodiert, sodass im Pentagon offenbar schon die Rede davon ist, das Internet wie ein »feindliches Waffensystem« zu behandeln.[10]

In Bezug auf azzam.com ist eine entscheidende Frage indes bislang ungeklärt: Agierte Babar Ahmad auf eigene Faust oder im Auftrag von Osama Bin Laden oder sonst irgendjemandem? Es sei »fraglich, ob die Site von al-Qaida autorisiert war«, meinen rückblickend deutsche Sicherheitsbehörden. Aus dieser Unklarheit erwachsen ganz besondere rechtliche Probleme. Kann man jemanden als al-Qaida-Mitglied beschuldigen, der möglicherweise nur ein unabhängiger, ehrenamtlicher Helfer war? Angesichts der Vielzahl jetzt existierender dschihadistischer Websites werden Grauzonen dieser Art die Gerichte immer öfter beschäftigen.

Nach statistischen Erfahrungen erhöhte sich die Wahrscheinlichkeit, dass Babar Ahmad in der Tat einschlägige Beziehungen gehabt haben könnte, als im Juli 2004 sein Cousin Muhammad Naim Nur Khan in Pakistan ebenfalls wegen Terrorverdachts verhaftet wurde. Er soll detaillierte Pläne für Terrorakte in den USA besessen haben, und es wäre nicht das erste Mal, dass Familienbande zwischen al-Qaida-Kadern existierten. Ein Beweis ist das freilich nicht. Und so sitzt der Internetpionier Ahmad auch heute noch in Abschiebehaft, erfreut sich allerdings der Unterstützung zahlreicher Londoner Muslime, die bereits mehrfach auf die Straße gegangen sind, um seine Unschuld zu beteuern. Bei der letzten Parlamentswahl sorgten sie dafür, dass er in seinem Wahlkreis gar zwei Prozent aller Stimmen erhielt. Seine Anwältin hatte ihm zur Kandidatur geraten: »Sollen sie doch versuchen, ihn auszuweisen, wenn er erst einmal Mitglied des Parlaments ist.« Eine von seinen Unterstützern gepflegte Homepage – www.freebabarahmad.com – porträtiert ihn als unschuldigen Säugling.

Während die Beziehungen zwischen Babar Ahmads Website und al-Qaida nach wie vor im Dunkeln liegen, tauchte um 1998 herum eine zweite dschihadistische Internetseite auf, deren Verbindung zur Terrororganisation klarer war: www.alneda.com, was auf Arabisch so viel wie »der Aufruf« bedeutet. Als Webmaster fungierte Yusuf al-Uyairi, der später Anführer der saudi-arabischen al-Qaida-Filiale wurde und sich zu dieser Zeit schon seine ersten Sporen als Mudschahid in Bosnien und Somalia verdient hatte. Auf der Website erschienen damals auch Aufrufe des »Zentrums für Islamische Forschung und Studien«, einer Art al-Qaida-Verlag, der immer noch besteht.[11] Ansonsten waren

Ahmads und al-Uyairis Seiten einander nicht unähnlich, wenn Letztere auch arabischsprachig war.

Bis zum 11. September 2001 waren azzam.com und alneda.com die einzigen bedeutenden Internetseiten, auf denen al-Qaida sich präsentierte oder präsentiert wurde. Nach den 9/11-Anschlägen gerieten beide Pages sofort ins Visier der Behörden und wurden abgeschaltet. Viele Seiten, die heute existieren und al-Qaida nahe stehen, orientieren sich in Inhalt und Aufmachung an ihnen. Auf alneda.com begrüßte den Besucher seinerzeit ein Gewehr schwingender Reiter auf einem galoppierenden weißen Pferd. Dieses Motiv ist in den bildlichen Zitatenschatz von al-Qaida & Co. übergegangen und ziert noch heute vornehmlich saudi-arabische Dschihadisten-Websites. Lange Zeit versuchten al-Qaida-Kämpfer oder deren Sympathisanten auch Nachfolgerseiten mit Namen wie neda4, neda5 oder neda6 zu etablieren. Das Comeback währte aber nie lange.

Babar Ahmad und Yusuf al-Uyairi ahnten als Erste, welche Möglichkeiten das Internet al-Qaida & Co. bieten kann. Das zeichnet sie als Vordenker aus. Allerdings sollte man ihre ersten Schritte im Cyberspace nicht mit dem Beginn der PR-Arbeit al-Qaidas gleichsetzen. In gewisser Weise führten die beiden Webmaster nur in einem potenteren und zukunftsträchtigeren Medium weiter, was al-Qaida schon seit langer Zeit betrieben hatte: Propaganda, Rekrutierung und Spendenwerbung durch das Verbreiten von Filmen, Interviews und Bildern. Al-Qaida hatte immer ein ausgesprochenes Gespür für die Bedeutung von Öffentlichkeitsarbeit. Ein Radiosender sei mächtiger als eine Atombombe, hieß es in al-Qaida-Kreisen schon 1994.[12]

Bereits 1989, schreibt Peter Bergen, richtete al-Qaida zu diesem Zweck eine Medienabteilung ein. Deren Leiter erhielt den Spitznamen »Abu Reuters«.[13] Um diese Zeit herum waren auch schon Tonbänder mit Reden von Osama Bin Laden erhältlich. Der al-Qaida-Gründer griff damit eine erfolgreiche Idee des iranischen Revolutionsführers Ayatollah Khomeini auf. Der nämlich hatte seine Machtübernahme in Teheran 1979 vorbereitet, indem er hunderttausende Kassetten in den Iran versandte, die er in seinem französischen Exil eingespielt hatte. Auch andere Praktiken, die wir als neu erleben, haben in Wahrheit Vorläufer: Schon zu Zeiten des Krieges gegen die Sowjets ließ etwa der afghanische Warlord Dschalal al-Din al-Haqqani die Erschießungen russischer Soldaten auf Video aufzeichnen, um damit in Saudi-Arabien Spendengelder für den Dschihad einzuwerben. Aus derselben Erwägung heraus beauftragte auch Osama Bin Laden 2000 ein Team damit, den Anschlag auf das im jemenitischen Hafen von Aden liegende US-Kriegsschiff USS Cole zu filmen. Daraus wurde allerdings nichts, weil der Kameramann anscheinend schlief, als der abgemachte Code »101010« auf seinem Pager einlief.[14]

Gegen Ende der neunziger Jahre nutzte Osama Bin Laden vermehrt Interviews, um Öffentlichkeitswirkung zu erzielen. Auch die westliche Presse war zu Gast. Zur Perfektionierung der Pressearbeit wurde gar eine Art Nachrichtenagentur etabliert, die sich »Jihad Media« nannte und deren Ableger und Nachfolger noch bestehen.[15] Selbst Pressekonferenzen hielt der al-Qaida-Gründer ab. Erst als die Taliban, die ihm zu dieser Zeit Unterschlupf gewährten, fürchteten, dass er sie durch zu viel Aufmerksamkeit gefährden könnte, wich Bin Laden wieder auf Videos aus. Auch gab sein Netzwerk damals Magazine heraus, deren bekanntestes, »al-Dschihad«, von Abdallah Azzam gegründet worden war.

Bin Laden unterhielt darüber hinaus ab 1993/94 wichtige Kontakte nach London, wo die saudische Dissidentenszene stark vertreten war.[16] Gemeinsam mit Khalid al-Fawwaz, der es ebenfalls auf den Sturz des saudischen Regimes abgesehen hatte, gründete er eine Oppositionsorganisation, das »Ratschlags- und Reformkomitee«. Dieser Schritt gilt manchen Experten als früher Versuch Bin Ladens, seine Ziele auf politischem Weg zu erreichen. Man kann ihn aber auch als ein letztes Warnsignal verstehen, bevor er sich endgültig dem bewaffneten Kampf gegen sein Heimatland verschreiben würde.

Noch heute leben in der britischen Hauptstadt viele saudische Oppositionelle; etliche von ihnen hatten im Laufe der Jahre Kontakt zu Bin Laden. Einige unterstützen zwar nicht den bewaffneten Kampf, unterhalten aber einflussreiche Internetportale mit starkem saudi-arabischen Bezug, auf denen sie al-Qaida-nahe Veröffentlichungen und Beiträge dulden. So zum Beispiel »al-Tadschdid« (Die Erneuerung), »al-Islah« (Die Reform) oder »al-Qal'a« (Die Festung). Immer wieder tauchten auf diesen Seiten Bekennerschreiben von Bin Ladens Netzwerk auf, weswegen die Foren unter Beschuss gerieten; ihre Betreiber mussten sich mehr als einmal gegen den Vorwurf wehren, zu al-Qaida zu gehören. Die Seite »al-Qal'a«, Medienberichten zufolge von London aus von dem saudischen Dissidenten Sa'd al-Faqih betrieben, wurde im Juli 2005 (wahrscheinlich) gewaltsam abgeschaltet, nachdem dort eine Selbstbezichtigung für die U-Bahn-Bomben publiziert worden war.

Stadt im Cyberspace

War es 1996 und auch einige Jahre danach noch möglich, die Websites mit al-Qaida-Bezug zu zählen, wäre ein solches Unterfangen heute zum Scheitern verurteilt. Die anschaulichste Zahl in diesem Zusammenhang ist jene, die der israelische Kommunikationswissenschaftler Gabriel Weimann ermittelt hat: Vor acht Jahren hatte er lediglich 12 terroristische Internetseiten aller Art auf seinem Radar, gegenwärtig schätzt er deren Zahl auf rund 4500 – Tendenz steigend.[17] Die große Mehrheit dieser Websites hat islamistischen Inhalt, viele hundert von ihnen stehen al-Qaida nahe und unterstützen das Terrornetzwerk. Dieses islamistisch-dschihadistische Sub-Internet besteht aus einem unübersichtlichen Geflecht von Websites und Internetdependancen ganz unterschiedlicher Natur, das niemand in seiner Gänze kennt.

Dieses Gewimmel, dieses ständige Vergehen und Entstehen neuer Sites und Mailinglisten, veranschaulicht, wie groß das Heer jener ist, die al-Qaidas Ideologie zu ihrer eigenen gemacht haben. Auf der anderen Seite gilt: Nicht überall, wo al-Qaida draufsteht, ist auch al-Qaida drin. Viele Cyber-Dschihadisten sind Freelancer des Terrors, unabhängig und dennoch Teil eines globalen Phänomens, virtuelle Ein-Mann-Zellen, die möglicherweise eines Tages den Schritt in die physische Realität des Terrors wagen werden – oder auch nicht.

Wenn man nachvollziehen will, wie dieses Sub-Internet aufgebaut ist, kann man es sich vielleicht am besten als eine mittelalterliche Stadt vorstellen, in der die arabische Sprache wie eine Stadtmauer funktioniert und prominente islamistische Diskussionsforen als Stadttore fungieren, die man passieren muss, um ins Innere vorzudringen. Man kann in dieser Stadt umziehen, indem man seine Adresse ändert; man kann sich in schwer zu entdeckenden Winkeln verstecken; und man kann sich darin verlaufen.

Einige der großen islamistischen Diskussionsforen werden täglich von mehreren zehntausend Menschen besucht. Die meisten dienen im Prinzip als schwarze Bretter, wo jeder einen Hinweis oder eine Nachricht hinterlassen kann. Auf manchen gibt es mehr Austausch, und auf Fragen werden von den anderen Nutzern postwendend Antworten geliefert. Einige der Foren stehen al-Qaida näher als andere, was man manchmal schon an der Namensgebung ablesen kann. Eine Zeit lang etwa war »al-Ma'sada« (Die Löwenhöhle) eines der Foren, auf denen am meisten authentisches al-Qaida-Material zu finden war. »Al-Ma'sada« war wohl kaum zufällig auch der Name eines jener Ausbildungscamps, die Bin Laden in Afghanistan unterstanden. Dasselbe gilt für ein zweites Forum namens »al-Ansar« (Die Unterstützer) – auch hier wurde der Name eines al-Qaida-Camps aufgegriffen.[18] Je enger die Foren an al-Qaida orientiert sind, desto schwieriger kann man sie ausfindig machen.

Allerdings findet man auch in diesen Foren beileibe nicht nur al-Qaida-Nachrichten. Man muss diese vielmehr suchen wie die Nadel im Heuhaufen, denn sie sind vergraben zwischen Fragen wie »Hat jemand gestern den Beitrag auf al-Dschasira über den Widerstand im Irak gesehen?« oder »Ist es statthaft, im Sudan Dschihad zu treiben?« und Statements wie »Der König von Saudi-Arabien hat endlich seinen Unglauben gezeigt und sich mit einem Kreuz fotografieren lassen«.[19] Es gibt kaum eine Hierarchie in diesen Foren, jeder kann posten, was er möchte, und die Postings werden zumeist lediglich chronologisch sortiert.

Selbst wenn man sicher sein kann, dass die Betreiber einiger Foren mit al-Qaida sympathisieren, ist damit noch lange nicht bewiesen, dass sie auch organisatorisch mit dem Terrornetzwerk zusammenhängen. Der jordanische Journalist Fuad Hussein ist zwar überzeugt, dass es sich um al-Qaida-Kader handelt; Reuven Paz ist jedoch skeptisch und glaubt, dass die Foren das Werk von Sympathisanten sind. Deutsche Sicherheitsbehörden belassen es bei der sibyllinischen Bemerkung, man gehe davon aus, dass die Betreiber »mehr als Sympathisanten« seien.[20] Wie dem auch sei: Als

»al-Qaida-Webseiten« kann man diese Foren nicht automatisch einstufen – auch wenn dies in den Meldungen der Nachrichtenagenturen häufig geschieht. Die Forenbetreiber selbst versuchen sich durch »Disclaimer« außer Schussweite zu bringen: Sie seien für die Inhalte nicht verantwortlich, schreiben fast alle auf ihrer Homepage. Darin bestärkte sie 2005 auch der »Sprecher« der irakischen al-Qaida, »Abu Maisara al-Iraqi«:

O Ihr Medienmenschen! Wisset, dass weder »al-Ansar« noch »al-Hisba« noch »al-Safina« Beziehungen zu der Organisation al-Qaida haben! Es handelt sich bei ihnen einfach um Medien, genau wie bei Fernsehkanälen.[21]

Diese Foren sind für die Beobachtung des Cyber-Dschihadismus zentral, denn sie fungieren auch als Wegweiser, und die hier geposteten Links bringen einen auf die Webseiten mit aktuellen Bekennerschreiben oder sonstigem exklusiven al-Qaida-Material, wenn man es nicht gleich im Forum selbst findet. Einige von ihnen haben sich im Laufe der Zeit darauf spezialisiert, eigene Unterseiten einzurichten, wo ausschließlich Bekennerschreiben veröffentlicht werden. Vom Sommer 2005 an entwickelte sich etwa das Forum »al-Hisba« zur ertragreichsten Seite für die Suche nach solchen Kommuniqués oder sonstigem al-Qaida-Material. Obwohl auch hier ungeklärt ist, ob die Betreiber al-Qaida-Veteranen sind, wurden auf der Seite viele Selbstbezichtigungen der Terroristen zum ersten Mal veröffentlicht. Das bedeutet, dass es irgendeine Verbindung zu den Attentätern und deren Pressestelle geben muss, die sich freilich auch darin erschöpfen kann, dass die Terroristen dieses Forum für besonders geeignet halten und privilegiert mit Meldungen versorgen.

Um allerdings auf diese interessanten Unterseiten zu gelangen, brauchte man bei »al-Hisba« ab einem bestimmten Zeitpunkt plötzlich ein Passwort. Später wurde zusätzlich eine ausgiebige Registrierung mit gültiger E-Mail-Adresse zur Pflicht. Jeder, der sich anmeldete, wurde darauf hingewiesen, dass Lügen zwecklos sei; insbesondere die Verschleierung des Landes, aus dem man surfe, könne leicht festgestellt werden. Schließlich verlangten die Betreiber noch, dass man sich zu islamischen Grundsätzen des Umgangs miteinander bekannte.

Für Journalisten gab es sogar eine eigene Akkreditierung, denn den Betreibern war nicht verborgen geblieben, dass Nachrichtenagenturen und Terrorrechercheure auf dieser Seite reiche Beute machten. Dagegen hatten sie auch gar nichts; nur wollten sie gerne wissen, mit wem sie es zu tun haben. Anfang 2006 nutzte »al-Hisba« die auf diese Weise gewonnenen Daten für einen Propagandaschlag: Fein säuberlich listeten die Betreiber die Logos all der internationalen Medienkonzerne, Agenturen und Zeitungen auf, die sich hier akkreditiert hatten – von Associated Press bis CNN, von der Schweizer Nachrichtenagentur bis ABC News. Verbunden war die Aufstellung mit dem Kommentar, diese Medien würden »al-Hisba« zur Informationsgewinnung nutzen. Der Subtext war klar: Ihren eigenen, westlichen Quellen würden diese Unternehmen sowieso nicht trauen.

Im März 2006 hörte »al-Hisba« kurzzeitig auf zu existieren, was offenbar mit der Verhaftung eines der Betreiber zu tun hatte. Einen Monat später erstand das Forum aber bereits wieder auf. In der Zwischenzeit hatte sich die Informationskette sogar noch weiter verbessert: Wenn man weiß, wo man sich anmelden muss, bekommt man Bekennerschreiben aus dem Irak inzwischen per RSS-Feed in Echtzeit auf den Monitor gesendet.

Mit der Professionalisierung dieser Foren ist über die Jahre im Internet ein Trend unverkennbar geworden: Keine al-Qaida-Filiale unterhält noch eine eigene Homepage.

»Warum sollten sie auch, wenn über die Foren alles viel einfacher verbreitet werden kann?«, meint Fuad Hussein, der diese Beobachtung ebenfalls gemacht hat. Bis 2004 hatten sowohl die saudische als auch die irakische al-Qaida-Filiale noch mit viel Aufwand eigene Adressen gepflegt; heute verwenden sie ihre Energie lieber darauf, Bekennerschreiben möglichst authentisch zu gestalten, damit keine Zweifel aufkommen, wenn sie in den Foren gestreut werden. Sie tun dies, indem sie zum Beispiel immer dieselben Logos verwenden oder nur Bulletins aussenden, die von einem (echten oder virtuellen, aber immer gleichen) »Sprecher« unterzeichnet sind.[22]

Ein weiteres Merkmal der islamistischen Cyberstadt ist derweil, wie schon angedeutet, dass es hier eine rege Bautätigkeit gibt: Seiten entstehen und verschwinden ständig. Dann beginnt die Suche nach dem alles entscheidenden, aktuellen Link von vorne. Die irakische Terrorgruppe »al-Dschaisch al-Islami« zum Beispiel zog in den Jahren 2004 und 2005 zeitweise täglich um. Jedes Mal, wenn eine neue Terrorattacke gefilmt worden war, wurde für die Publikation eigens eine neue Homepage aufgebaut, auf der das neue Dokument die »Topmeldung« war, während der Rest der Ursprungsseite jeweils mit umzog, beispielsweise die »Wer wir sind und was wir wollen«-Datei. Andere von Sympathisanten errichtete Spezialseiten, auf denen etwa nur Terror-Enzyklopädien oder Dschihad-Gesänge oder Linksammlungen zu finden sind, bestehen häufig lediglich wenige Wochen. So findet man von einer gestern noch erträglichen Seite am nächsten Morgen oft nur noch den Hinweis, sie existiere nicht mehr.

Die islamistische Internetstadt hat unterdessen auch einen Untergrund, der von der Oberfläche aus nicht einzusehen ist: Ein aus Mailinggroups, Diskussionsgruppen und Chatrooms bestehendes Geflecht, zum Beispiel auf den Oberflächen internationaler Anbieter wie Yahoo, Geocities oder Paltalk. Früher firmierten al-Qaida-nahe Mailing-groups noch stolz unter dem Namen ihres Idols Osama Bin Laden. Gibt man in der entsprechenden Suchfunktion bei Yahoo oder Geocities heute »al-Qaida« oder »Osama Bin Laden« ein, gelangt man dagegen mit Sicherheit nicht mehr auf eine brisante Seite. Nur bestimmte Schlüsselbegriffe helfen noch bei der Suche, dann aber erhält man Zugriff auf zahlreiche Quellen, vor allem Bombenbauanleitungen.

Ebenfalls zum Untergrund des islamistischen Internets zählen jene Seiten, die von al-Qaida & Co. als Lagerhallen und Verstecke missbraucht werden. Dabei handelt es sich um die Seiten von so genannten »Uploadern«. Das sind Unternehmen, bei denen man – zumeist gratis und werbe-finanziert – umfangreiche Dateien ablegen kann. Will man andere über diese Dateien informieren, kann man ihnen einen entsprechenden Link zukommen lassen. Auf solchen Seiten legen al-Qaida und andere Terrorgruppen ganze Bat-terien von Terrorvideos ab, deren Links dann in den Foren publiziert werden. Auf diese Weise kann jeder, der will, die letzte Rede von Aiman al-Zawahiri oder das aktuelle Inter-netmagazin von Abu Musab al-Sarqawis Leuten herunter-laden. Eine eigene Website wird gar nicht mehr errichtet, es geht nur noch um die einzelnen Dateien.

Auf Uploader-Seiten kann man Material überdies treff-lich verstecken, und zwar, indem man den Link *gerade nicht* öffentlich verbreitet. Das ist, als würde man eine un-nummerierte Box in einer Lagerhalle abstellen. Wer diese finden will, muss entweder wissen, wo sie steht, oder alles einzeln durchsuchen. Eine Zeit lang nutzten al-Qaida und ihre Sympathisanten vornehmlich japanische Seiten als »Versteck- und Lagerhallen«. Weil die Inhalte bei einigen Anbietern nicht passwortgeschützt sind, konnte man auf

eigene Faust durch die Lagerhalle streifen und gewissermaßen jede Kiste einzeln öffnen. Zwischen Fotos japanischer
Schulmädchen und privaten Urlaubsbildern von Touristen
fanden sich im Herbst 2005 so handgeschriebene, arabische
Anleitungen zum Sprengstoffmischen und eine Schritt-für-
Schritt-Anleitung zum Hacken »feindlicher« Websites; außerdem gespeicherte Logos islamistischer Terrorgruppen,
die diese in ihren Bekennerschreiben verwenden oder in ihren Videos einblenden, um die Authentizität des Materials
zu beweisen. Sie waren dort wahrscheinlich von Cyber-
Terroristen abgelegt worden, die das Rohmaterial direkt
von den Attentätern oder deren Filmern beziehen und dann
für die weitere Veröffentlichung aufbereiten. Dass sie ihr
graphisches Werkzeug auf solchen Seiten speichern, ergibt
Sinn. Warum die eigene Festplatte verunreinigen, wenn der
riesige Heuhaufen WWW als Speicherplatz zur Verfügung
steht?

Doch solche Tricks sind nur die jüngsten Entwicklungen
in der Cyberstadt. Werfen wir zunächst einen Blick auf jene
Aktivitäten im Internet, die sich eindeutig auf das Konto
von erfahrenen al-Qaida-Mitgliedern buchen lassen. Denn
hier lässt sich am besten nachzeichnen, wie die Urorganisation seit dem Afghanistankrieg versucht, ihren Nachwuchs
mit Hilfe des Internets zu züchten.

»Schließ dich der Karawane an!«

Im Juni 2003 wurde die islamistische Internet-Community
von allgemeinem Jubel erfasst: »Gott ist groß!«, lauteten
die Kommentare in den Foren, »eine gesegnete Tat!«. Was
war geschehen? Ganz einfach: Al-Qaida hatte das nahe Liegende getan – und der Community eine Zeitung geschenkt:
»Sawt al-Dschihad«, die »Stimme des Dschihad«.

Ab sofort werde das Magazin alle vierzehn Tage erscheinen, erklärten die Verfasser. Über ein Jahr lang konnte die saudische al-Qaida-Filiale, die hinter der Publikation stand, dieses Versprechen halten: Sie veröffentlichte 28 reguläre Ausgaben mit einem Umfang von 30 bis 40 Seiten inklusive farbigen Covers und sich stetig verbessernden Layouts. Mit einigen Monaten Verspätung erschien im April 2005 noch eine 29. Nummer. Dann wurde das Magazin eingestellt, was offenbar damit zu tun hat, dass einer der Herausgeber, Issa Ibn Sa'd al-Awschan, bereits am 21. Juli 2004 in Riad erschossen und die Publikation damit nachhaltig geschwächt worden war.[23] Ob dies das letzte Wort ist, bleibt abzuwarten. Sicher aber ist schon jetzt: Die »Stimme des Dschihad« war ein Erfolg, und inzwischen gibt es längst Nachahmer. Nicht nur die irakische al-Qaida-Filiale verfügt mit »Dhirwat al-Sinam«[24] über ein eigenes Periodikum, auch die sich offenbar wiedergruppierenden Reste der al-Qaida in Afghanistan und verschiedene irakische und nordafrikanische Terrorgruppen haben Magazine gestartet.

Mit der »Stimme des Dschihad« verfolgten die Herausgeber mehrere Ziele zugleich. Zum einen ging es ihnen darum, die saudischen Jugendlichen, die als Adressaten ziemlich klar zu identifizieren waren, zum Dschihad anzustacheln. Sie sollten mit den nötigen theologischen Rechtfertigungen versorgt werden. Allerdings war es das Anliegen der Herausgeber, den Dschihad *in Saudi-Arabien* zu entfesseln; die über das Internet zu gewinnenden Rekruten sollten deshalb zugleich elegant davon abgehalten werden, in den Irak zu ziehen, wo gerade ein »heißer Dschihad« begonnen hatte. Zur Beruhigung ihrer Leser, die natürlich vor allem den in Flammen stehenden Irak vor Augen hatten, verwiesen die Autoren deshalb darauf, dass die saudische Filiale der al-Qaida selbstverständlich die irakischen Mudschahidin unterstütze und viele (sprich: ausreichend viele)

Saudis schon dorthin gezogen seien.[25] Eine dritte Absicht bestand schließlich darin, die erprobten PR-Rezepte der Vergangenheit mit den neuen Möglichkeiten des Internets zu verbinden und die Sympathisanten so an das Terrornetzwerk heranzuführen. »Schließ dich der Karawane an!«, lautete der programmatische Titel einer Ausgabe.[26]

Das Magazin, erklärten die Autoren im Vorwort der ersten Ausgabe, »wurde ins Leben gerufen als Hilfe für den Mudschahid, als Leuchtfeuer auf seinem Weg und Orientierungsmarke auf seinem Pfad«. Dieser Ankündigung nachgestellt war ein flammender Dschihad-Aufruf:

Gott hat uns den Dschihad aus vielerlei Gründen aufgetragen, von denen viele in diesem Zeitalter bestehen: Angefangen von der Verteidigung gegen die Feindseligkeiten der Ungläubigen und dem Kampf gegen die vom Glauben abgefallenen Muslime sowie dem Sieg der Unterdrückten und der Befreiung der Gefangenen und Verhafteten bis zu dem Auftrag, die Ungläubigen zu bekämpfen, bis sie die Kopfsteuer bezahlen.[27] (...) Es ist allerdings durchaus verwunderlich, dass viele junge Mudschahidin an andere Orte (als Saudi-Arabien, Y. M.) ziehen und diesen hervorragenden Platz außer Acht lassen! Dabei sind die Befreiung dieses Landes und die Wiederherstellung seiner Reinheit vom Schmutz der Kreuzfahrer und ihrer Anhängsel doch das Wichtigste!

Diesem Appell folgte ein Interview mit Abd al-Aziz al-Muqrin, der damals noch nicht der Chef der saudischen Filiale des Netzwerks war, wohl aber bereits ziemlich weit oben auf einer 19 Personen umfassenden »Wanted«-Liste der saudischen Sicherheitsbehörden stand. Das Gespräch und die Antworten waren in einer Weise abgestimmt, die klarmacht, wie die Verfasser ihre »Zielgruppe« zu begeistern und gleichzeitig subtil zu steuern hofften. Ein kurzer Auszug verdeutlicht das:

Die Stimme des Dschihad: Der Ruf zum Dschihad, wann hat er dich erreicht?

Al-Muqrin: Das war vor ungefähr 13 Jahren (...). In jenen Tagen hörten wir alle viel über den Dschihad in Afghanistan. In den Moscheen wurde darüber sogar mit staatlicher Unterstützung gesprochen. (...) Wir hatten Verwandte, Nachbarn und Freunde, die sich damals auf den Weg in den Dschihad machten. Man hörte ständig die Nachrichten aus Afghanistan und erhielt Kunde von den Gnadenbeweisen, die die Mudschahidin (von Gott, Y. M.) erfuhren. Ich wollte zu ihnen stoßen. Aber es gab Hindernisse. Einige der Religionsgelehrten waren – und sind ja noch heute! – der Ansicht, dass der Dschihad keine unbedingte individuelle Pflicht sei. (...) Aber man zieht ja nicht ohne Erlaubnis und religiöse Legitimation in den Dschihad! (...) Schließlich gestattete mir ein Scheich die Vorbereitung auf den Dschihad (...) und erlaubte mir, nach Afghanistan zu gehen. Und so gelangte ich auf das Schlachtfeld. (...)

Die Stimme des Dschihad: In den Diskussionsforen (im Internet, Y. M.) kursiert das Gerücht, du seiest in den Irak gegangen und würdest dort kämpfen. Was ist dein Standpunkt in dieser Angelegenheit?

Al-Muqrin: Die Wahrheit ist, dass ich nicht in den Irak gegangen bin und auch nicht dorthin gehen werde. Ich habe das Versprechen gegeben, die Arabische Halbinsel von den Polytheisten[28] zu reinigen.

Mit direkter und indirekter Ansprache hämmerten die Autoren ihren Lesern immer wieder ein, dass es auf sie persönlich ankomme, dass die Zeit der Vorbereitung auf den bewaffneten Kampf gekommen sei und dass sie als Nachwuchs-Mudschahidin ernst genommen würden: »Oh Ihr Löwen, tötet die Ungläubigen, denn sie haben keinen Glauben«, schrieben sie. Die »Nachfahren der Affen und Schweine« – eine unter Islamisten gängige Beschimpfung für Juden und Christen – »haben das Jenseits um den Preis des Diesseits eingetauscht und den Irrweg um den Preis der Rechtleitung gekauft«.

Viele prominente lebende und tote Kämpfer des Terrornetzwerks kamen in dem Magazin zu Wort, allein in der ersten Nummer wurden ein Dschihad-Text von Abdallah Azzam, ein Auszug aus dem Buch »Ritter unter dem Banner des Propheten« von Aiman al-Zawahiri und ein Nachruf auf den »Helden« Yusuf al-Uyairi publiziert. Dazwischen gestreut, in kleinen Kästen abgesetzt, fand der Leser all jene Koranzitate, die von al-Qaida & Co. selektiv zur Rechtfertigung des bewaffneten Kampfes herangezogen werden, sowie Koranauslegungen, zum Beispiel des schon bekannten Ibn Taimiyya.

Das Onlinemagazin entwickelte sich rasch zu einer der Hauptinformationsquellen über al-Qaida, nicht zuletzt, weil die saudische Filiale dazu überging, ihre Bekennerschreiben (auch) hier zu veröffentlichen. Zu finden war das Magazin auf Gratisservern, die ironischerweise häufig US-Firmen gehörten. Im Laufe der Zeit wurde »Sawt al-Dschihad« immer professioneller. Das Magazin erschien nicht länger nur in Microsoft Word, sondern auch als PDF-Dokument und enthielt immer mehr Seiten. Reden von Osama Bin Laden und Aiman al-Zawahiri wurden analysiert und interpretiert, aktuelle politische Ereignisse kommentiert, sogar Artikel aus der westlichen Presse zum Thema Terrorbekämpfung in Übersetzung abgedruckt – nach dem Motto »Kenne deinen Feind!«

Doch al-Qaida beschränkte sich nicht darauf, die Dschihad-Ideologie mit Hilfe eines billigen, von überall aus benutzbaren Massenmediums zu verbreiten, sondern versuchte darüber hinaus, die speziellen Möglichkeiten des Internets zu nutzen. Das lässt sich an zwei Punkten illustrieren: Zum einen stellte al-Qaida mit der »Stimme des Dschihad« geschickt eine Gegenöffentlichkeit zu den staatlich gesteuerten saudischen Medien her. Zum Zweiten verwandten die Autoren viel Energie darauf, eine im Wortsinne explosive Leser-Blatt-Bindung zu schaffen.

Beispielhaft für Letzteres steht eine Leserbriefrubrik, in der al-Qaida-Kader Fragen ihrer Sympathisanten beantworteten. Weil die Antworten ohne Wiederholung der eingeschickten Fragen gedruckt wurden, sandten die Herausgeber oft für Außenstehende kryptisch anmutende Informationen aus. Es blieb unklar, ob es sich dabei um Einsatzbefehle handelte. Aber einige Repliken waren durchaus geeignet, den Mitlesern der verschiedenen Geheimdienste Kopfschmerzen zu bereiten: »Was deine gemeinsamen Aktivitäten mit dem zum Märtyrer gewordenen Bruder Abu Yassir angeht, so wäre es gut, wenn du sie nach seinem Tod fortführst«, antworteten die Magazinmacher etwa in der 29. Ausgabe einem »Bruder Khalid«. Der wurde außerdem gebeten, Kontakt zu halten – und sich davor zu hüten, »an den Ort zu gehen, der mit einem X gekennzeichnet wurde«.[29] Diese interaktive Leserbriefecke gestattete es den Autoren auch, ideologische Rechtleitung in Zweifelsfällen anzubieten. In der 28. Ausgabe etwa antworteten sie einem »Bruder«, der sich den Beinamen »der Franzose« zugelegt hatte:[30]

Wir danken dir für die wertvollen Informationen, die du uns über unsere muslimischen Brüder in diesem Land (offenbar Frankreich, Y. M.) geschickt hast. Was den Kampf gegen die vom Glauben abgefallenen Muslime angeht: In dieser Phase unserer Anstrengung gegen den Kreuzfahrerfeind kommt es darauf an, dass die Reihen der Muslime geschlossen hinter ihren Dschihad treibenden Brüdern in Afghanistan, im Irak, in Palästina, auf der Arabischen Halbinsel und anderswo stehen. Der Dschihad geht zunächst gegen den polytheistischen Feind, erst danach kommt die Reinigung der Länder von den vom Glauben Abgefallenen, und dann schließlich die Errichtung der Scharia.[31]

Der Antwort nach zu urteilen, hatte der Leserbriefschreiber die Frage gestellt, ob man (er?) gegen als ungläubig betrachtete Muslime vorgehen solle. In ihrer Antwort rückten die Magazin-Verfasser die Prioritäten des Netzwerks gerade: erst die Westler, dann die Abtrünnigen aus den eigenen Reihen.

Eine weitere Rubrik hieß sinngemäß »Bekanntmachungen und Zeugenberichte« und stellte auf meist zwei Seiten in Stichworten dar, was al-Qaida-Kämpfer in den zurückliegenden 14 Tagen an Anschlägen ausgeführt hatten oder wie sie politische Entwicklungen einschätzten. Häufig wurde zudem der Eindruck vermittelt, Aktionen stünden unmittelbar bevor, etwa als eine Warnung an die Muslime Saudi-Arabiens erging, sich nicht in Gruppen mit Christen zu bewegen.[32]

Wie sich das Internet zur sofortigen Herstellung von Gegenöffentlichkeit nutzen lässt, demonstrierte al-Qaida im Mai 2004. Am 29. des Monats drangen al-Qaida-Terroristen in einer konzertierten Aktion in mehrere dicht beieinander liegende Wohn- und Firmenanlagen westlicher Unternehmen in der ostsaudischen Ölstadt Khobar ein. Sie nahmen zeitweise Geiseln und töteten 22 Menschen. In mehreren Echtzeit-Bulletins kommentierte die saudische al-Qaida diesen sich über zwei Tage hinziehenden Anschlag auf ihrer Homepage, die auch die Homepage des Magazins war, und »korrigierte« laufend die Darstellung der staatlichen saudi-arabischen Medien. Als am 8. Juni die nächste Ausgabe von »Sawt al-Dschihad« erschien, bereitete sie den Anschlag mit einem Interview mit einem der Attentäter nach – geführt zu einem Zeitpunkt, als Fawwaz Ibn Muhammad al-Naschmi offiziellen Angaben zufolge auf der Flucht vor den Sicherheitsbehörden war: »›Sawt al-Dschihad‹ exklusiv: Gott sei gelobt, und Dank sei ihm! (…) Mit uns im Gespräch ist der Anführer der Jerusalem-Brigade, die eine einzigartige Operation im Osten der Halbinsel ausgeführt hat«, prahlten die Magazinmacher. Es folgte ein siebenseitiges Interview, das von Sympathisanten als Triumph ihrer Idole und Demütigung des Regimes wahrgenommen wurde. »In den saudischen Medien heißt es, ihr hättet Geiseln genommen. Stimmt das?«, fragte die »Stimme des Dschihad« etwa. »Nein, das ist absolut falsch«, antwortete al-Naschmi. »Meiner Meinung nach wird diese Geiselnahme-Lüge von den Behörden verbreitet, um ihr Versagen zu vertuschen.« In Wahrheit, so der Zellenführer, habe man nur die Muslime von den Nichtmuslimen separiert und in Sicherheit gebracht, damit sie nicht aus Versehen erschossen würden. Detailliert schilderte al-Naschmi dann, wer von wem bei welcher Gelegenheit ermordet wurde. So dilettantisch sei die Polizei vorgegangen, dass er und seine Mittäter sogar Zeit »für ein Nickerchen« gefunden hätten. Lässig, geradezu cool ließ al-Naschmi die Operation erscheinen: »Wir betraten ein Büro und fanden einen Amerikaner, der aussah, als sei er der Direktor. (…) Ich verpasste ihm eine Kugel, und sein Kopf explodierte.«

Fawwaz al-Naschmi zufolge entkamen die Täter am Ende unbehelligt – und zwar geradezu in James-Bond-Manier: »Bruder Nadir befand sich mit seinen Waffen im Kofferraum des Wagens, für den Fall einer bewaffneten Auseinandersetzung. Wir fuhren auf der Schnellstraße davon und sahen die uns entgegenkommenden Streifenwagen, die alle auf dem Weg zum Tatort waren. (…) Sie dachten, wir seien ihre Kollegen!« Als die saudischen Sicherheitskräfte das angegriffene Gelände am 30. Mai mit Hilfe von aus Hubschraubern abgeseilten Spezialeinheiten stürmten, seien die Terroristen, so al-Naschmi, »schon seit Stunden« in Sicherheit gewesen.

Das Interview war gespickt mit angeblichem Täterwissen: Hinter 5 Meter hohen Bäumen hätten die Terroristen sich verborgen, aus 13 Meter Höhe seien sie aus dem Fenster gesprungen. Kaum etwas davon konnte bis heute überprüft werden, und naturgemäß gibt es wenig Anlass, einem der Drahtzieher besonderen Glauben zu schenken. Doch das war auch nicht das Ziel. Es ging darum, den saudischen Staat zu diskreditieren und den Sympathisanten des Netzwerks ein Vorbild zu präsentieren, einen wagemutigen Mudschahid, einen unerschrockenen Kämpfer »auf dem Pfade Gottes«. »Wir versprechen Gott, dass ich und die Mitglieder meiner Brigade ein weiteres Mal an einem Anschlag wie diesem teilnehmen werden«, gab al-Naschmi am Ende des Interviews zu Protokoll.

Bei solcherlei Frontberichten sei »eine Menge Romantik im Spiel«, meint Reuven Paz. Er vergleicht sie mit den glühenden und begierig aufgegriffenen Kriegsreportagen aus dem Spanischen Bürgerkrieg Ende der 1930er Jahre, die zahllose junge Europäer dazu animierten, sich den Internationalen Brigaden anzuschließen. Paz' Vergleich verdeutlicht, warum die »Stimme des Dschihad« eine hohe Bedeutung für die Anstachelung zum bewaffneten Kampf hatte. Zeit seines Bestehens war das Magazin mit Sicherheit das einflussreichste Instrument al-Qaidas, auch wenn unklar ist, wie viele regelmäßige Leser es eigentlich hatte. »Die Leser dieser Magazine suchen nach klaren Ansagen«, ist sich Reuven Paz sicher. »Sie wollen wissen, was erlaubt ist, was statthaft ist.« In der »Stimme des Dschihad« fanden sie diese »klaren Ansagen«. Aber nicht nur da: Schon bald veröffentlichte die saudische Filiale ein zweites und ein drittes Onlinemagazin.[33]

Das virtuelle Trainingscamp

Die »Stimme des Dschihad« war bedeutsam für die ideologische Aufwiegelung von jungen Dschihadis in Saudi-Arabien. Schon das war gefährlich. Doch noch gefährlicher dürfte das zweite Onlinemagazin der saudischen al-Qaida gewesen sein, das wenige Monate später ins Leben gerufen wurde: »Mu'askar al-Battar«. Denn darin ging es nicht mehr um das »Warum« des Dschihad, sondern um das »Wie«.

Auch hier war der Name Programm: »al-Battar« war der Kampfname von Yusuf al-Uyairi, dem nach wie vor hochverehrten und 2003 getöteten Chef der saudischen al-Qaida. Dieser Ehrenname wiederum leitet sich ab von dem Namen, den das Schwert des Propheten Muhammad angeblich getragen hat. »Mu'askar al-Battar« bedeutet mithin »Trainingscamp des al-Battar« – und als Trainingscamp war dieses Magazin in der Tat angelegt. Es sei geschaffen worden »angesichts der Tatsache, dass bis heute viele junge Muslime nicht ausreichend darüber Bescheid wissen, wie man Waffen handhabt«, schrieben die Autoren in der ersten Ausgabe. Das »primäre Ziel« sei es, »die militärische Kultur« zu stärken: »Wisse, dass das Paradies im Schatten des Schwertes zu finden ist!«[34]

Man kam rasch zur Sache: »Leichte Waffen« war das erste Titelthema, und die Titelgeschichte bestand aus einer bebilderten Bedienungsanleitung für eine Kalaschnikow. Dazu wurde praktischerweise gleich erwähnt, dass solche Gewehre aus Restbeständen der irakischen »Republikanischen Garde« zurzeit einfach zu beschaffen seien.

Im Zwei-Wochen-Takt ließen die Autoren, zu deren maßgeblichen Abd al-Aziz al-Muqrin zählte, ihren Lesern verschiedene Onlinekurse angedeihen: Einer zog sich von der Kalaschnikow bis zum Raketenwerfer, ein zweiter von der Frage, wie man in der Wüste Wasser findet, über Anweisungen für die Zellenbildung und -organisation bis zu Ratschlägen für Attentatsplanungen und den Guerillakrieg in den Städten,[35] ein dritter kreiste um die körperliche Fitness und begann mit Anleitungen für Sit-ups und Push-ups sowie Ratschlägen zur Gewichtsreduktion für den etwas robusteren Mudschahid. Historische Abhandlungen stellten Querverbindungen zwischen Vergangenheit und Gegenwart her, so etwa ein Abriss von Saif al-Adl, der »Nummer drei« al-Qaidas, über die Sicherheitsvorkehrungen des Propheten Muhammad.

»Samstag eine halbe Stunde laufen; Sonntag 45 Minuten laufen«:[36] Einen guten Teil von dem, was in »Mu'askar al-Battar« zu finden war, konnte man getrost als wenig brisant abhaken. Aber eben nicht alles. Und selbst das auf den ersten Blick Banale hatte ja trotzdem den Effekt, dass sich jeder Leser als potenzieller Rekrut fühlen durfte. Noch deutlicher als in der »Stimme des Dschihad« öffnete die saudische al-Qaida über dieses Militärmagazin die Pforten für den Nachwuchs: »Es ist nun nicht mehr nötig, dass du in entfernte Länder reist. Mit der Hilfe Gottes wird es dir nun möglich sein, für dich allein, in deinem Zuhause, oder gemeinsam mit deinen Geschwistern (im Glauben, Y. M.) mit der Durchführung dieses Programms zu beginnen«, schrieb al-Muqrin und zeigte sich zuversichtlich, dass man den Verlust der afghanischen Camps auf diese Weise kompensieren könne.[37]

Ähnlich wie das Schwestermagazin veröffentlichte auch »Mu'askar al-Battar« wechselnde E-Mail-Adressen der Redaktion. Das Netzwerk bot sogar Hilfestellung an: »Die Brüder«, hieß es in dem Magazin, möchten ihre »Vorhaben und Pläne« für »Operationen« – sprich Anschläge – doch bitte per E-Mail an die angegebene Adresse senden, dabei allerdings keine verräterischen Details preisgeben. »Wir begutachten sie, suchen die besten zur Verbreitung aus und werden sie mit Anmerkungen versehen«, versprach die Organisation.[38]

Diese Schnittstellen zum organisierten Terrorismus anzubieten, dürfte eines der Hauptziele der saudischen al-Qaida gewesen sein. Es würde nicht verwundern, wenn das Netzwerk auf diesem Wege tatsächlich eine gewisse Anzahl neuer, mittlerweile kämpfender Kader gewonnen hätte. Obwohl »Mu'askar al-Battar« ebenso wie die »Stimme des Dschihad« eingestellt worden ist, hat sich das Militärmagazin als langlebiger erwiesen, was wohl an seiner Praxisorientierung liegt. Noch heute ist es an jeder Ecke der islamistischen Internetstadt präsent. Sammelausgaben werden von Sympathisanten in Foren und Newsgroups feilgeboten, und sogar Übersetzungen ins Türkische und Deutsche wurden schon entdeckt.

Der rosarote Dschihad

Das dritte Onlinemagazin aus dem Dunstkreis der saudischen al-Qaida stellt einen Sonderfall dar – weil unklar geblieben ist, ob die Veröffentlichung ein reiner PR-Schachzug zur Verunsicherung des Westens war. »Lege dich ausgestreckt auf deinen Bauch auf den Boden«, begann einer der Texte der Publikation. »Dann stemme deinen Körper vollständig nach oben, indem du (...) die Hände zu Hilfe nimmst.« Mit diesen Worten erklärte »Umm Miqdad« (»Die Mutter von Miqdad«) ihren Leserinnen, wie Liegestütze funktionieren. Denn das war der besondere Ansatz des Magazins, das sich »al-Khansa'« nannte: Es richtete sich speziell an Frauen. Im Dschihad, erklärte die Autorin nämlich, »spielen die Frauen eine wichtige Rolle, die derjenigen der Männer in nichts nachsteht«.[39]

Das Magazin wurde herausgegeben von einem bis dahin unbekannten »Fraueninformationsbüro auf der Arabischen Halbinsel«. Ein rosafarbenes Cover zierte die Nullnummer, und die Titelgeschichte hieß: »Hindernisse auf dem Weg der Dschihad treibenden Frau«. Obwohl ein monatlicher Erscheinungsrhythmus angekündigt wurde, blieb es allerdings bei dieser einen Ausgabe. Das kann zweierlei zur Ursache haben: Entweder war diese Veröffentlichung nicht so ernst gemeint wie die beiden anderen, oder die entsprechende Zelle war frühzeitig aufgeflogen.

Eine Verwandtschaft mit »Sawt al-Dschihad« und »Mu-'askar al-Battar« ist indes kaum zu bestreiten, denn die Ähnlichkeiten in Inhalt und graphischer Gestaltung sind frappierend. Stilecht ist auch die Namensgebung, denn al-Khansa' ist eine historische Figur: eine Dichterin, die zur Zeit der Verkündung des Islams lebte. Als Heidin geboren, konvertierte sie zu der neuen Religion und schenkte dem Propheten Muhammad vier ihrer Söhne für den Kampf zur Ausbreitung des Islam. Wie eine »al-Khansa' der Gegenwart«, hieß es im Vorwort des Magazins, sei die ideale Mudschahida von heute.

Mit Emanzipation nach westlichen Vorstellungen hatte das, was auf den 23 Seiten präsentiert wurde, freilich wenig tun. Eher zeichneten die AutorInnen das Sittengemälde einer islamistischen Musterehe, inklusive Arbeitsteilung. »Die Muslima«, hieß es zwar, »ist eine Mudschahida zu jeder Zeit und an jedem Ort« – aber vor allem, indem sie »den Dschihad finanzieren hilft, nach ihrem Dschihad treibenden Ehemann schaut und die Kinder in dem Sinne erzieht, den Gott vorgeschrieben hat«. Die »Erziehung der Kinder zum Dschihad« beginne übrigens bereits, »wenn sie noch im Bauch der Mutter sind«. Die Mission der Frau besteht »al-Khansa'« zufolge darin, die Verderbtheit der Gesellschaft zu bekämpfen, Anstand und Moral hochzuhalten und ihr Unwissen über das islamische Recht zu mindern. Daneben stehe es ihr gut an, »maßvollen Umgang mit Essen und Trinken zu üben« sowie »auf ihr Körpergewicht zu achten« und »freiwillige Fastentage« einzuschieben. Auch den Umgang mit Waffen solle sie lernen, allerdings eher zu Verteidigungszwecken.

Herzstück der Ausgabe war ein Erste-Hilfe-Kurs, der wohl, ähnlich wie die Onlinelehrgänge in »Mu'askar al-Battar«, fortgesetzt werden sollte. Der Titel »Rafidas Zelt« war nach der Frau benannt, die angeblich »das erste Feldlazarett der islamischen Geschichte« organisiert hatte. Der Inhalt war reichlich banal: Bei jedem Schritt gelte es Gottes zu gedenken; das Wichtigste sei, den Verletzten am Leben zu halten; im Haus haben solle die Ehegattin des Mudschahid zu allen Zeiten einen Löffel, eine Schere und Jod.

Wie soll man »al-Khansa'« einschätzen? »Das Magazin ist nicht so wichtig wie die anderen beiden«, glaubt Reuven Paz. »Aber es stellt wohl einen Versuch dar, ein neues Publikum – Frauen nämlich – in die Kreise des globalen Dschihad zu integrieren und eine Rechtfertigung für ihre Beteiligung zu schaffen.«[40]

Ob echt oder nicht: Die Inhalte des Magazins sind wohl in jedem Fall authentischer Ausdruck dessen, was al-Qaida-Kämpfer und deren Gattinnen für die Rolle der Frau im Dschihad halten; verstellt hat sich hier beim Schreiben niemand. Die Publikation des Magazins kann trotzdem ein ausgebuffter Versuch gewesen sein, »den Westen« Glauben zu machen, eine massenhafte Rekrutierung von Frauen stehe bevor. Schließlich hatte auch die saudische al-Qaida mitbekommen, dass die westlichen Medien über die beiden anderen Magazine regelmäßig berichteten. Warum nicht das Moment ausnutzen und den Mythos weiter schüren? »Al-Qaida ist sich der Bedeutung längst bewusst, die das Internet als Informationsquelle für westliche Medien gewonnen hat«, meint Reuven Paz. Das ist auch an einem »medienpolitischen Artikel« im Magazin der irakischen al-Qaida abzulesen, in dem es heißt: »Nach einem Anschlag soll nicht absolute Stille herrschen. Es muss eine Erläuterung der Gründe erfolgen, die dazu geführt haben.«[41] Im Irak zeigte sich, wie ernst selbst die US-Armee die Öffentlichkeitsarbeit von al-Qaida und Co. nimmt. Erstmals seit dem Vietnamkrieg hat sie wieder damit begonnen, die Zahlen getöteter feindlicher Kämpfer zu veröffentlichen – und zwar mit der ausdrücklichen Begründung, so könne man der Propaganda der Militanten am besten begegnen.[42]

Al-Qaida weiß zweifellos um die Macht, die ihr das Internet verleiht. Und darum nutzt sie es nicht mehr nur für Magazine – sondern längst auch als Terrorinstrument.

Die goldene Regel des Terrorismus

Hatte das Netzwerk sich mit den Onlinemagazinen noch vor allem an eine breitere Öffentlichkeit gewandt, um seine Ideologie zu verbreiten und Sympathisanten an sich heranzuführen, fanden im Frühjahr und Sommer 2004 die ersten Terrorakte al-Qaidas statt, bei denen die Mitwirkung der Anhänger im Internet von vornherein mitgedacht war. Die Rede ist von den grauenhaften Videos, auf denen die Hinrichtung westlicher und nichtwestlicher Geiseln zu sehen war und von denen Dutzende allein und ausschließlich über das Internet verbreitet wurden.

»Abu Musab al-Sarqawi schlachtet einen Amerikaner« – unter dieser Überschrift tauchte am 11. Mai 2004 das erste dieser Machwerke im Web auf. Das Band zeigte, wie mehrere vermummte Männer den US-Amerikaner Nicholas Berg im Irak mit einem Messer enthaupten; angeblich war der Haupttäter niemand Geringeres als al-Sarqawi, der damals noch die von ihm gegründete Terrorgruppe »al-Tawhid wa al-Dschihad« (Monotheismus und Dschihad) führte, sich aber wenige Monate später Bin Laden unterstellte und den Namen entsprechend zu »al-Qaida im Zweistromland« änderte.

Es dauerte nur Wochen, bis die Kampfgefährten in Saudi-Arabien nachzogen: Im Juni 2004 entführte die dortige al-Qaida-Filiale den US-Bürger Paul Marshal Johnson und verlangte auf ihrer Homepage die Freilassung aller im Königreich inhaftierten al-Qaida-nahen Islamisten binnen 72 Stunden.[43] Als dieser Forderung nicht nachgekommen wurde, veröffentlichten auch die saudischen Kidnapper ein Videoband von der Enthauptung ihrer Geisel. Tage später wurde bei einer Razzia der abgetrennte Kopf des Luftfahrtingenieurs gefunden. Von da an gab es kein Halten mehr: Insbesondere im Irak verkam das Hinrichten von Geiseln zu einer Art Wettbewerb zwischen den islamistischen Terrorgruppen. Was die schiere Quantität betrifft, erreichte er seinen traurigen Höhepunkt 2004 mit der gleichzeitigen Ermordung von 12 Nepalesen durch die Terrorgruppe »Ansar al-Sunna«.

Die Terrorgruppen veröffentlichten diese Bänder zunächst auf ihren eigenen Websites. Allerdings waren deren Adressen längst nicht so vielen im Internet aktiven Islamisten und Journalisten bekannt wie die der großen arabischen Diskussionsforen, die zu Beginn dieses Kapitels erwähnt wurden. Die Zahl der Downloads auf den Original-Homepages betrug deshalb nur wenige hundert. Erst nachdem die Videos in die Foren kopiert worden waren, stiegen die Downloadzahlen rasant an und erreichten rasch den fünfstelligen Bereich. Das war der Durchbruch. Nicht zuletzt deswegen verzichteten die Terrorführer nach und nach auf eigene Homepages, denn die Foren hatten sich als effektiver herausgestellt. Sie sind es bis heute: Noch im Februar

2005 wurden in einigen von ihnen komplette Zusammenstellungen aller Geiselhinrichtungen verbreitet, während die Ursprungshomepages schon lange Geschichte sind.[44]

Die mediale Wirkung insbesondere der ersten dieser Videos war ein globaler Schock. Sondersendungen und Extraseiten, erhitzte Talkshowrunden und verstörte Medienkonsumenten kannten auf allen Kontinenten über Tage kein anderes Thema. Die goldene Regel des Terrorismus besagt, dass man mit so wenig Aufwand wie möglich so viel Aufmerksamkeit wie möglich erzielen muss. Nie zuvor in der Geschichte der Menschheit ist diese Regel derart effektiv umgesetzt worden. Das wäre ohne das Heer von Sympathisanten nicht zu erreichen gewesen, das die Wirkung durch Kopieren, Weiterverbreiten und das Anlegen neuer Spiegelseiten, als die Originalseiten gesperrt wurden, potenzierte. Der Mord an Nicholas Berg war darauf angelegt, ein weltweites Publikum zu finden; die Mitarbeit der Sympathisanten war einkalkuliert und unabdingbarer Bestandteil. Wie viele Geiselhinrichtungen hatte al-Qaida zuvor auf Video gebannt und zur Spendenwerbung eingesetzt? Wir wissen es nicht. Aber die Resonanz auf diese Bilder war nie global gewesen. Abu Musab al-Sarqawi und bald nach ihm die saudische al-Qaida-Filiale erreichten dieses Ziel jedoch – dank des Internets.

In seinem ersten Buch über die Globalisierung, das noch vor 9/11 erschien, hat Thomas Friedman, ehemaliger Nahostkorrespondent und jetzt Kolumnist der »New York Times«, den Begriff des »super-empowered individuals« geprägt. Demnach hat sich das Verhältnis zwischen Nationalstaat und Individuum verändert. Einzelpersonen können heute einen immensen Einfluss ausüben, weil die Kosten für die zugleich immer schneller werdende internationale Vernetzung stetig sinken und die globale Öffentlichkeit wächst.

Als ein Beispiel für eine solche »übermäßig mächtige Einzelperson« galt Friedman noch Osama Bin Laden, weil der Saudi-Araber die Supermacht USA im Alleingang herausforderte und sie dazu brachte, 75 Cruise-Missiles auf ihn abzufeuern, als ob er ein Nationalstaat wäre. Doch um zum »super empowered individual« zu werden, hatte Bin Laden noch die US-Botschaften in Ostafrika angreifen müssen, hatte viel Geld und Ressourcen investiert und war große Risiken eingegangen.[45] Abu Musab al-Sarqawi ist mittlerweile ein viel besseres Beispiel, auch wenn er heute schon nicht mehr lebt. Er benötigte nicht mehr als ein Opfer, ein Messer, eine Internetverbindung und ein paar hundert Dollar für eine Kamera, um weltweite Resonanz zu erzielen. Das Echo auf die per Video festgehaltene Enthauptung war mit dem vergleichbar, das ein schwerer Anschlag mitten im Westen ausgelöst hätte. Die technische Globalisierung, kann man daraus ersehen, wird nicht unbedingt technisch anspruchsvollere Terrorakte zur Folge haben. Sie kann, ganz im Gegenteil, zu geradezu simplen Morden führen, die nur noch »richtig« inszeniert werden müssen – und zwar mit Hilfe von tausenden vollkommen unbekannten, vollständig anonymen, nie zu fassenden Helfern. Das Internet macht diese Aktivisten zu einer bisher unbekannten Art von Komplizen, ja Mittätern.

Für den Wandel von der Kaderorganisation zum lernenden Netzwerk hat das weit reichende Folgen: Gab es früher nur Kader und Sympathisanten, gibt es gegenwärtig eine Schar von Aktivisten, die genau zwischen diesen beiden Gruppen steht. Nicht einmal al-Qaida kennt ihre Namen, niemand erteilt ihnen einen Einsatzbefehl, sie sind nicht organisiert und dennoch Teil von al-Qaida. Sie sind deren selbst ernannte Lautsprecher, die Schockwellenverstärker des Terrornetzwerks. Einige von ihnen haben möglicherweise über E-Mail Kontakt mit Kadern der konventionellen Art, andere sind mit Sicherheit reine Schreibtisch-Mittäter. Aber ohne diesen Typus von »super-empowered individuals« ist die neue al-Qaida nicht denkbar. Und manchmal nehmen diese Aktivisten die Initiative sogar selbst in die Hand: Anstatt News einfach nur zu verbreiten, schaffen sie sie.

Al-Qaidas Ehrenamtliche

»Herzlich willkommen zu Ihrem Programm ›Der wöchentliche Nachrichtenüberblick für die Gemeinschaft der Muslime‹«: Mit dieser freundlichen Begrüßung begann die Sendung. Doch schon das Bild wollte zu den unverfänglichen Worten nicht passen: Der Nachrichtensprecher trug Militärkleidung und Maske, neben ihm standen ein Koran und ein Maschinengewehr auf dem Tisch. Aber dies war ja auch keine normale Sendung, sondern der neueste Versuch, noch mehr Anhänger für al-Qaida zu finden.

»Die Stimme des Kalifats« nannte sich diese fertig produzierte Propaganda-Sendung, die ab Herbst 2005 in allen einschlägigen islamistischen Internetdiskussionsforen zum Herunterladen bereitgehalten wurde. Bis Anfang 2006 erschienen drei Ausgaben und eine Interview-Sonderausgabe, jeweils auf Arabisch und mindestens eine gute Viertelstunde lang. Der Inhalt: das Weltgeschehen der letzten sieben Tage aus Sicht von al-Qaida & Co. Berichtet wurde zum Beispiel über Ereignisse aus Palästina, dem Irak und Afghanistan. Ebenso, mit reichlich Schadenfreude, über die durch den Hurrikan »Katrina« verursachten Schäden in den USA. Den Wirbelsturm nannten die Produzenten einen »Soldaten Gottes«, der mit New Orleans »die Stadt der Homosexuellen« heimgesucht habe.

Die Macher gaben sich viel Mühe, ihre Zuschauer zu

beeindrucken: Sie präsentierten ein Senderlogo, Untertitel und allerlei blinkende Schriftzüge sowie – ganz wie bei al-Dschasira oder der »Tagesschau« – oben rechts hinter dem Sprecher einen Kasten mit einem Bild, das jeweils zum gerade besprochenen Thema passte. Zwischendurch verabschiedete sich der Sprecher in den Sendungen immer wieder kurz vom Bildschirm, dann wurden Einspielfilmchen gezeigt, etwa eine mit Musik unterlegte Bilderserie über einen gerade verurteilten al-Qaida-Helfer (»Möge Gott seine Gefangenschaft beenden«), einen Trailer für einen bald erscheinenden Film (»Totaler Dschihad« von »Mousslim Mouwahhad«) oder eine Ankündigung für einen Beitrag in der kommenden Sendung. Zwischendurch wurden »Nachrichtenclips« von aktuellen Aktivitäten eingeschoben: Ein mit Sprengstoff präparierter Jeep explodiert inmitten von US-Soldaten im Irak, Dschihadisten feuern unter »Allahu Akbar«-Rufen Raketen ab oder robben in Trainingscamps unter Stacheldraht hindurch.

Die Sendung verstand sich als Gegengewicht zur »westlichen Propaganda«, womit die Produzenten die internationalen Medien meinten, denen sie Parteilichkeit, Amerikahörigkeit und gezielte Fehlinformation vorwarfen. Auf einer Montage in der zweiten Folge der »Stimme des Kalifats« sah man sinnfällig, wie das eigene Logo sich strahlend über die Embleme von CNN, BBC, al-Dschasira, Reuters und Fox News erhob. Am Ende dieser Sendung gaben die Macher al-Qaida sogar als Organisation mit humanitären Anliegen aus: Anstatt, wie die Herrscherfamilien der arabischen Golfstaaten, Geld für die Hurrikan-Opfer in den USA zu spenden, solle man lieber einen Blick auf den muslimischen Teil des Niger werfen, forderten sie. »Es scheint, als würde diese Tragödie von der muslimischen Gemeinschaft gar nicht wahrgenommen«, erklärte der Sprecher, während hungernde Kinder eingeblendet wurden.

Die »Stimme des Kalifats« wurde von den internationalen Medien begierig aufgegriffen: eine Internet-TV-Sendung von al-Qaida? Osama Bin Laden als oberster Podcaster des Dschihadismus? Das Erstaunen verdeckte allerdings einen bedeutsamen Fakt: Keine Sendeminute enthielt auch nur eine einzige Meldung oder Nachricht, die nicht schon vor Erscheinen der jeweiligen Sendung im Internet zu finden gewesen wäre. Das bedeutete, dass die »Stimme des Kalifats« *nicht* exklusiv in dem Sinne war, wie es die Onlinemagazine oder die Terrorvideos gewesen waren. Es handelte sich in Wahrheit um wenig mehr als eine Presseschau, ein »Reader's Digest« des Dschihadismus. Hatten in »Sawt al-Dschihad« noch bekannte al-Qaida-Kader geschrieben und waren in den Videos noch, neben Entsetzen und Horror, auch Nachrichten transportiert worden, war das bei der »Stimme des Kalifats« nicht mehr der Fall. Das ließ nur einen Schluss zu: Es handelte sich bei dem Projekt um eine Arbeit von Sympathisanten al-Qaidas, die sich zwar gut im islamistischen Internet auskannten, aber keine belastbaren Beziehungen zum Terrornetzwerk hatten. Diese Vermutung wurde erhärtet durch die im Abspann genannten Mitwirkenden: Kein einziger bekannter al-Qaida-Autor war darunter.

Kaum ein anderes Beispiel verdeutlicht besser, dass das Phänomen der neuen al-Qaida mit einer Verselbständigung alter Formen zu tun hat. Denn »Die Stimme des Kalifats« wurde von der »Global Islamic Media Front« (GIMF) produziert und präsentiert[46] – und diese Organisation war vorher einmal so etwas wie die offizielle Nachrichtenagentur al-Qaidas gewesen. Jetzt aber war sie offensichtlich in die Hände der Sympathisanten übergegangen.

»Wenn ihr wiederkehrt, kehren auch wir wieder« – das war jahrelang das Motto der GIMF. Sie wechselte zwar ständig ihre genaue Bezeichnung (zwischenzeitlich nannte sie sich etwa »Global Islamic Media« oder »Global Islamic News«) und ihre Adresse im Web. Aber sie war stetig präsent. Meist fand man die GIMF-Informationen in einer Yahoo-Mailinggruppe, und es handelte sich dabei fast ausschließlich um authentisches al-Qaida-Material. So waren etwa sowohl die Onlinemagazine der saudischen al-Qaida als auch Bin Ladens Reden hier oft frühzeitig zu finden gewesen, und Strategiepapiere wie das im zweiten Kapitel beschriebene »Madrid-Papier« wurden hier entdeckt. Die GIMF war also ein guter Indikator, um die Echtheit von al-Qaida-Material zu überprüfen, das in den Foren kursierte. Sogar das Terrornetzwerk selbst wies mehrfach darauf hin, dass nur Dokumente mit dem Label »GIMF« als echt gelten könnten.

Doch im Laufe des Jahres 2005 änderte die GIMF ihren Charakter: Sie entwickelte ein völlig neues Logo, stellte Unterabteilungen vor (unter anderem für den elektronischen Dschihad, für Videos und für Buchpublikationen) und zeichnete sich immer weniger durch Material aus erster Hand aus als vielmehr durch das schnelle Aufbereiten »alter News«. Außerdem begann die GIMF mit den Betreibern der einschlägigen Foren zu kooperieren.[47] Am vorläufigen Ende dieser Entwicklung stand »Die Stimme des Kalifats«. Der neue Wesenszug spiegelte sich in Erklärungen des Führungszirkels der GIMF, der sich plötzlich gebildet zu haben schien. Mitte 2005 etwa meldete sich erstmals ein »GIMF-Generalsekretär« zu Wort, der sich »Saladin II.« nannte:

Oh ihr Söhne des Islam! (...) Oh ihr, die ihr den Sieg des Islam und der Muslime herbeisehnt! Ihr, die ihr die Mudschahidin in ihren Verstecken unterstützen wollt! Die »Front« ruft euch! Und fragt euch: »Wo seid ihr?« Wo ist der Eifer, den wir von euch zu Beginn sahen? (...) Das Projekt der »Front« ist ein Medienprojekt, das hier, im In-

ternet, weitergeführt werden wird. Das Ziel der »Front«
besteht darin, die Wahrheiten und die Angriffe der kreuz-
fahrerisch-zionistischen Medien abzubilden. Die »Front«
verlangt dazu von uns einen langen Atem. (...) Die »Front«
ist das Projekt eines jeden Muslims. (...) Die »Front« ist
das Projekt des Medien-Dschihad, und der Dschihad ist
eines der Tore zum Paradies. Wer den Dschihad mit dem
eigenen Geld oder unter Einsatz der eigenen Person nicht
führen kann (...), wer die Nachrichten der Mudschahidin
und ihre Erklärungen verbreiten will, (...) wer mitwirken
will am Verbreiten des rechten Bewusstseins (...), den ru-
fen wir! (...) Das, was jeder von euch einzeln in den Foren
tut: Vereinigt euch dazu! Macht weiter! Gründet Gruppen!
Gründet Einheiten! (...) Jede Gruppe oder Einheit sollte
sich auf einen Bereich konzentrieren. (...) Das Internet ist
das Medium unserer Wahl, und wir werden hier eine echte
islamische Medienlandschaft etablieren.[48]

An keiner Stelle nahm »Saladin II.« noch in Anspruch,
im Auftrag al-Qaidas zu handeln oder zu dem Netzwerk
zu gehören. Noch expliziter dokumentierte die GIMF ihre
Loslösung von der Urorganisation in einer weiteren Erklärung der »Führung« Ende August 2005:

Die GIMF ist eine islamische Medienbasis im Internet.
Sie ist die Botschafterin der Mudschahidin gegenüber den
Muslimen und jenen Nichtmuslimen, die dem Islam nicht
feindlich gegenüberstehen. (...) Wenn die Amerikaner mei-
nen, sie könnten das Internet als ihr Eigentum betrachten
und es beherrschen, dann (...) werden wir den Zauber gegen
den Zauberer wenden. (...) Die GIMF gehört (ebenfalls)
niemandem. Sie ist das Eigentum aller Muslime. (...) Sie
hat keine geografischen Grenzen. (...) Wir wollen, dass die
Arbeit eines jeden Muslims im Internet unter dem Label der
GIMF stattfindet. (...) Das erste Ziel ist der Sieg der Wahr-
heit (...). Die GIMF gehört zu keiner Organisation oder

bestimmten Gruppe. (...) Wir danken allen islamischen Diskussionsforen und dschihadistischen Internetseiten, die mit der GIMF zusammenarbeiten.[49]

Wegen solcher Mitteilungen muss man die GIMF heute als eine Art Ehrenamtlichen-Brigade al-Qaidas betrachten. Die Freiwilligen spielen in ihr offenkundig die zentrale Rolle. Dasselbe gilt auch für andere Onlinenetzwerke, die sich im Windschatten der GIMF zusammengefunden haben, etwa die »Brigade des Medien-Dschihad«, die schon im März 2005 Freiwillige suchte,[50] oder ein gewisser »abu_safeiha«, der im August 2005 die Internetdschihadis für Aktionen zugunsten der irakischen Mudschahidin zu vereinigen trachtete,[51] oder die »Jihad Media Bridge«, die im April 2006 eine englische Übersetzung von al-Sarqawis Videobotschaft verbreitet.

Die Öffnung gegenüber den Sympathisanten hat al-Qaida zweifellos eine Dauerpräsenz im Internet geschenkt. Diese ist aber, wie sich heute zeigt, durch die Urorganisation nicht mehr kontrollierbar. Ob Osama Bin Laden Freude an der »Stimme des Kalifats« hätte? Wir wissen es nicht. Aber selbst wenn nicht: Er könnte kaum etwas dagegen tun, dass die Weltöffentlichkeit solcherlei als Werk al-Qaidas wahrnimmt.

Nur auf zwei Feldern ist al-Qaida überhaupt noch als Original medial präsent: zum einen, wenn Videos von Osama Bin Laden oder Aiman al-Zawahiri veröffentlicht werden. Das wird zumeist über die »Sahab Foundation« bewerkstelligt, einer Art al-Qaida-Produktionsfirma, die der Urorganisation so nahe zu stehen scheint wie einst die GIMF.[52] Zum anderen, wenn die irakische und die saudi-arabische Filiale Bekennerschreiben oder sonstige Kommuniqués mit ihren Briefköpfen veröffentlichen. In allen anderen Bereichen der Öffentlichkeitsarbeit hat, seit die

Onlinemagazine eingeschlafen sind, das Heer der Sympathisanten die Regie übernommen. Sie prägen das Bild, das die Welt sich von al-Qaida macht, genauso wie Bin Laden.

Fakes und falsche Fährten

Ein Terroranschlag ist wertlos, wenn niemand erfährt, wer für die Tat verantwortlich ist. Osama Bin Laden, Aiman al-Zawahiri, Abu Musab al-Sarqawi und die saudische al-Qaida-Filiale haben deshalb jeweils ihre eigenen Methoden entwickelt, um Anschläge mit der notwendigen Glaubwürdigkeit für sich zu reklamieren: Sie präsentieren Abschiedsvideos der Attentäter oder interviewen die Täter anschließend. Sie verbreiten mit Täterwissen gespickte Erklärungen, die von immer demselben »Sprecher« unterzeichnet sind, oder publizieren ihre Selbstbezichtigungen mit identifizierbaren Logos. Sie alle haben auch schon mehrfach erklärt, wann ihre Bekundungen als authentisch zu gelten haben, und Trittbrettfahrer davor gewarnt, ihre Namen zu missbrauchen. Es sei zwar gut, dass so viele Cyber-Mudschahidin im Netz publizierten, erklärte 2004 die saudische al-Qaida, aber bitte schön: Der Name »Stimme des Dschihad« sei reserviert. Man solle sich ein Vorbild an anderen Gruppierungen nehmen, denen es gelungen sei, »eigene Marken« zu etablieren.[53] Andere islamistische Terrorgruppen, zum Beispiel die zahlreichen im Irak aktiven, orientieren sich an diesen Maßstäben. Untereinander kommen sie sich tatsächlich fast nie in die Quere – nur höchst selten wird ein Anschlag von mehr als einer Gruppe in Anspruch genommen. Für die Anhänger ist die Urheberschaft entscheidend; deswegen sind alle diese Gruppen darauf angewiesen, ihre Vertrauenswürdigkeit nicht zu korrumpieren.

Zugleich aber wissen al-Qaida & Co. und ihre Sympathisanten natürlich, dass nicht nur tatsächliche Anschläge Angst und Schrecken verbreiten, sondern auch bloße Drohungen und Ankündigungen. Um diesen Effekt auszuschöpfen, haben einige Sympathisanten oder Kader der al-Qaida in den letzten Jahren damit begonnen, Pappkameraden aufzubauen: Tarnorganisationen, die behaupten, zu al-Qaida zu gehören, in Wahrheit jedoch (wahrscheinlich) rein virtuell sind. Solche angeblichen Terrorgruppen suggerieren teils mit geschickt gewählten Namen, es gebe einen organisatorischen Zusammenhang zu al-Qaida. Sie tun das, damit ihre Drohungen ernst genommen werden und die Bedrohten entsprechend reagieren. Stellt sich anschließend heraus, dass sie nicht glaubwürdig sind, hat das bereits Konsequenzen für die Bedrohten gehabt – nicht aber für die generelle Glaubwürdigkeit von al-Qaida, weil man ja nicht sicher sein kann, dass das Netzwerk diese Desinformationsstrategie steuert.

Als im Oktober 2004 militante Islamisten auf der Sinai-Halbinsel einen Anschlag auf israelische Touristen verübten, war diese Strategie besonders eindrücklich zu studieren: Binnen zweier Stunden gab es einen Selbstbezichtigungsanruf bei einer Nachrichtenagentur und zwei Glückwunschnotizen im Internet – jedes Mal im Namen einer anderen Gruppierung. Die wahren Täter hatten nach allem, was bisher bekannt ist, mit keiner dieser Gruppen etwas zu tun. Es handelte sich bei den Bekundungen ganz eindeutig um Akte der Desinformation, die zum Ziel hatten, al-Qaida größer erscheinen zu lassen, als sie ist. So meldete sich zum Beispiel auch eine angebliche palästinensische Filiale des Netzwerks zu Wort.[54]

Dass al-Qaida oder ihre Anhänger gezielt Irreführung betreiben, ist eines der wenigen Phänomene, für die es keine bekannten Vorläufer gibt. Nach 9/11 haben es die Sympathisanten oder die versprengten Kader darin allerdings ziemlich schnell zu einer gewissen Fertigkeit gebracht. Die Großmeister in dieser Taktik sind die »Brigaden des Abu Hafs al-Masri«. Sie waren zum Zeitpunkt der Sinai-Anschläge schon Jahre im Geschäft. Es müssten immer mehr »kleine Organisationen gegründet werden (...) so wie die Brigaden des Abu Hafs al-Masri (...), denn das erschwert dem Feind deren Entdeckung (...) und lässt die Anstrengungen der Sicherheitsapparate ins Leere laufen«, forderten sie im Sommer 2004.[55]

Die Brigaden selbst verlegten sich darauf, den Eindruck zu erwecken, ein besonders bedrohlicher Bestandteil al-Qaidas zu sein. Kaum ein größerer Anschlag oder ein Ereignis, das dafür gehalten werden konnte, an dem diese Gruppierung, die unter anderem beanspruchte, so etwas wie der Europa-Arm al-Qaidas zu sein, nicht beteiligt gewesen sein wollte: Den Stromausfall, der im August 2003 Teile der USA lahm legte, schrieben sie sich ebenso gut wie die Anschläge von Istanbul im November 2003 und die von Madrid im März 2004.[56] Als Osama Bin Laden im Frühjahr 2004 seine schon beschriebene »Waffenstillstands-Initiative« startete, schwangen sie sich zudem zu den Gralshütern dieser Offerte auf und wiesen die Europäer, insbesondere die Italiener, fast wöchentlich darauf hin, wie viel Zeit ihnen noch bliebe, bis verheerende Anschläge sie ereilen würden.[57] Zuletzt erklärten diese Trittbrettfahrer des Terrors gar, die Anschläge von London im Juli 2005 gingen auf ihr Konto. Zugleich demonstrierten sie, wie effektiv dieser virtuelle Terror sein kann: Weil sie in ihrem Londoner »Bekennerschreiben« mit Attacken in Dänemark drohten, wurde in dem kleinen Land sofort die Gefährdungsstufe heraufgesetzt.

Jedes Mal, wenn die dubiosen Brigaden sich meldeten, sprangen die Nachrichtenagenturen und Sicherheitsbehörden an, obwohl, wie Yigal Carmon schon im August 2004 ganz richtig schrieb, »bis heute noch nie auch nur ein einziger Aktivist gefasst wurde, der auch nur eine entfernte Beziehung zu dieser Organisation hatte«.[58] Dass diese Gruppe solch einen Effekt auslösen kann, liegt daran, dass sie professionell vorgeht: Außer ihren Drohungen und Warnungen veröffentlichte sie beispielsweise auch eine »Roadmap für die Mudschahidin«, ein Strategiepapier, das sich passgenau in die al-Qaida-Ideologie fügt und es folglich erschwert, die Brigaden einfach als gigantischen Internet-Streich abzutun. Außerdem erschienen ihre Kommuniqués auch in der Mailinggroup der »GIMF«, die zu dieser Zeit noch weitgehend seriös war. Und schließlich machten sich die Hintermänner sogar die Mühe, in besonderen Fällen per Fax bei der in London erscheinenden Tageszeitung »al-Quds al-Arabi« in Erscheinung zu treten. Sie agierten also wie eine tatsächliche al-Qaida-Untergruppe, nur mit dem Unterschied, dass sie nie auch nur einen Anschlag ausführten. Selbst der Name passt ins bekannte Muster: Abu Hafs al-Masri war ein 2001 in Afghanistan getöteter Bin-Laden-Gefährte.

Niemand weiß bis heute etwas Genaues über die »Brigaden des Abu Hafs al-Masri«.[59] Sicher ist nur: Ihre »Arbeit« ist – aus der Sicht al-Qaidas – ein Erfolg: weil sie Angst erzeugt, aber auch, weil sie den Blick des Westens in eine bestimmte Richtung gelenkt hat. Terrorexperten und Sicherheitsbehörden halten Italien beispielsweise für ein besonders gefährdetes Land, weil es am Irakkrieg teilnimmt und mehrfach in al-Qaida-Strategiepapieren als Ziel definiert wurde. Gewiss aber spielt bei dieser Einschätzung auch eine Rolle, dass die »Brigaden des Abu Hafs« das Land insgesamt und den damaligen Premier Silvio Berlusconi persönlich immer wieder mit Anschlägen bedroht haben.

Das eigentlich Interessante ist jedoch: Niemand kann ausschließen, dass wir es nur mit einem einzigen Cyber-Mudschahid zu tun haben. Vielleicht wohnt er in Rom, und seine Stoßrichtung erklärt sich dadurch. Vielleicht hofft er, dass andere Mudschahidin seine Drohungen umsetzen. Vielleicht steckt also hinter dem ganzen Theaterdonner nur ein weiteres »super-empowered individual«. Wenn das Internet geschickt eingesetzt wird, vermag man also noch nicht einmal zu sagen, ob man einer Gruppe oder einem Individuum gegenübersteht. Es kann wie ein Vergrößerungsglas wirken, hinter dem der Einzelne unheimlich verzerrt und riesengroß erscheint.

Angezogen von dieser Medienmacht haben neben den Brigaden im Laufe der letzten Jahre auch andere, ganz offensichtlich auf eigene Faust agierende Cyber-Aktivisten das Geschäft von Desinformation und Täuschung betrieben. Zum Teil haben sie damit ein beachtliches Echo erzielt. Herausragende Beispiele für solche Versuche gab es im Jahr 2005. Im Februar etwa untersuchte die US-Armee tagelang, ob ihr im Irak ein Soldat namens »John Adam« verloren gegangen sei. Denn in dem Diskussionsforum »al-Qal'a« war ein Foto aufgetaucht, das angeblich einen entführten US-Soldaten dieses Namens zeigte; ein Bekennerschreiben war beigefügt. Tatsächlich stellte sich wenig später heraus, dass für das Foto einfach die einem *Marine* nachempfundene Spielzeugpuppe »Cody« in Pose einer Geisel aufgenommen und ein gefälschtes Bekennerschreiben dazu verfasst worden war.[60] Auch zu angeblichen oder tatsächlichen Entführungen von westlichen Staatsbürgern im Irak gab es immer wieder Bekennerschreiben, die keine waren.

Solcherlei Fakes und falsche Fährten stellen für die internationalen Medien ein Problem dar. Im Zweifelsfall wird alles, was denkbar scheint, gemeldet; um die Substanz der Meldung zu analysieren, fehlen meistens Zeit und Kompetenz. Auf der Grundlage dieser Berichterstattung macht sich der durchschnittliche Medienkonsument dann eine

Vorstellung von al-Qaida & Co., die entsprechend verzerrt ist. Begleiterscheinungen werden mit dem eigentlichen Phänomen gleichgesetzt. Vorfälle, die nicht miteinander verbunden sind, erscheinen vernetzt.

Willensbildung im Internet

Auch wenn nur ein geringer Teil der im Netz herumschwirrenden Botschaften mit al-Qaida-Bezug auf die Organisation selbst zurückzuführen ist, gibt es keine bessere Quelle für das Denken, die Sorgen und die Gewissenskonflikte jener, die sich als Teil des internationalen Dschihadismus fühlen. Selbst wenn sie nur mit einem Glas Tee in der Hand in einem Internetcafé sitzen, ist es wichtig zu wissen, was sie glauben und fühlen.

Reuven Paz beklagt, dass die Stellen, die mit Terrorbekämpfung befasst sind, diese Zusammenhänge allzu oft nicht erkennen. Das Militär und die Geheimdienste nähmen immer an, ihr Gegner müsse zwangsläufig in ähnlicher Weise organisiert sein wie sie selbst. »Aber das trifft auf al-Qaida nicht zu.« Paz ist dagegen sicher, dass vor allem aus den Debatten, die im Internet von einfachen Sympathisanten und einigen einflussreichen Vordenkern geführt werden, Trends für die künftige Entwicklung al-Qaidas abgelesen werden können. »Im Internet«, ist er überzeugt, »wird der Mainstream der al-Qaida-Ideologie geprägt.«

Eine dieser Debatten, die im Anschluss an die Anschläge von London geführt wurde, hat Paz nachgezeichnet, um seine These zu untermauern.[61] Die Auseinandersetzung begann damit, dass sich der in London lebende islamistische Vordenker Abu Basir zwei Tage nach den U-Bahn-Bomben auf seiner Website zu Wort meldete und die Anschläge verurteilte. In ungewöhnlich scharfer Sprache brandmarkte er sie als »schändlich und jeder Männlichkeit, mutigen Tat oder Moral entbehrend«. Der als Dschihadist bekannte Denker weigerte sich in seinem Text, britische Zivilisten wegen der Politik ihrer Regierung als »Krieg treibende Personen« zu definieren. Damit stellte er ein zentrales Argument der Dschihadisten in Frage, mit dessen Hilfe sie regelmäßig das Dilemma umschiffen, dass der Koran Mord an Zivilisten glasklar untersagt.

Entsprechend, berichtet Paz, kam es in den Diskussionsforen zu zahlreichen wütenden Protesten gegen diese Verurteilung. Mit einem solchen Aufruhr hatte wiederum Abu Basir nicht gerechnet; er sah sich jedenfalls zu einer Klarstellung veranlasst, in der er betonte, er sei keinesfalls von seiner grundsätzlichen und bekannten Position abgewichen. Er erläuterte vielmehr, dass er im Falle der Anschläge von London die Verhältnismäßigkeit zwischen Tat und Vergeltung nicht mehr gegeben sehe. Im islamischen Recht sei kein Platz für »Rache«, schrieb er. Damit erklärte er den Terror von London für zu brutal, zu wenig zielgerichtet und insgesamt unzulässig – etwas weniger grundsätzlich zwar als zuvor, aber nicht weniger deutlich.

Wieder war die Aufregung groß. Ein anonymer Dschihad-Theoretiker, der den Anschlag unterstützte und sich damit als al-Qaida-Anhänger offenbarte, verfasste eine Erwiderung gegen Abu Basir, um die Deutungshoheit wiederzugewinnen. Reuven Paz deduziert aus dem religiösen Vokabular ziemlich überzeugend, dass es sich vermutlich um einen Saudi-Araber handelt. Vielleicht lebt auch er in London und wollte seinen Namen nicht preisgeben, um nicht ins Visier der Behörden zu geraten. In jedem Fall führte auch er altbekannte theologische Grundsätze zur Verteidigung der Bluttat an, namentlich das Argument, dass es für Muslime nicht statthaft sei, irgendeine Form des Mitgefühls gegenüber Ungläubigen zu empfinden.

144

Nach Reuven Paz' Ansicht wirft dieser Gelehrtenstreit eine wichtige Frage auf: »Wer führt eigentlich wen: die Kämpfer die Religionsgelehrten – oder die Religionsgelehrten die Kämpfer?« In seinem Aufsatz kommt er zu dem Schluss, dass Ersteres der Fall ist: Der Trend gehe dahin, dass islamwissenschaftlich gebildete Terror-Sympathisanten Anschläge im Nachhinein rechtfertigen. Denn aus ihrer Sicht müssen diese Anschläge, wenn die Diskussion um ihre Rechtmäßigkeit erst einmal entbrennt, unbedingt vor Vorwürfen in Schutz genommen werden. Dieses relativ neue Muster resultiert daraus, dass es dank des Internets überhaupt zu *adhoc*-Diskussionen über Terrorakte kommen kann. Dieser Rechtfertigungsdruck setzt eine Radikalisierungsspirale in Gang. Oder wie Reuven Paz es ausdrückt: »Der Dschihadismus gewinnt gegenüber dem Salafismus zusehends an Boden.« (Der Salafismus ist ebenfalls eine Spielart des radikalen Islamismus, aber tiefer in den universell akzeptierten islamischen Rechtsgrundsätzen verwurzelt und an der islamischen Geschichte orientiert. Der Dschihadismus, für den religiöse Legitimität auch eine große Rolle spielt, bietet dagegen all jenen mehr Raum, die vom Schlachtfeld her argumentieren – und den dadurch geschaffenen Fakten mehr Gewicht beimessen.) Die Sympathisanten, durch Abu Basirs Kritik aufgebracht und verstört, konnten sich nach der Erwiderung wieder sicher in ihren Überzeugungen fühlen. Auch wenn einige von ihnen sich Abu Basirs Auffassung angeschlossen haben sollten, sahen sich die anderen ideologisch noch enger zusammengeschweißt.

Debatten über theologische Fragen machen einen nicht zu vernachlässigenden Anteil der Kommunikation in al-Qaida-nahen Diskussionsforen aus. Natürlich sind sie vom Niveau her nicht mit den berühmten historischen Schlagabtauschen der islamischen Geschichte vergleichbar. Aber sie belegen, dass Religion weit mehr als nur ein Feigenblatt für al-Qaida und ihre Sympathisanten ist. Anders ist weder zu erklären, warum das Terrornetzwerk selbst so viel Energie in die Abfassung religiöser Rechtfertigungen investiert, noch warum diese Debatten im Internet überhaupt geführt werden.

Jeden Tag kann man einige sehr interessante Diskussionen dieser Art verfolgen. Gleich zwei liefen zum Beispiel am 3. Januar 2006 ab: Die eine drehte sich um die Rechtmäßigkeit des *takfir*, also des Für-ungläubig-Erklärens anderer Muslime. Die andere kreiste um die Frage, unter welchen Umständen Muslimen der Aufenthalt in den Ländern der Ungläubigen gestattet ist.[62]

Diese zweite Frage hatte ein gewisser »al-Irhabi« (»Der Terrorist«) gestellt. Die umgehend gepostete Antwort bestand aus einem *fatwa*, in dem es unter anderem hieß, im Westen zu leben sei »eine große Gefahr für die Religion eines Muslims«. Schon viele, die dorthin gegangen seien, »sind anders zurückgekehrt, als sie gingen, (...) sind vom Glauben abgefallen oder gar Ungläubige geworden«. Nur unter bestimmten Konditionen, so der Autor, sei der Aufenthalt im Hort des Unglaubens statthaft. Für Diplomaten und Kaufleute beispielsweise. Das Auslandsstudium solle allerdings nur älteren, im Glauben gefestigten Studenten erlaubt werden. Prinzipiell sei die Migration nur gestattet, wenn es möglich ist, die Glaubenspflichten – also etwa Gebet, Armensteuer, Pilgerfahrt – ungestört auszuüben. Wenn man dann dort sei, »muss man missionieren«, hieß es in dem Gutachten. Und »den Unglauben studieren« – um den Feind besser kennen zu lernen. Es fällt nicht schwer, sich auszumalen, welche Wirkung solche Texte auf bereits im Westen lebende al-Qaida-Sympathisanten haben können. Die in dem *fatwa* ausgedrückte grundsätzliche Feindseligkeit gegenüber allen Nichtmuslimen ist nicht gerade integrationsfördernd – und liefert im schlimmsten Fall Argumente für offene Gewalt.

Die erste Diskussion – über den *takfir* – belegte denn auch, dass die Leser solcher Debatten durchaus beeinflussbar sind. Das Antwortposting bestand auch hier vor allem aus Versatzstücken eines *fatwa*. Im Kern hieß es: Wer einen Ungläubigen nicht als Ungläubigen benenne, sei selbst einer. »Ich habe mich gefühlt, als hättest du mit dem Finger auf mich gezeigt«, antwortete einer der Leser dankbar und leutselig. Für ihn war jetzt klarer, wen er als Mitmuslim betrachten sollte und wen nicht. So etwas kann weit reichende Folgen haben, denn durch *takfir* wird jemand zum Abschuss freigegeben. Sein Tod kann in Kauf genommen, sogar herbeigeführt werden.

Eine weitere Illustration für Reuven Paz' These von der nachholenden Radikalisierung der al-Qaida-nahen Gelehrten bot die Debatte über die Statthaftigkeit von Geiselenthauptungen. Sie wurde natürlich auch im islamistischen Internet geführt.[63] Die »Global Islamic Media Front« nahm sich seinerzeit der Sache an, offensichtlich in dem Bestreben, diese Debatte kraft ihrer Autorität als semioffizielles Organ des Netzwerks ein für alle Mal zu beenden und Kritik von vornherein zu ersticken. Sie veröffentlichte ein *fatwa*, das ein gewisser Abu Bara' al-Nadschdi verfasst hatte. Es trug den Titel »Die Steigerung des Guten durch die Wiederbelebung der Praxis, die Ungläubigen zu schlachten«.[64] Wer die Enthauptungen verurteile, hieß es darin, kenne die einschlägigen religiösen Texte nicht. Die Bejahung der Enthauptung machte der Autor an einem Koranzitat fest: »Und wenn ihr sie (die Ungläubigen, Y. M.) seht, dann schlagt sie auf die Nacken.«[65] Dieses aus dem Zusammenhang gerissene Versatzstück ergänzte er mit kurzen Erläuterungen durch berühmte Islamgelehrte und erklärte dann: »Dies ist der deutliche Vers, der auf die Erlaubnis hinweist, Ungläubige zu schlachten, und zwar auch nach ihrer Gefangennahme. Das ist auch das, was die Gelehrten daraus ersehen haben.«[66]

Im Frühjahr 2005 führte ein irakischer Terrorsympathisant eine ähnliche religiöse Rechtfertigung für die Enthauptungen an:

In der Scharia ist von »Nacken abschlagen« die Rede. Köpfen ist nicht besonders schmerzhaft für die Getöteten, weil die Halsschlagader, die zum Hirn führt, durchtrennt wird. Das Opfer spürt keinen Schmerz – es ist eine Gnade für ihn. Und auch der Prophet Muhammad hat gesagt: »Wenn man jemanden tötet, dann sauber.« Er wird also nicht unnötig gequält. Außerdem ist die Wirkung abschreckender als beim Erschießen.[67]

Man kann angesichts solcher Debatten erahnen, wie zentral religiöse Legitimität für die Nachwuchs-Mudschahidin und die al-Qaida-Sympathisanten ist. Um Zweifel ihrer Anhänger zu zerstreuen, unterhalten al-Qaida & Co. deshalb seit jeher eigene Komitees, die sich allein mit der Einhaltung dessen, was sie für die Scharia halten, befassen. Auch hierfür lässt sich das Internet trefflich nutzen.

E-Dschihad vs. Cyber-Kreuzzug

Der 17. Juni 2004 war kein guter Tag für Tim Redd, denn an diesem Tag erfuhr er, dass die Website seiner Landvermessungsfirma im Silicon Valley von al-Qaida gehackt worden war.[68] Natürlich glaubte Tim Redd zunächst kein Wort. Er wollte die Angaben auch nicht selbst überprüfen (wofür er nur seine eigene Internetadresse hätte eingeben müssen). Stattdessen kündigte er an, das FBI einzuschalten.

Doch auch das änderte nichts an der Tatsache, dass bereits zwei Tage zuvor jemand heimlich ein Unterverzeichnis auf der Homepage eingerichtet und darauf unter anderem einen Videofilm abgelegt hatte, auf dem die von der saudischen al-Qaida verschleppte US-Geisel Paul Marshal Johnson zu sehen war. »Download des Films über den gefangenen Amerikaner. Vorzügliche Qualität« – mit diesen und ähnlichen Worten wurde der Link zu Redds Website bereits im islamistischen Internet verbreitet, als er noch nichts ahnte.

Das Hacking, genauer gesagt »defacing«, der Internetseite von Tim Redd war nicht das erste Mal, dass al-Qaida-Anhänger oder -Kader brisantes Material ohne Erlaubnis auf schlecht geschützten Seiten platzierten. Es wurde ja bereits erwähnt, dass Anleitungen für diese Art Internetaktivität im Web kursieren. Solche Zwischenfälle belegen, dass es eine dschihadistische Hackerszene gibt. Sie führt ihren Kampf gegen den Westen allerdings weniger mit groß angelegten Cyber-Attacken als vielmehr mit Nadelstichen der oben beschriebenen Weise: Seht her, nicht einmal eure Websites sind vor uns sicher.

Doch nicht nur al-Qaida hackt – auch ihre Gegner. Weitgehend unbemerkt von einer größeren Öffentlichkeit liefern sich seit Jahren islamistische Webaktivisten und westliche al-Qaida-Gegner einen virtuellen Krieg: »E-Dschihad vs. Cyber-Kreuzzug« könnte die Überschrift für die Scharmützel lauten.

Die erste große Schlacht in dieser Auseinandersetzung fand 2002 statt, als der US-Bürger Jon Messner ausgerechnet die von Yusuf al-Uyairi betriebene Pionierseite www.al-neda.com hackte. Allzu lange währte sein Erfolg allerdings nicht: Vier Tage nach seiner Tat kam al-Qaida ihm auf die Schliche und warnte die Besucher der Website, dort weiter Informationen auszutauschen. Zum Abschied gönnte sich

Messner jedoch einen Spaß, der die al-Qaida-Leser zur Weißglut getrieben haben dürfte: »Hacked, tracked, and now owned by the USA«, ließ er die Ex-Dschihad-Homepage fortan verkünden. Daneben setzte er das Wappentier der USA, einen Weißkopfadler.[69]

Seitdem haben die al-Qaida-Jäger aufgerüstet und sich in Gruppen zusammengeschlossen. Ihr Ziel besteht darin, al-Qaida-nahe Websites (oder was sie dafür halten) zu enttarnen oder zu zerstören. Sie arbeiten ohne Auftrag, ohne Bezahlung und zumeist allein aus Überzeugung. »Keiner von uns hat ein Leben. Wir gehen nicht bowlen, wir spielen kein Golf. Wir machen das hier«, erklärt etwa Douglas Hagman, einer von 18 ehrenamtlich tätigen »Analysten« des »Northeast Intelligence Network« (NEIN). NEIN hat sich die Adresse »homelandsecurityus.com« gesichert, worin zum Ausdruck kommt, dass die Mitglieder ihre Aktivitäten als Selbstverteidigung verstehen. NEIN bietet derweil vor allem Übersetzungen verdächtiger Website-Inhalte an und hackt die Seiten nicht selbst.[70] Aber dass diese »Serviceleistung« den einen oder anderen Hacker auf die richtige Fährte bringt, dürften sie in Kauf nehmen.

Der effektivste Zusammenschluss von Bekämpfern des Online-Dschihad ist »Internet Haganah«, ein von Aaron Weisburd gegründetes Netzwerk. Bis Juli 2005 will er allein 718 islamistische Websites ausgeschaltet haben. Voller Genugtuung markiert Weisburd diese zerstörten Dschihad-Seiten auf der Haganah-Website mit einer nach unten gerichteten Kalaschnikow. »Wenn al-Qaida das Internet nutzt, müssen wir sie dort bekämpfen«, heißt es in der Selbstdarstellung der Internet Haganah.[71]

Jonathan Galt, der auf ähnliche Weise vorgeht, vergleicht sich sogar mit einem legendären Vampirjäger: »Wir sind die selbst ernannten Van Helsings des WWW«, sagt er.[72] Die Aktivitäten von Weisburd, Galt und Hagman sind im islamistischen Internet nicht unbemerkt geblieben. Regelmäßig wird in den Diskussionsforen von gerade laufenden Attacken auf andere Foren berichtet. »Wir werden ein Stachel im Fleisch der Heuchler und Ungläubigen bleiben«, versprach »al-Ansar«, als das Forum sich im August 2005 von den Hackerangriffen erholt hatte und wieder online ging.

Die Tracker-und-Hacker-Szene hält es schlicht für inakzeptabel, dass das Terrornetzwerk al-Qaida und seine Anhänger sich nach Lust und Laune im Internet bewegen können und sogar Anbieter wie Yahoo für ihre Zwecke missbrauchen. Sie machen laufend darauf aufmerksam, wenn sie neue Terrorwebsites entdecken; dann warten sie, ob die Anbieter des Webspace die Seiten aus dem Verkehr ziehen. Wenn nicht, greifen einige von ihnen selbst an. Weil das Internet ein weitgehend rechtsfreier Raum ist, haben sie freie Bahn.

Trennschärfe ist dabei allerdings nicht die Stärke der Terror-Hunter: Alles, was irgendwie nach Islamismus aussieht, setzen sie mit al-Qaida gleich. Eine Unterscheidung zwischen militanten und rein politisch agierenden Islamisten findet nicht statt. Zugleich ist ihr Engagement, insbesondere das von Haganah, nicht folgenlos: Weil die Aktivisten konsequent bei jeder verdächtigen Website, auf die sie stoßen, checken, wo sie gehostet wird und auf wessen Namen sie registriert ist, haben sie eine Menge interessanter Informationen zusammengetragen. Hartnäckig dokumentieren sie Umzüge innerhalb des WWW und decken Personen auf, die mehrere einschlägige Seiten betreiben und folglich zu den Knotenpunkten des islamistischen Internets gezählt werden müssen. Dadurch haben Weisburd und seine Mitstreiter bei offiziellen Stellen das Bewusstsein dafür geschärft, dass die Frage, wer diese Seiten wo betreibt, nicht unwichtig ist. Wegen dieser »Enthüllungen« von Haganah & Co. wissen wir, dass Terrorwebsites auf Servern auf der ganzen Welt gehostet werden und von ebenso internationalen Adressen aus angemeldet wurden. Malaysia, USA, Niederlande und Großbritannien, Katar, Jordanien, Kuwait, Abu Dhabi und Saudi-Arabien: Überall hier waren und sind die Internet-Dschihadisten aktiv, entweder physisch oder virtuell. Nicht immer hilft dieses Wissen, denn natürlich sind die Anmelderdaten oft Phantasieprodukte und nicht zu einer bestimmten Person zurückzuverfolgen. Aber im März 2005 wurden in der Schweiz fünf Islamisten verhaftet, denen man vorwarf, eine terrornahe Website unterhalten zu haben. Anscheinend waren die Festgenommenen an der Website »Islamic-minbar« beteiligt, die in der Tat entschieden al-Qaida-nah war und eine Zeit lang als eine der bevorzugten Abwurfstellen für al-Qaida-Bekennerschreiben diente.[73] Anschließend war sie zeitweise offline; im Frühjahr 2006 feierte sie aber ein Comeback.

Seit ein größeres Fachpublikum auf die Aktivitäten der »Terror-Tracker«-Community aufmerksam geworden ist, wächst allerdings die Kritik an den selbst ernannten »Van Helsings«. Denn ihr Vorgehen erschwert unterm Strich den Geheimdiensten die Arbeit, anstatt sie zu erleichtern. »Terrorexperten meinen, dass diese ›Wachhunde‹ die andauernde Beobachtung islamischer Webseiten behindern und die Terroristen letztlich dazu drängen, weniger einsehbare Wege zu finden, um ihre Botschaft zu verbreiten«, fasste der Journalist Brad Stone im Juli 2005 die einsetzende Debatte zusammen.[74] Tatsächlich lesen Mitarbeiter aller maßgeblichen westlichen und nahöstlichen Geheimdienste auf den dschihadistischen Internetseiten mit. Werden diese ständig zerstört, drohen die Extremisten zunehmend in den »Untergrund« des Cyberspace abzuziehen, wo sie schwieriger wiederzufinden wären.[75] »Durchaus nervig«, erklärt ein deutscher Verfassungsschützer, sei der ständige Beschuss der Seiten deshalb.

Die Frage, wie man mit diesen Terrorwebsites umgeht,

ist also eine sehr grundsätzliche: bestehen lassen und mitlesen – oder vernichten und Quellen verlieren? Thomas Hegghammer, der in diesem Bereich als Autorität gelten kann, glaubt nicht, dass ein Verfolgen und Schließen der Websites um jeden Preis sinnvoll ist: »Man könnte vielleicht ein paar Leute erwischen«, meint er. »Aber man wird nie in der Lage sein, den gesamten Fluss radikaler islamischer Propaganda einzudämmen.«[76] Am Ende, so der norwegische Experte, »würde man eine Menge wütender junger Männer verfolgen, die das alles tun, weil es aufregend ist, und nicht, weil sie wirklich an einem Terroranschlag teilnehmen wollen«.

Aufstieg und Fall von »Terrorist 007«

Für einige dieser »wütenden jungen Männer« bleibt es allerdings nicht bei Phantasien. Das illustriert nichts trefflicher als die Geschichte von »Irhabi 007«, einem Cyber-Dschihadisten, dessen Webidentität »Terrorist 007« bedeutet und der seit 2004 im islamistischen Internet zur Legende wurde: kein al-Qaida-nahes Forum, in dem er nicht beständig Kommentare postete, kein Chatroom, in dem er nicht Links verbreitete, keine Diskussionsseite, auf der er nicht seine illustrierten Schritt-für-Schritt-Kurse zum Hacken von Websites unter die Leute brachte. »Terrorist 007« postete auf Englisch ebenso wie auf (gebrochenem) Arabisch, überall und rund um die Uhr. Durch sein eigenes Beispiel führte er vor Augen, wie einfach es ist, fremde Websites zu hacken, um Terrormaterial zu hinterlegen. Nicht einmal die Autobahnbehörde von Arkansas war vor seinem Defacing sicher. Zuletzt baute »Terrorist 007« sogar eigene Websites, zum Beispiel zur Verherrlichung von Abu Musab al-Sarqawi, mit dessen virtuellem oder echtem

Sprecher »Abu Maisara« er offen im Netz korrespondierte. Kurzum: Er war der Größte. Ein Fan widmete ihm sogar ein Gedicht: »Unser Bruder Irhabi 007, du hast großes Engagement darin gezeigt, diesem Diskussionsforum und dem Dschihad (...) zu dienen. (...) Wir sagen: Mach weiter, mit Gottes Segen.«[77]

»Terrorist 007« war jedem, der das islamistische Internet im Auge hatte, bestens bekannt. Anfang 2006 ereilte all seine professionellen Beobachter jedoch ein zweifacher Schock: Zum einen wurde bekannt, dass »Terrorist 007« offenbar konkrete Planungen für einen Selbstmordanschlag angestellt hatte. Den Vorwürfen der britischen Behörden zufolge wollte er sich wahrscheinlich gemeinsam mit zwei Gefährten um die Weihnachtszeit 2005 herum im Zentrum von London mit Hilfe eines mit Sprengstoff beladenen Wagens in die Luft sprengen. Die zweite Überraschung: Hinter dem Vorzeige-Cyber-Dschihadisten steckte offenbar ein erst 22 Jahre alter Mann.

Es war das in Washington ansässige SITE-Institut, das die Verbindung zwischen »Terrorist 007« und dem wegen Terrorverdachts verhafteten 22-jährigen Younis Tsouli herstellte[78] – beziehungsweise öffentlich machte, wie die Terroristenjäger von Internet Haganah indigniert betonten: »Die Information, dass Irhabi007 im echten Leben Younis Tsouli (...) ist, gegenwärtig Insasse des Belmarsh-Gefängnisses, wurde vom SITE-Institute veröffentlicht. Die Identität von Irhabi007 war (zuvor) einigen Personen mitgeteilt worden als Ergebnis von Untersuchungen, die durch seine Festnahme im Oktober letzten Jahres (2005, Y. M.) ausgelöst wurden.«[79] Diese andeutungsschweren Zeilen sollen wohl nahe legen, dass sowohl dass SITE-Institut (das sich ebenfalls der Suche nach islamistischen Extremisten im Internet verschrieben hat) als auch Internet Haganah bei der Ermittlung der Identität von »Irhabi 007« beteiligt und deswegen in die Ergebnisse der Untersuchung eingeweiht waren. Tatsächlich berichtete Internet Haganah weiter, dass sie »Terrorist 007« seit Jahren observiert und seine Spuren im Netz gespeichert hätten. Sie seien diejenigen gewesen, die ihn in Großbritannien ausgemacht hatten. Offenbar, kann man daraus schließen, werden die »Terror-Tracker« gelegentlich von staatlichen Behörden um Hilfe gebeten.

Wie dem auch sei: Wenn Younis Tsouli wirklich »Terrorist 007« ist, beweist das, dass die Grenze zwischen virtuellem und physischem Terror, zwischen Internet-Dschihad und realen Anschlägen durchlässig ist. Die Ermittlungen, die zu Tsoulis Festnahme führten, deuten darauf hin, dass der 22-Jährige (der wohl kein gebürtiger Brite ist, dessen ursprüngliche Heimat aber noch nicht festgestellt werden konnte) Teil eines losen Netzwerks williger Terroristen war. Zwar geriet »Terrorist 007« durch sein Defacing der Website der Autobahnbehörde von Arkansas zum ersten Mal in den Fokus des FBI, gefunden aber wurde er, weil zwei in Bosnien verhaftete mutmaßliche Möchtegern-Selbstmordattentäter, ein schwedischer und ein türkischer Muslim, seine Verbindungsdaten bei sich trugen. Die beiden 18 und 19 Jahre alten Männer hatten 19 Kilogramm Sprengstoff und einen Sprengstoffgürtel im Gepäck. Bei Tsouli und seinen zwei Kumpanen in London fanden sich Dschihad-Videos und Anleitungen für Sprengstoffgürtel. »Wir sind davon überzeugt: Wenn wir nicht schnell reagiert hätten, wäre in London eine gewaltige Bombe gezündet worden«, zitierte eine britische Zeitung einen Scotland-Yard-Beamten.[80]

Ein 22-jähriger Londoner, der nur gebrochen Arabisch spricht, sich zum Idol Tausender Cyber-Mudschahidin hocharbeitet, persönliche Beziehungen zum »Sprecher« al-Sarqawis wie zu Attentatswilligen auf dem Balkan unterhält und selbst offenbar bereit war, sein Leben in einem Terroranschlag auszulöschen: Fast alles, was das Zusammenspiel von al-Qaidas Ideologie und dem Internet brisant macht, ist in der Geschichte von »Terrorist 007« zu finden.

Umso besorgniserregender ist angesichts einer solchen Biographie, dass die Dschihadisten der neuen Generation – und nicht zuletzt jene, die wie »Terrorist 007« in Europa leben – mit dem Irakkrieg auch noch einen aktuellen Grund gefunden haben, Anschläge zu planen und zu rechtfertigen.

4

Dschihad Revisited:
Ist der Irak das neue Afghanistan?

Wer tötete Fadis Freund?

Die Webcam war ausgeschaltet, der Computer endlich heruntergefahren, da fasste Fadi zusammen, was ihm in diesem Moment durch den Kopf ging: »Ich lebe in einem Land«, sagte er, »in dem meine Bekannten meine Bekannten töten.« Zwei lange Abende lagen da hinter ihm. Am ersten hatte er die Ermordung seines Freundes Muhammad durch irakische Terroristen nacherzählt, am zweiten ein langes Online-Interview mit einem Mitglied einer irakischen Terrorgruppe vermittelt, das ihm ebenfalls bekannt ist. Wahrlich eine schwer zu verdauende Konstellation.

Fadi Abdallah ist ein 30 Jahre alter sunnitischer Iraker. Er ist verheiratet und Vater eines Kindes. Sein richtiger Name lautet anders. Aus Angst vor einer Identifizierung bestand er jedoch darauf, dass dieser nicht genannt wird. Ebenso wenig wie Details über sein Aussehen, seinen Wohnort im Irak oder den Namen der europäischen Großstadt, in der wir uns trafen. Der Irak, den Fadi im Februar 2005 für ein paar Wochen verlassen hatte, war ein unglaublich gefährlicher Ort. So ist es auch heute noch. Die Fronten verlaufen dabei selbst innerhalb von Familien und zwischen Freunden. Und Gefahr besteht beileibe nicht nur für die Besatzungstruppen, sondern auch für jeden Iraker, der den Zorn der Militanten auf sich zieht.

Dutzende militante Gruppen sind in dem Land aktiv, insgesamt engagieren sich seriösen Schätzungen zufolge zwischen 20 000 und 30 000 Männer im Kampf gegen die US-Besatzer, ihre Alliierten und die Institutionen des neuen Irak. Seit dem Fall Bagdads im Frühjahr 2003 drücken sie dem Land ihren blutigen Stempel auf: Täglich sprengen sich Selbstmordattentäter in die Luft, explodieren Tanklaster inmitten von Menschenansammlungen, zerfetzen selbst gebastelte Sprengsätze Betende in Moscheen, landen eilig zusammengeschraubte Do-it-yourself-Raketen in den Kasernen der irakischen Polizei und der US-Armee. Der Gewaltwelle nach Ende des offiziellen Krieges sind bis Mitte 2006 über 30 000 Menschen zum Opfer gefallen. Die Mehrheit sind Iraker.

Die Gruppe, die im Januar 2005 Fadis Freund Muhammad und einen von dessen Kollegen hinrichtete, zählt zum Lager der Dschihadisten und besteht vor allem aus Irakern. Mitglieder der Terrorgruppe »Ansar al-Sunna« ermordeten die beiden Männer per Kopfschuss. Als Begründung genügte ihnen, dass sie angeblich in Diensten einer Firma standen, die auch die US-Armee zu ihren Kunden zählt. So jedenfalls ging es aus dem Bekennerschreiben hervor, in dem sie die Bluttat bekannt gaben: »Obwohl wir wiederholt davor gewarnt haben«, hieß es darin, gebe es immer noch »vom Glauben Abgefallene«, die mit den USA kooperierten. Und weiter:

Zu diesen gehörten jene beiden Mitarbeiter der amerikanischen Firma Proactive, die damit beschäftigt waren, Internetverbindungen in den Basen der Kreuzfahrer-Streitkräfte zu installieren, und zwar in den beiden Städten Mosul und Irbil im Norden des Irak. Genau genommen hatten sie (ihren Auftrag) in Mosul bereits erledigt und waren gerade auf dem Weg nach Irbil, als (...) ihre Festnahme durch die Mudschahidin erfolgte. Nach ihrer Befragung und nachdem sie gestanden hatten, wessen sie bezichtigt wurden, fand die Vollstreckung des göttlichen Urteils an ihnen statt, das heißt der Tod durch Erschießen, auf dass sie eine Mahnung für ihresgleichen werden. (...)(Unterschrift:) Militärischer Arm – Dschaisch Ansar al-Sunna.[1]

Es gab auch ein dazugehöriges Video, das bereits kursierte, bevor Fadi nach Europa kam. Es war eines von dutzenden seiner Art, die zu diesem Zeitpunkt im Internet verbreitet wurden. Mehrere dschihadistische Gruppen, neben den »Ansar« etwa die »Islamische Armee im Irak«, haben diese grauenhafte Praxis der Geiseltötung von Abu Musab al-Sarqawi übernommen. Es war ein beklemmendes Gefühl zuzusehen, wie Fadi das Band anschaute: Vor einem schwarzen Banner mit dem Logo und dem Schriftzug der »Ansar al-Sunna« steht Muhammad, ein gut aussehender junger Mann mit Dreitagebart. In ruhiger Sprache »gesteht« er, für die besagte Firma gearbeitet zu haben. Parallel zeigen die Kameramänner das Material, das Muhammad und sein Kollege bei sich führten: Kisten, in denen Elektromaterial verpackt gewesen war, einige Computerteile sowie die Ausweise der beiden Opfer und die Visitenkarte eines US-Amerikaners. Ein Schnitt. Muhammad und sein Kollege stehen jetzt mit verbundenen Augen vor einer Wand. Einer der Terroristen stellt sich schließlich hinter sie, lädt seine Pistole durch und schießt ihnen in den Kopf. Die beiden Körper sacken in sich zusammen und fallen zur Seite.

»Muhammad war ein großzügiger Mensch«, erinnerte sich Fadi. »Ich würde mein Auto niemals verleihen. Aber er gab es dir, ohne zu fragen, wofür!« Muhammad war ein Klassenkamerad von Fadis Bruder gewesen, Fadi kannte ihn seit neun Jahren und war ebenfalls mit ihm befreundet. Als er starb, berichtete Fadi weiter, war Muhammad Student im vierten Jahr, verdiente aber bereits eigenes Geld:

Zwischen 300 und 400 US-Dollar brachte ihm das Jobben als Monteur ein, im Nachkriegsirak eine Menge Geld. Die Firma, für die er erst vier Monate vor seiner Ermordung zu arbeiten begonnen hatte, zahlte ihm das Doppelte dafür, dass er auch außerhalb Bagdads Aufträge ausführte. Das Geld kam gelegen, denn Muhammad und seine Freundin wollten bald heiraten. Auf seinem Computer fand Fadi nach kurzer Suche ein Foto von Muhammad und seiner Freundin: Arm in Arm, ein hübsches arabisches Paar. Das Bild war im November 2004 aufgenommen worden; da hatte Fadi Muhammad zum letzten Mal gesehen.

Es gehört zu den schwer zu ertragenden Realitäten des Terrors in den Zeiten des Internets, dass Fadi und einige Freunde schon vor der Entdeckung der Leichen wussten, was Muhammad widerfahren war. Fadi arbeitet in einem irakischen Internetcafé – »und jeder im Irak, der in ein Internetcafé geht, surft ständig auf den Seiten der bewaffneten Gruppen herum«. Auf diese Weise stieß Fadi schon bald nach dessen Publikation auf das Erschießungsvideo. Muhammads Familie, die niemand zu informieren sich traute, erfuhr von der Bluttat erst vier oder fünf Tage später, als Muhammads Leiche in einem Straßengraben einige Kilometer außerhalb von Irbil entdeckt wurde.

Muhammad, der glückliche Verlobte auf der einen, Muhammad, die dem Tode geweihte Geisel, auf der anderen Seite: Direkt nebeneinander arrangierte Fadi die beiden Aufnahmen seines Freundes auf dem Monitor, nachdem das Video zu Ende war. »Es ist eine Schweinerei, jemanden einfach so zu erschießen«, sagte er. Im selben Atemzug fügte er jedoch hinzu: »Aber ich kann verstehen, dass die Widerstandskämpfer Kollaborateure bestrafen.« Widerstandskämpfer nannte er die Mörder seines Freundes. Nicht Terroristen.

Wie viele Muslime auf der ganzen Welt sieht auch Fadi in dem Krieg, den die US-geführte Allianz im März 2003 gegen das Regime Saddam Husseins begann, einen ungerechtfertigten Angriff auf ein Kernland des Islam. Die kriegsbegründenden Vorwürfe – der Irak besitze Massenvernichtungswaffen und unterstütze al-Qaida – haben sich in der Tat längst als fingiert herausgestellt, wodurch diese Lesart unzweifelhaft an Plausibilität gewonnen hat.

Anstatt, wie erhofft, mit Blumen begrüßt zu werden, sahen sich die Soldaten der Allianz nach dem Fall Bagdads deshalb mit einem doppelten Aufstand konfrontiert. Auf der einen Seite griffen irakische Nationalisten und Überreste des Ba'th-Regimes zu den Waffen. Auf der anderen Seite strömten Islamisten aus aller arabischen Herren Länder zum Dschihad in das Land und stärkten die Reihen der irakischen Islamisten.[2] Im Vergleich zu den Aufständischen des nationalistischen Lagers stellen die dschihadistischen Gruppen eine Minderheit dar. Zwischen 1000 und 2000 ihrer Krieger dürften jedoch allein aus dem arabischen Ausland stammen. Viele von ihnen werden als Selbstmordattentäter eingesetzt.

Die Grenzen zwischen den beiden Lagern waren allerdings von Beginn an nicht immer eindeutig zu ziehen und sind seitdem weiter verschwommen. So halfen islamistische Glaubenskrieger schon früh regelmäßig den gottlosen Säkularisten, wenn sie in einer bestimmten Gegend ein besseres Netzwerk hatten, und umgekehrt.[3] Bei allen ideologischen Unterschieden eint die Lager schließlich, dass sie die Besatzer als legitimes Ziel von Angriffen betrachten. Einige Unterschiede aber haben Bestand. So kämpfen die irakisch-nationalistischen Gruppen vor allem für einen anderen Irak. Ihre Anstrengungen sind auf ihr Heimatland begrenzt, weshalb Hoffnung besteht, dass sie eines Tages in den neuen Irak eingegliedert werden können. Einige von ihnen verhandeln bereits mit der US-Armee. Die Dschihadisten dagegen kämpfen nicht für den Irak, sondern weil sie glauben, damit eine religiöse Pflicht zu erfüllen.

Diese Differenzen spiegeln sich in der Namensgebung der jeweiligen Bataillone. Im nationalistischen Lager findet man Gruppierungen, die sich beispielsweise »Brigaden der Revolution vom 1920« nennen und damit an den Aufstand der Iraker gegen die britischen Besatzer nach dem Ersten Weltkrieg erinnern. Die Dschihadisten stellen sich dagegen in eine islamisch definierte Tradition und benennen ihre Kampftruppen nach dem irakisch-kurdischen Kreuzfahrerbesieger Saladin oder den frühislamischen Heerführern, die den Irak einst eroberten und islamisierten. Die Dschihadisten sind nicht resozialisierbar, und wir wissen spätestens seit Afghanistan, dass ihre Ideologie sie dazu treibt, direkt nach Beendigung eines bewaffneten Konfliktes in den nächsten zu ziehen. Damals zogen viele Afghanistan-Veteranen nach Bosnien und Tschetschenien weiter; heute ist es kein Zufall, dass etliche von ihnen im Irak aufgetaucht sind.

Die Gruppe »Ansar al-Sunna« (Unterstützer des sunnitischen Islam), die Fadis Freund Muhammad ermordete, ist ein Beispiel für eine ursprünglich irakische Gruppe, die sich – nicht zuletzt unter dem Einfluss des Irakkrieges – dem internationalen Dschihadismus angenähert hat. Ihre Ursprünge reichen zurück zu den kurdisch-irakischen Ablegern der Muslimbruderschaft, die seit den 1950er Jahren existierten. Spätestens ab Herbst 2001 konnte man erkennen, dass die Organisation immer näher an al-Qaida heranrückte: Sie knüpfte Kontakte und entsandte Führungspersonal zum Training nach Afghanistan. War das Ziel der kurdischen Islamisten ursprünglich die Errichtung eines islamistischen Staates im Nordirak gewesen, weitete sich ihr Anspruch mit Beginn des Irakkrieges aus. Das zeigte sich 2003 an einer Namensänderung: Mit der neuen Bezeichnung »Ansar al-Sunna«, die den alten Namen »Ansar al-Islam« ablöste, signalisierten sie eine Öffnung gegenüber dem arabisch-sunnitischen Spektrum im Irak. Die Ausdehnung des Anspruches ging einher mit einer Erweiterung des Aktionsradius in den Zentralirak hinein. Ihr alter Name, wiewohl dem Wortsinn nach offener angelegt, war dafür hinderlich, weil er bekannt war als der einer nach Kurdistan orientierten Gruppe.

Das Ziel der »Ansar«, eine autonome »islamistisch befreite Zone«, steht zu den Bestrebungen des getöteten al-Qaida-Statthalters Abu Musab al-Sarqawi und seiner Gefolgsleute nicht im Widerspruch; deswegen gibt es so etwas wie eine wohlwollende Kooperation zwischen seinem Netzwerk und den »Ansar«, möglicherweise auch mit anderen irakisch-dschihadistischen Gruppen. Darauf deuten gemeinsame Erklärungen hin.

Weil die »Ansar« über Unterstützer in Europa verfügen, die Kämpfer rekrutieren und Geld beschaffen, steht sogar zu befürchten, dass sich mittelfristig Synergien bilden, denn diese Verbindungen dürften für das von al-Sarqawi gegründete Netzwerk interessant sein.[4] Schon jetzt sind die »Ansar« eine der aktivsten Gruppen im Irak, fast täglich veröffentlichen sie Bekennerschreiben zu Anschlägen vornehmlich gegen US-Truppen. Sie orientieren sich ideologisch mittlerweile stark an der von al-Qaida begründeten dschihadistischen Internationale. Das lässt sich unter anderem daran ablesen, dass sie mit dem Karikaturen-Streit im April 2006 ein vollständig jenseits des Irak liegendes Thema aufgriffen.[5] Wahrscheinlich werden die »Ansar« dauerhaft die Reihen der internationalen Dschihadisten verstärken. Damit sind sie ein Beispiel für ein neues islamistisches Terrornetzwerk, das nach und durch den Irakkrieg geboren wurde.

Das Dschihad-Gefühl

Auch Tariq wurde erst durch den Irakkrieg zum Dschihadisten. Er ist ungefähr so alt wie Fadi, und auch sein
Name lautet in Wahrheit anders. Obwohl er, wie Fadi
weiß, nicht einmal aus einer religiösen Familie stammt,
schloss er sich einer islamistischen Dschihadgruppe an,
nachdem die US-geführte Allianz in den Irak einmar-
schiert war. Denn Tariq wurde bald klar, dass er mit
Gewalt gegen die Besatzer kämpfen wollte, und bei der
Suche nach Anschlussmöglichkeiten beeindruckte ihn der
Aufstand der Dschihadisten mehr als derjenige der Nationalisten. Heute gehört er zur mittleren Führungsebene
seiner Organisation. Er ist im Ausland für sie tätig und
gehört damit nicht zu jenen, die sich an der Front in die
Luft sprengen, sondern zu jenen, die mit dem Planen und
Organisieren betraut sind.

Schon am Ende des ersten Abends hatte Fadi per Yahoo-
Messenger kurz Kontakt zu Tariq aufgenommen, um vor-
zufühlen, ob dieser bereit wäre, mit einem westlichen Journalisten zu reden. Tariq willigte ein, solange klar sei, dass
er nicht alle Fragen beantworten würde. Etwa eine Woche
nach dieser Zusage kam ein drei Stunden langes Chat-In-
terview zustande. Als es so weit war und Tariqs Login-ID
auf dem Bildschirm erschien, schob Fadi seine Bierdose und
den Aschenbecher außer Sichtweite der kleinen Webcam,
um seinen Bekannten nicht zu provozieren. Auf dem etwas
grobpixeligen Bild, das sich rasch aufbaute, zeigte sich ein
junger, schlanker Mann mit scharf geschnittenem Backen-
bart, in eine blütenweiße *Dischda'scha* gehüllt. Tariq lä-
chelte und blickte mit durchdringenden braunen Augen in
seine eigene Kamera, die in einem Internetcafé irgendwo in
der arabischen Welt stand. Tariq wollte weder den Namen
der Gruppe verraten, die ihn ins Ausland geschickt hatte

(immerhin erfuhr ich, dass es ein Land am Golf war), noch die Unterstellung kommentieren, er besorge Waffen für die Mudschahidin (ein Verdacht, den Fadi hegte). Aber er hatte keine Probleme damit, freundlich und bestimmt seine Ansichten zu erläutern. Manchmal nahm er sich sogar minutenlang Zeit, bis er eine Antwort sendete:

F: *Tariq, was hältst du davon, dass muslimische Iraker im Namen des Dschihad getötet werden?*
A: Wenn notwendig, muss man den eigenen Bruder, ja sogar den eigenen Vater töten. Weißt du, was die Wahrheit ist? Es gibt keinen Unterschied zwischen Terror und Widerstand. Das alles spielt sich nach dem Vorbild des Propheten ab. In der islamischen Religion gilt, dass jeder, der mit den Besatzern zusammenarbeitet, nicht mehr zu uns gehört. Diese Menschen stehen außerhalb der Glaubensgemeinschaft. Sie sind Ungläubige, wenn sie Nichtmuslimen helfen. Sie wurden alle dutzende Male gewarnt. Aber einige machen es eben trotzdem.
F: *Viele Iraker werden getötet, weil sie für US-Firmen arbeiten. Aber woher sollen die Leute denn das Geld zum Überleben nehmen?*
A: Die meisten anständigen Leute haben ihre Habseligkeiten verkauft, um nicht mit den Amerikanern kooperieren zu müssen. (…) Das Interesse der Gemeinschaft steht über dem des Einzelnen!
F: *Wie meinst du das?*
A: Stell dir eine belagerte Stadt vor. Und stell dir vor, in ihr gibt es zwei Gruppen: die Mudschahidin auf der einen Seite – und die Zivilisten, die nicht in den Krieg ziehen wollen, auf der anderen. Stell dir vor, dass das Essen knapp ist und nicht für beide Gruppen reicht. Und stell dir zudem vor, dass diejenigen, die die Stadt

165

belagern, Ungläubige sind. Wer soll nun das Essen bekommen? Bedenke aber, es ist so: Gibst du den Bürgern das Essen, müssen die Mudschahidin verhungern, und andersherum. Wen also lässt du essen? Nun, es liegt doch auf der Hand: Wenn die Mudschahidin sterben, erobern die Feinde die Stadt und töten alle. Also geben wir das Essen den Mudschahidin. Sie haben eine Chance, die Stadt zu beschützen.

F: Wenn es so wichtig ist, aktiv zu kämpfen, warum hast du dann das Land verlassen und kämpfst nicht im Irak gegen die Ungläubigen?

A: Gott hat die Welt in sechs Tagen erschaffen. (Die arabische Entsprechung für »Noch ist nicht aller Tage Abend«, Y. M.)

F: Macht es denn einen Unterschied, ob die Kämpfer im Irak Einheimische oder Ausländer sind?

A: Ihre Ansichten sind dieselben. Es macht keinen Unterschied, ob sie Iraker, Saudis, Syrer oder sonst was sind. Was sie eint, ist das Glaubensbekenntnis.

F: Al-Sarqawi ist bekannt dafür, viele nichtirakische Araber in seinen Reihen zu haben. Unterscheidet ihn das von anderen Gruppen?

A: Das ist nicht richtig. Jeder Muslim ist des anderen Muslims Bruder. Jede Gruppe hat Iraker und Ausländer.

F: Die saudische al-Qaida-Filiale hat noch im Sommer 2004 behauptet, sie habe Kontakte zum irakischen »Widerstand« und unterstütze ihn. Stimmt das?

A: Ja, es gibt Kommunikation zwischen den Widerstandsbewegungen hier und dort.

F: Gibt es von dort aus Unterstützung für euch?

A: Alle Bewegungen sind sich einig darüber, was Widerstand ist, sie haben ein umfassendes Verständnis davon.

F: *Kennst du ihre Onlinemagazine »Sawt al-Dschi-had« und »Mu'askar al-Battar«?*

A: Ja, kenne ich.

F: *Liest du sie?*

A: Nein. Dafür habe ich keine Zeit.

F: *Und die Enzyklopädie des Dschihad?*

A: So etwas brauchen wir hier nicht. Wir haben genug Kenntnisse. Der Irak ist ein sehr militärisches Land. Jeder hier war Soldat, war im Krieg. Wir sind Experten der Kriegskunst.

F: *Was ist deine Position, falls die USA aus dem Irak abziehen? Wird es dann noch einen »Widerstand« im Irak geben? Oder gehst du dann an einen anderen Ort?*

A: Ich werde nicht aufhören. Es wird einen anderen Anlass geben.

F: *Außer- oder innerhalb des Irak?*

A: Beides. Wo der Dschihad nach uns verlangt, dahin werde ich ziehen. Jeder, der kann, muss die Waffe in die Hand nehmen und kämpfen. Diese Sache betrifft nicht nur den Irak. Auch alle anderen Länder des Islam, die besetzt sind. Und es wird nicht aufhören, bevor alle das islamische Glaubensbekenntnis sprechen und dem koranischen Recht unterworfen wurden.

F: *Was ist es für ein Gefühl, Dschihad zu treiben?*

A: Sobald man mit einem Zielfernrohr den Gegner erfasst und dann einen Panzer in die Luft sprengt – so ein Gefühl kann man nicht beschreiben. Alle deine Begriffe ändern sich. Das kann man niemandem erklären. Dein Selbstwertgefühl als Muslim steigt.[6]

Aus Tariqs Antworten ließ sich ablesen, wie sehr er das dschihadistische Weltbild verinnerlicht hatte – sogar bis zu dem Punkt, dass er auch außerhalb des Irak kämpfen würde. Ebenso klar war, dass er versuchte, die Unterschiede zwischen den irakischen Islamisten und dem von Ausländern dominierten Netzwerk al-Sarqawis herunterzuspielen. Er äußerte sehr deutlich seine Bewunderung für diesen Mann, den selbst Dschihadisten den »Scheich der Schlächter« nannten und der zum Zeitpunkt des Interviews noch lebte. Im Gegensatz zu vielen Irakern, die finden, dass der Kampf gegen die Besatzer ein Kampf der Iraker sei und die ausländischen Kämpfer al-Sarqawis hier nichts verloren hätten, sind die irakischen Dschihadisten der Meinung, dass deren Anwesenheit ein natürlicher, lobenswerter Zustand ist, der nur die Einheit aller Muslime verdeutliche.

Tariqs Antworten zeigen, dass Abu Musab al-Sarqawi im Irak eine Symbolfigur war und wohl auch nach seinem Tod noch bleiben wird, so wie in Afghanistan einst der Ägypter al-Zawahiri, der Palästinenser Azzam und der Saudi-Araber Bin Laden die Symbolfiguren eines als gesamtislamisch aufgefassten Dschihad waren. Al-Sarqawi ist der einzige Dschihadführer im Irak gewesen, der wirklich bekannt war. Seinetwegen kamen hunderte Kämpfer ins Zweistromland. Seine Taktik prägte und prägt noch immer die Terroraktivitäten al-Qaidas im Irak. Wer aber war dieser Mann? Wie hat er diese Position erreicht? Wo kam er her, und was waren seine Absichten, die jetzt vielleicht andere verfolgen?

Al-Sarqawis wahre Ziele

»Willkommen in Sarqa!«, steht auf einem staubigen Plakat am Eingang der heruntergekommenen Industriestadt, die 17 Kilometer von der jordanischen Hauptstadt Amman entfernt liegt. Sie hat sich an den Rändern einer großen LKW-

Piste gebildet und ist in dem Maße gewachsen, in dem erst eine Militärschule, später Industrie angesiedelt wurde und palästinensische Flüchtlinge den Sprung aus den Lagern schafften oder aus den Golfstaaten nach Jordanien zurückwanderten, nachdem sie dort Anfang der Neunziger nicht mehr erwünscht waren. Sandstein-Minarette staken aus dem Weichbild der Stadt, alte Benzintransporter stehen an den Straßenrändern, der Wind weht grüne und rosafarbene Plastiktüten durch stickige Gassen. Hier ist Abu Musab al-Sarqawi aufgewachsen. »Because my life is a nightmare«, steht auf English auf eine Wand geschmiert. Sarqa ist kein schöner Ort, und Erfolgsgeschichten gibt es nicht viele aus dieser trostlosen Stadt zu vermelden.

Es ist nicht sonderlich ertragreich, in Sarqa nach al-Sarqawi zu fragen: Die, die aussehen, als könnten sie etwas mehr über ihn wissen, winken ab; die anderen behaupten, ihn gekannt zu haben, widersprechen sich aber in fast jedem Detail über den Mann, der der Stadt eine zweifelhafte Berühmtheit verschafft hat. »Auf seinem Arm ist ein Schwert eintätowiert«, erklärt ein Mann. »Nein, ein Herz«, sagt ein zweiter. Er habe früher gesoffen und sich immer geprügelt, berichtet einer, der sein Nachbar gewesen sein will. »Abu Musab hat nie einen Tropfen Alkohol angerührt«, entgegnet ein anderer. Ähnliche Unklarheiten durchziehen auch die Bücher von Fuad Hussein und Jean-Charles Brisard, den bisher einzigen Biografen al-Sarqawis: Hatte Abu Musab al-Sarqawi im letzten Jahr, in dem er die Schule besuchte, einen Notendurchschnitt von 87 Prozent (Hussein) oder von 51,6 Prozent (Brisard)? Zog er sich auf den Friedhof neben dem Haus seiner Familie zurück, weil er einsam war, wie Hussein meint, oder weil er schon als Heranwachsender eine »regelrechte Faszination für den Tod« verspürte, wie Brisard behauptet?[7] Wir wissen es nicht. Immerhin sind sich Brisard und Hussein einig über die bonbonbunten Grußkarten, die al-Sarqawi aus dem Gefängnis an seine Mutter schickte.

Trotz aller Unsicherheiten verfügen wir glücklicherweise über ausreichend abgesicherte Fakten, um uns ein Bild vom Dschihad-Führer al-Sarqawi zu machen. Es ist unbestritten, dass er um 1966 herum als Ahmad Fadil al-Khalaila geboren wurde und in ärmlichen Verhältnissen in der Stadt aufwuchs, aus deren Namen er später seinen Kampfnamen ableitete. Entgegen gelegentlich verbreiteten Gerüchten stammt seine Familie nicht aus Palästina, sondern ist so jordanisch, wie es eine Familie nur sein kann: Sie zählt zum Stammesverband der Bani Hasan. Allerdings leben in Sarqa viele Nachfahren palästinensischer Flüchtlinge, worauf Guido Steinberg in seinem Buch nicht ohne Grund hinweist. Denn zwischen den palästinensischen Islamisten in Jordanien und al-Sarqawi bestand eine Art Symbiose: Er rekrutierte viele seiner Anhänger aus diesem Milieu; dafür stellte er mit größerer Beharrlichkeit, als Bin Laden das getan hat, den Palästina-Konflikt und die »Befreiung Jerusalems« in den Vordergrund seiner Ideologie.

Unzweifelhaft ist zudem, dass al-Sarqawi in der Spätphase des afghanischen Dschihad radikalisiert wurde, was er mit vielen Dschihadisten seiner Generation gemeinsam hatte. In seinem Fall geschah dies, Hussein zufolge, in einer kleinen Moschee in Amman, wo er dem Vortrag eines Veteranen beiwohnte – eine Art Paulus-Erlebnis unter islamistischen Vorzeichen. Ende der achtziger Jahre machte er sich selbst auf den Weg zum Schlachtfeld, ein Vorhaben, das damals von den arabischen Regierungen unterstützt und keineswegs als Abgleiten in den Terrorismus gewertet wurde. So lernte al-Sarqawi 1989 in Pakistan seinen späteren Mentor kennen, den jordanisch-palästinensischen Prediger Abu Muhammad al-Maqdisi. Dieser Mann sollte schnell an Bedeutung gewinnen: Schon 1996 beriefen sich die Attentäter des Anschlags in der saudischen Stadt Khobar auf ihn.[8]

In Afghanistan angekommen, stürzte sich al-Sarqawi ebenso wenig wie vor ihm Bin Laden sofort in den Dschihad. Zunächst scheint er als Korrespondent für ein unbedeutendes islamistisches Magazin gearbeitet zu haben. Für den Dschihad gegen die Sowjets war er ohnehin zu spät. Er scheint 1991 gerade noch an der Schlacht um Khost teilgenommen zu haben. Umso stärker entwickelte sich in ihm offenbar der Wunsch, nach Ende der Kampfhandlungen am Hindukusch »einen neuen Feind zu suchen«, wie Fuad Hussein schreibt. Al-Sarqawi kehrte nach Jordanien zurück und suchte in islamistischen Zirkeln nach einer Zukunft. Schließlich gründete er, gemeinsam mit al-Maqdisi, eine eigene Organisation: »Bai'at al-Imam«[9] (Gefolgschaftseid gegenüber dem Imam). Die Absicht dieser Gruppe war die Bekämpfung Israels von jordanischem Boden aus. Bis zuletzt stand dies im Zentrum von al-Sarqawis Denken, auch wenn er seine Liste im Laufe der Zeit um andere Ziele ergänzte.[10]

Die jordanischen Behörden begannen damals freilich zu ahnen, dass die Afghanistan-Rückkehrer zur Gefahr für die Sicherheit des Staates werden könnten, und beschatteten sie, so gut es ging. Schon 1993, nur zwei Jahre nach seiner Rückkehr, wurde al-Sarqawis Gruppe gesprengt. Der Vorwurf lautete, dass sie mit Anschlagsplanungen begonnen hatte. Möglicherweise, meint Steinberg, hoben die Behörden die Gruppe aber nur präventiv aus. Al-Maqdisi, al-Sarqawi und ein rundes Dutzend weiterer Aktivisten wurden zu Gefängnisstrafen verurteilt. Das Strafmaß für al-Sarqawi wurde auf 15 Jahre Zwangsarbeit festgesetzt. Zwar kam er anlässlich der Thronbesteigung König Abdallahs II. 1999 im Rahmen einer Generalamnestie vorzeitig frei. Aber der sechsjährige Gefängnisaufenthalt reichte aus, um ihn nachhaltig zu formen.

Fuad Hussein verbrachte damals – wie im zweiten Kapitel bereits erwähnt – einige Wochen gemeinsam mit al-Sarqawi im Gefängnis. Er ist überzeugt, dass die »Haft ihn mehr geprägt hat als alles, was er in Afghanistan gesehen und erlebt hatte«.[11] In der Haft scheint al-Sarqawi bewusst geworden zu sein, dass er Führungsqualitäten hat. Jedenfalls begründete er dort unter den mitinhaftierten Islamisten eine auf ihn eingeschworene Gemeinschaft. Seine Anhänger waren ihm jederzeit ergeben, erinnert sich Hussein, und al-Sarqawi stieg zu einer Autoritätsperson auf: »Er wurde populär unter hunderten von Inhaftierten mit kriminellem Hintergrund aus den Städten Sarqa und Salt. Die meisten von ihnen wurden ultrareligiös, und viele starben später in den Schlachten in Afghanistan oder im Irak.«[12] Al-Sarqawi und al-Maqdisi hielten regelrechte Audienzen im Gefängnis ab. Hussein konnte beobachten, dass al-Sarqawi seine Haftzeit darüber hinaus mit dem Memorieren des Korans und körperlichem Training verbrachte. »Regelrecht besessen« sei der Terrorist von Büchern über die Zeit der Kreuzzüge und den islamischen Heerführer Nur al-Din Zengi gewesen.

Als er 1999 in Freiheit entlassen wurde, verließ al-Sarqawi das Gefängnis mit einem neuen Feindbild: dem jordanischen Staat. Drei Gründe drängen sich auf, wenn man nach Erklärungen dafür sucht: Zum einen, berichtet Fuad Hussein, habe al-Sarqawi behauptet, er sei von den Behörden gefoltert worden; gut möglich, dass ihn diese Erfahrung gegen sein Heimatland einnahm. Zum Zweiten scheinen politische Gründe plausibel. Schließlich hatte dieser Staat ihn, der sich gegen Israel erheben wollte, eingesperrt. Für jemanden wie al-Sarqawi ist das ein Beweis für die Amerikahörigkeit und Ungläubigkeit der Monarchie. Und zum Dritten hatte die jordanische Regierung auch noch, während er einsaß, einen Friedensvertrag mit Israel geschlossen – der Höhepunkt des Verrats. Ähnlich wie bei Osama Bin Laden gab es also auch im Leben von Abu Musab al-Sarqawi einen Punkt, an dem er mit seinem Heimatland brach. Und genau wie der al-Qaida-Gründer gab al-Sarqawi den Traum, dieses Regime zu stürzen, bis zum Schluss nicht auf.

Wieder auf freiem Fuß, begann al-Sarqawi mit Planungen für Anschläge in Jordanien: Der so genannte »Milleniumsplot«, der zur Jahrtausendwende umgesetzt werden sollte, sah parallele Explosionen an neuralgischen Punkten vor: in Luxushotels der Hauptstadt, an einer christlichen Pilgerstätte am Jordanufer und am Berg Nebo, einem bei christlichen Touristen beliebten Ausflugsort. Al-Sarqawi ging es darum, die Dividende des jordanischen Staates aus dem Friedensvertrag zunichte zu machen, indem er den Tourismus angriff – eine Praxis, die ägyptische Terrorgruppen schon in den 1990er Jahren angewendet hatten. Glücklicherweise wurden die Anschläge verhindert. Al-Sarqawi, nun Staatsfeind Nummer eins in Jordanien, gelang allerdings die Flucht. Er tauchte erst in Afghanistan wieder auf, wo das Taliban-Regime Islamisten aller Couleur Unterschlupf bot. Doch al-Sarqawi blieb kein einfacher Flüchtling. Er machte sich vielmehr daran, sein eigenes Netzwerk zu festigen: In der Stadt Herat, nahe der iranischen Grenze, begann er, ein Ausbildungslager aufzubauen.

Bis heute ist nicht vollkommen geklärt, wie das Verhältnis al-Sarqawis zu al-Qaida in diesen Monaten aussah. Für einen hohen Grad an Kooperation spricht, was Saif al-Adl, al-Qaidas »Nummer drei«, Fuad Hussein in seinem schon erwähnten Brief mitteilte:

Als wir Anfang 1999 hörten, dass Abu Musab in Freiheit war, freuten wir uns sehr. Es überraschte uns auch nicht, dass er mit seinen Gefährten nach Afghanistan gekommen war. (...) Die Informationen, die uns vorlagen, deuteten darauf hin, dass Abu Musab zum Kämpfen nach Tschetschenien ziehen wollte. Es gab aber ein Problem mit den pakistanischen Sicherheitsbehörden (...) und er wurde freigelassen unter der Bedingung, das Land zu verlassen. Abu Musab und seine Gefährten hatten keine andere Wahl, als nach Afghanistan zu gehen. (...) Ich erhielt schließlich Nachricht, dass eine Gruppe Jordanier in Kandahar angekommen war. (...) Ich hatte eine Besprechung mit Aiman al-Zawahiri und Osama Bin Laden (...) und wir erörterten den Fall Abu Musab. Dass es Punkte gab, in denen wir mit ihm uneins waren, war weder unbekannt noch neu. (...) Wir hatten aber Informationen, dass es in Jordanien und Palästina nicht viele Anhänger von al-Qaida oder ihrer Lehre gab. (...) Wie hätten wir uns also die Gelegenheit entgehen lassen können, mit Abu Musab zu kooperieren?[13]

Saif al-Adl berichtet weiter, dass al-Qaida ohnehin ein neues Lager nahe der iranischen Grenze hatte einrichten wollen. Es wurde beschlossen, »dass Abu Musab die Aufsicht erhalten« sollte. Bald habe sich gezeigt, dass der Jordanier »zu einer Führungspersönlichkeit wurde«: Er habe den jordanischen Dialekt zugunsten des Hocharabischen abgelegt und sich strategische Gedanken über die Zukunft gemacht. Schließlich »gelang es ihm auch, Kontakt zu dem kurdischen Netzwerk ›al-Ansar‹ zu knüpfen, das im Nordirak verbreitet war«, teilt Saif al-Adl mit. »Nach zwei Jahren überlegte er dann, einige Gefährten nach außerhalb Afghanistans zu entsenden, um dort zu arbeiten, zu rekrutieren und Geld zu beschaffen. Zunächst dachte er an Deutschland und die Türkei, denn die syrischen Brüder, die sich ihm angeschlossen hatten, hatten in diesen beiden Ländern gute Beziehungen.«

Es scheint, als habe al-Sarqawi sich trotz der Zusammenarbeit derweil davor drücken können, Bin Laden die Gefolg-schaft zu schwören.[14] Seine Unabhängigkeit von al-Qaida betonte er in jedem Fall dadurch, dass er seiner Gruppe einen eigenen Namen gab: »al-Tawhid«. Schon bevor der Name öffentlich bekannt wurde, soll er als Motto auf einem Schild über dem Eingang zu seinem Lager angebracht ge-wesen sein. *Tawhid* ist ein zentraler Begriff der islamischen Theologie, der den unbedingten Monotheismus und den Glauben an die Einsheit Gottes betont. Die Namensgebung ist ein Echo auf die zentralen Lehren seines Mentors al-Maqdisi.[15] Später ergänzte al-Sarqawi den Namen um den unmissverständlichen Zusatz »Dschihad«.

Saif al-Adl bestätigt, dass al-Sarqawi ab circa 2001 in in-ternationalen Maßstäben zu denken begann. Heute wissen wir durch glaubwürdige Schilderungen eines verhafteten Gefolgsmannes, dass in diesem Jahr mehrere Islamisten im Auftrag al-Sarqawis Anschläge planten, und zwar auf eine vermeintlich in jüdischem Besitz befindliche Diskothek und eine Gaststätte im Ruhrgebiet sowie möglicherweise auf eine jüdische Einrichtung in Berlin. Eigentlich hatte der palästinensischstämmige Jordanier Schadi Abdallah in Jordanien zuschlagen sollen. Das verweigerte der Mann jedoch, wohl weil er keine Muslime töten wollte. Er schlug stattdessen vor, jüdische Ziele in Deutschland anzugreifen. Al-Sarqawi gab ihm grünes Licht, sich einer entsprechen-den Zelle anzuschließen: Seinem Weltbild zufolge fiel der Kampf gegen Israel mit dem gegen Juden zusammen.

Außerdem entsandte al-Sarqawi in dieser Zeit, wie eben-falls im zweiten Kapitel schon erwähnt, einen Vertrauens-mann zu einer Art »Terrorkonferenz« nach Istanbul, um Anschlagsszenarien im Mittelmeerraum zu entwickeln.[16] Der Emissär gab später zu Protokoll, dass er vorhatte, israelische Kreuzfahrtschiffe vor der türkischen Küste an-zugreifen, was al-Sarqawis Hauptfokus erneut bestätigt.[17]

Aber auch diese Anschläge wurden vereitelt. Trotz hoch-
fliegender Pläne stand al-Sarqawi also nach wie vor ohne
Erfolg da. Erst im Oktober 2002 gelang ihm der erste Anschlag überhaupt: In der Hauptstadt seines Heimatlandes
wurde in seinem Auftrag der US-Diplomat Laurence Foley
erschossen.

Doch dieser kleine Durchbruch war dem Jordanier nicht
genug. Zugleich beeinträchtigten die mit dem US-Krieg
gegen Afghanistan in Gang gesetzten Veränderungen die
äußeren Umstände von al-Sarqawis Existenz: Die Nordalli-
anz rückte Ende 2002 bedrohlich nahe an Herat heran, und
es war abzusehen, dass sein Camp keinen Bestand haben
würde. Nachdem er zunächst noch an der Schlacht von
Tora Bora teilgenommen haben soll, machte er sich dann
auf den Weg in den Iran. Dort soll er mit den al-Qaida-
Kadern Abu Zubaida und Saif al-Adl sowie dem 9/11-Ver-
schwörer Ramzi Bin al-Schibh Pläne für den Gang in den
Irak diskutiert haben.[18] Auf der Suche nach Alternativen
war es für al-Sarqawi ein Glücksfall, dass sich am Horizont
ein Krieg der USA gegen den Irak abzeichnete. Für einen
ambitionierten Dschihadisten wie al-Sarqawi war das eine
goldene Gelegenheit. Der Irak, durfte er hoffen, könnte für
ihn werden, was Afghanistan für die erste Generation des
internationalen Dschihadismus gewesen war: der Ort der
ultimativen Bewährung, das Schlachtfeld, auf dem man Erfahrung, Rekruten und Prestige sammeln konnte.

Vom Iran aus machte er sich folglich alsbald in den Nordirak auf und etablierte sich im Gebiet der kurdisch-islamis-
tischen »Ansar al-Islam«, einer Vorläuferorganisation der
»Ansar al-Sunna«, zu der Verbindungen ja bereits geknüpft
waren. Wahrscheinlich richtete er dort ein oder zwei Ausbildungslager nach afghanischem Vorbild ein, auf jeden Fall
begann er über sein inzwischen weit verzweigtes Netzwerk
damit, Rekruten in den Nordirak zu holen.[19] Ein gutes Jahr

darauf präsentierte US-Außenminister Colin Powell seine Anwesenheit vor der Uno als Beleg dafür, dass das Regime Saddam Husseins mit al-Qaida zusammenarbeite – eine Interpretation, die so nie richtig war. Al-Sarqawi dürfte sie trotzdem gefallen haben: Der Irakkrieg und sein ganz persönlicher Dschihad konnten beginnen.

Abu Musabs langer Weg zu al-Qaida

Der Krieg der US-geführten Allianz gegen den Irak begann im März 2003. Bis die ersten Anschläge verübt wurden, die man mit hinreichender Sicherheit al-Sarqawi zuschreiben kann, dauerte es indes fast ein halbes Jahr. Nur Schritt für Schritt schob sich der Mann, den die USA persönlich als *Casus Belli* benannt hatten, ins Rampenlicht. Gleich zu Beginn des Krieges wurden Stellungen der »Ansar al-Islam« im Nordirak bombardiert, hunderte Dschihadisten starben. Doch al-Sarqawi hielt still. Erst im Spätsommer – Saddam war mittlerweile gestürzt, aber noch nicht gefasst, die Mission der USA im Irak nach Ansicht von US-Präsident George W. Bush bereits erfüllt – ließ er innerhalb von einem Monat den Irak und die Welt spüren, wozu er in der Lage war. Zunächst sprengte sich ein Selbstmordattentäter vor der jordanischen Botschaft in Bagdad in die Luft; es war der erste Anschlag dieser Art im Irak überhaupt. Dann zündete ein weiterer Mann seinen Sprengsatz vor dem Uno-Hauptgebäude in der irakischen Hauptstadt und tötete neben 21 anderen Menschen auch den Sondergesandten der Weltorganisation, Sergio Vieira de Mello, was zu deren vorzeitigem Abzug führte. Und schließlich ermordete ein Selbstmordbomber den schiitischen Führer Muhammad Baqir al-Hakim in der heiligen Stadt Nadschaf.

In keinem der drei Fälle gab es zunächst Bekennerschreiben. Dass al-Sarqawi im Irak aktiv sei, war deshalb zu diesem Zeitpunkt kaum mehr als ein Gerücht. Zwar lag das wegen der Auswahl der drei Ziele nahe, aber einen handfesten Hinweis gab es erst, als der Jordanier sich nach noch einmal sechs Monaten in einer per Internet verbreiteten Tonbandaufnahme erstmals öffentlich äußerte. Stilgerecht bestand sie aus einem flammenden Dschihad-Aufruf, in dem er die stehende Redewendung von Abdallah Azzam – »Schließ dich der Karawane an!« – aufnahm und auf den Irak bezog. Zugleich ließ al-Sarqawi erkennen, dass er unabhängig zu agieren gedachte: Er nannte seine Gruppe »al-Tawhid wa al-Dschihad«, ein Name, der bald weltberühmt werden sollte.

Es ist interessant, dass die Gruppe keinen ihrer ersten drei Anschläge gegen die US-Armee richtete, auch wenn diese später durchaus ins Fadenkreuz genommen wurde. Der Jordanier machte damit von Beginn an klar, dass er nicht nur eine irakische Agenda verfolgte. Die jordanische Vertretung anzugreifen, enthielt eine Botschaft an sein verhasstes Heimatland. Mit dem Angriff auf die Uno wollte er verhindern, dass eine international legitimierte Organisation den Konflikt beruhigte. Aus ähnlichem Grund ließ er Schiiten attackieren: Da sie rund 60 Prozent der Iraker stellen und sich nach jahrhundertelanger Unterdrückung nun anschickten, den neuen Staat entscheidend mitzugestalten, waren Angriffe auf diese Gruppe das beste Rezept, eine Eskalation herbeizuführen und zu verhindern, dass das Land sich stabilisierte. Was al-Sarqawi mehr als alles andere erreichen wollte, war ein Bürgerkrieg im Irak. So formulierte er es ausdrücklich im Dezember 2004 in einem Brief an Osama Bin Laden, den die USA abfingen.[20] Je umfassender das Chaos im Land, so al-Sarqawis Kalkül, desto einfacher lässt sich der Irak als Basis für Angriffe gegen seine eigentlichen Ziele Jordanien und Israel nutzen.

Von seiner Botschaft an tat al-Sarqawi alles, um seinen eigenen Ruf und den seiner Organisation zu festigen. Ein gelber Kreis, ein stilisierter Koran und ein Gewehr zierten das Logo von »al-Tawhid wa al-Dschihad«, das nach der grausamen Enthauptung von Nicholas Berg im Mai 2004, die al-Sarqawi selbst ausgeführt haben will, in den Medien tausendfach reproduziert wurde. Mit viel Aufwand pflegte er diese eigene, von al-Qaida unabhängige Marke. Es schien, als habe der Jordanier keine Lust, sich der Ideologie von al-Qaida zu unterwerfen. Wer an Terror im Irak dachte, dachte bald nur noch an al-Sarqawi.

Dann allerdings, auf dem Höhepunkt seiner Bekanntheit als unabhängiger, unberechenbarer Schlächter von Bagdad, vollzog er eine Kehrtwende: Am 17. Oktober 2004 verkündete er überraschend doch noch seinen Beitritt zu al-Qaida. »Erfreuliche Nachricht über die Unterstellung der Gemeinschaft ›al-Tawhid wa al-Dschihad‹ unter das Banner der al-Qaida. Gefolgschaftseid des Emirs Abu Musab al-Sarqawi gegenüber dem Scheich Osama Bin Laden«, lautete der Titel der Erklärung, die im Internet verbreitet wurde:

Wir verkünden die Gefolgschaft von »al-Tawhid wa al-Dschihad«, vom Anführer bis zum Soldaten, gegenüber dem Scheich der Mudschahidin Osama Bin Laden, in Sachen des Gehorsams und der Folgeleistung, in angenehmen Zeiten wie in widrigen Umständen, für den Dschihad gegen die Ungläubigen, damit es keine Spaltung der Gemeinschaft der Gläubigen gibt (...). Wenn du befiehlst, werden wir folgen. (...) Du bist der Anführer der Heere des Islam gegen die Ungläubigen![21]

Die Vorteile dieses Deals für al-Qaida lagen auf der Hand: Durch den Übertritt al-Sarqawis war das Terrornetzwerk in einem heißen Krieg präsent, das damit verbundene Prestige würde auch auf sie abfallen. Doch warum gab al-Sarqawi seine mühsam etablierte Marke einfach so auf? Fuad Hussein glaubt, dass der Gefolgschaftseid neue Türen öffnete. »Es ist viel einfacher, unter dem Label al-Qaida an Spenden und Rekruten aus dem Golf heranzukommen«, ist er überzeugt. Das scheint plausibel: Gerade in Saudi-Arabien, wo al-Qaida wegen der Herkunft Bin Ladens unter Terrorsympathisanten hoch angesehen ist, überlegen sich Sponsoren sehr gut, ob sie ihr Geld einem dahergelaufenen jordanischen Freischärler oder dem Original zukommen lassen.[22]

Al-Sarqawi dürfte aber zudem einen langfristigen Effekt im Auge gehabt haben. Denn durch die Unterstellung unter al-Qaida gewann er an Statur. Als einziger Kommandeur in einem heißen Konflikt würde seine Rolle innerhalb des Netzwerks von Beginn an bedeutend sein, und er konnte hoffen, al-Qaida auf einen Kurs zu zwingen, der näher an seinen Vorstellungen lag – und zwar sowohl hinsichtlich der Methoden als auch der regionalen Ziele. Nur Tage nach der Erklärung vollzog al-Sarqawi den Akt der Unterwerfung auch in seiner Öffentlichkeitsarbeit: Er behielt zwar sein Logo bei, der Schriftzug lautete aber ab sofort »al-Qaida im Zweistromland«. Zum Jahreswechsel 2004/05 erklärte Osama Bin Laden seine Freude über den Treueschwur.

Unter dem neuen Namen machte al-Sarqawi nahtlos weiter: Um die anstehenden Wahlen im Irak zu torpedieren, trat er, ebenso wie die anderen im Irak aktiven Terrorgruppen, eine Terrorkampagne los. Bis zu einem Dutzend Bekennerschreiben zu Selbstmordanschlägen verbreitete die irakische al-Qaida-Filiale Anfang Januar 2005 – *täglich*. In einer langen Rede formulierte al-Sarqawi zudem sieben religiös untermauerte Thesen, mit denen er zu begründen versuchte, warum die Demokratie Teufelswerk sei.[23] Er erklärte allen Kandidaten und Wählern den »totalen Krieg« und erreichte mit seiner Einschüchterungstaktik immerhin, dass die meisten Wählerinnen und Wähler in den sunnitischen Gegenden dem Urnengang fernblieben. Am Wahltag waren selbst Wahllokale kein Tabu für al-Sarqawis Selbstmordattentäter, wenn es auch weniger Tote und Verletzte gab als befürchtet. Dafür zeigte sich al-Sarqawi immer brutaler: Ebenfalls im Januar 2005 veröffentlichte er ein Video mit Bildern einer Enthauptung auf offener Straße.[24]

Die al-Qaida-Sympathisanten im Internet bejubelten den Beitritt al-Sarqawis zu Bin Ladens Netzwerk wochenlang. Der Jordanier machte derweil mit blutigen Anschlägen auf die Schiiten immer deutlicher, dass er einen Bürgerkrieg zu entfesseln versuchte. In der al-Qaida-Führung wuchsen die Bedenken gegenüber dieser Strategie. Zwar hält auch Bin Laden – ein Erbe seiner wahhabitischen Erziehung – die Schiiten für Ungläubige; er sieht in deren gewaltsamer Bekämpfung jedoch keine dringliche Aufgabe. Stellvertretend brachte Aiman al-Zawahiri dies in einem ebenfalls abgefangenen Brief zum Ausdruck, den er im Juli 2005 an al-Sarqawi schrieb. Gerade noch höflich schrieb die »Nummer zwei« al-Qaidas:

Deswegen (wegen der Bedeutung des Irak, Y. M.) sehen wir aufmerksam (...) auf deinen Dschihad und deine heldenhaften Taten, auf dass sie ihr angestrebtes Ziel erreichen. (...) Wenn wir die zwei kurzfristigen Ziele betrachten – die Entfernung der Amerikaner und die Errichtung eines islamischen Emirats im Irak, oder ein Kalifat, wenn möglich – dann erkennen wir, dass (...) die stärkste Waffe der Mudschahidin die populäre Unterstützung der islamischen Massen im Irak und den umliegenden islamischen Ländern ist. (...) Dieses Ziel wird nicht erreicht werden durch eine Mudschahidin-Bewegung, die von der öffentlichen Unterstützung abgeschnitten ist, selbst wenn die Dschihad-Bewegung die Methode eines plötzlichen Umsturzes verfolgt. (...) In Abwesenheit von populärer Unterstützung wäre die

*islamische Dschihad-Bewegung zum Scheitern verurteilt.
(...) Aus diesem Grund muss die Mudschahidin-Bewegung
jegliche Aktionen vermeiden, die von den Massen nicht ver-
standen oder gutgeheißen werden. (...) Wir müssen wiederholen, was wir zuvor schon gesagt haben: dass nämlich die
Mehrheit der Muslime dies nicht versteht (...). Es ist dies
der Grund dafür, dass viele deiner islamischen Anhänger
aus dem einfachen Volk sich wundern über deine Angriffe
auf die Schiiten. (...) Es wird Diskussionen geben (...): Ist
dies wirklich unvermeidbar? Oder ist es vielleicht etwas,
das man aufschieben kann?*[25]

Al-Sarqawi verkündete umgehend, der von den USA veröffentlichte Brief sei fingiert; inhaltlich nahm er nicht zu
den Angriffen Stellung. Im Dezember 2004 äußerte sich al-
Sarqawis ehemaliger Mentor al-Maqdisi kritisch über die
Praktiken seines Zöglings: »Er sollte davon absehen, das
Blut von Muslimen zu vergießen, selbst wenn diese Sünder
oder Abtrünnige sind. (...) Es ist besser, tausend Atheisten
am Leben zu lassen, als das Blut eines Muslims zu vergießen.«[26] Auch hier verzichtete al-Sarqawi auf eine verbale
Entgegnung. Er ließ Taten sprechen: Nicht nur führte er bis
zu seinem Tod im Juni 2006 weiter Angriffe gegen Schiiten
durch, im Herbst 2005 wandte er sich auch wieder seinem
Heimatland zu und ließ in der jordanischen Hauptstadt
über 50 Zivilisten ermorden.

Einer der Terroristen sprengte sich am Rande einer von
Jordaniern besuchten Hochzeitsgesellschaft im »Radisson
SAS« in die Luft. Das schockierte die Jordanier über alle
Maßen, und als am folgenden Abend tausende von ihnen
auf die Straße gingen, um gegen den Terror zu demonstrieren, waren unter ihnen auch solche, die nach eigenem Be-
kunden eigentlich große Sympathien für den Landsmann
aus Sarqa hegten. Nun aber erkannten sie, dass die Ziele
al-Sarqawis mit ihrer Vorstellung eines gerechten Dschihad

nicht mehr in Übereinstimmung zu bringen waren, und wandten sich von ihm ab.

Freilich, die Bomben waren kaum eine Überraschung: Schon 2004 hatten die jordanischen Behörden einen gewaltigen Anschlag al-Sarqawis in seinem Heimatland verhindert. Damals hatten die Terroristen mit Sprengstoff beladene LKW in das Hauptgebäude des Geheimdienstes und möglicherweise noch andere Ziele fahren wollen. Zehntausende Tote, ist das zuständige Gericht überzeugt, hätten die Folge sein können.[27] Und erst knapp drei Monate vor den Anschlägen vom 9. November 2005 hatten Gefolgsleute al-Sarqawis von der südjordanischen Hafenstadt Aqaba aus ein US-Kriegsschiff und die israelische Stadt Eilat beschossen, was allerdings weitgehend folgenlos blieb.[28] »Aber das haben wir alles irgendwie nicht geglaubt«, sagte ein Jordanier einen Tag nach der Bombenserie. »Wir brauchten diese Bilder, die tatsächlichen Explosionen, um zu begreifen, was Terror bedeutet, und zu verstehen, dass für Menschen wie al-Sarqawi auch Zivilisten zu den Zielen gehören.« Selbst islamistische Prediger, die sonst zuverlässig auf der Seite von al-Qaida & Co. stehen, fanden diesmal keine Worte der Rechtfertigung.

Die Bomben von Amman belegen, dass die Bedenken al-Zawahiris über einen drohenden Popularitätsverlust nicht unbegründet waren. Das merkte auch al-Sarqawi, jedenfalls versuchte er die verlorenen Sympathien durch fast verzweifelte Rechtfertigungen zurückzugewinnen. Am 18. November 2005, eine gute Woche nach der Bluttat, veröffentlichte er im Internet eine Rede von einer halben Stunde Länge. »Folgende Gründe« hätten dem Terrorakt zugrunde gelegen:[29] Die jordanische Regierung sei ungläubig, die Armee »zum Beschützer des Zionismus« verkommen. Die »Los Angeles Times« habe berichtet, der jordanische Geheimdienst sei für die USA mittlerweile ein wichtigerer

Kooperationspartner als der israelische Mossad. Die CIA bilde Jordanier aus. Jordanien sei das »Hinterland« der USA für den Krieg gegen den Irak gewesen, die Regierung habe »die Türen des Landes für die Kreuzfahrer geöffnet«. »Und vergessen wir nicht das Heer der jordanischen Übersetzer und Kollaborateure im Irak!«, fügte er noch hinzu.

Al-Sarqawi verwandte viel Mühe darauf, sich von dem Vorwurf reinzuwaschen, er habe in ungebührlicher Weise Zivilisten ermordet: »Ich habe nicht einen Moment daran gedacht, Unschuldige ins Visier zu nehmen.« Wenn das sein Ziel gewesen wäre, hätte er einen öffentlichen Markt attackiert. Stattdessen »haben wir zwei Monate lang Informationen gesammelt«, beteuerte er, »bis wir sicher waren, dass in diesen Hotels Treffen US-amerikanischer, israelischer und irakischer Geheimdienste stattfinden«. Am Schluss stellte er Forderungen auf, nach deren Erfüllung er seine Feindseligkeiten gegen Jordanien einstellen wolle: der Abzug der US-amerikanischen und britischen Truppen aus jordanischem Gebiet; die Schließung der Botschaften dieser beiden Staaten in Amman; die Beendigung der Ausbildung irakischer Soldaten durch die jordanische Armee; die Auflösung der angeblichen Geheimgefängnisse der Jordanier für Islamisten; schließlich die Beendigung der diplomatischen Beziehungen zwischen Amman und Bagdad. Die Jordanier müssten begreifen, dass sie Opfer eines unrechten Regimes seien.

Einen derart apologetischen Ton hatte man von al-Sarqawi zuvor noch nicht vernommen. Die Sorge, den Bogen diesmal überspannt zu haben, war deutlich herauszuhören. Das Ziel der Rede war nicht Jubel, sondern Schadensbegrenzung.

Das Ende des Schlächters von Bagdad

Anfang 2006, ein knappes halbes Jahr vor seinem Tod, versetzte al-Sarqawi seine Anhänger unterdessen erneut in Erstaunen: Er legte die Bezeichnung »al-Qaida im Zweistromland« so überraschend wieder ab, wie er sie angenommen hatte. Allerdings scheint dahinter weniger eine Abkehr von al-Qaida als eine (demonstrative) Hinwendung auf den Irak gestanden zu haben – denn er nahm nicht etwa den alten Namen »al-Tawhid wa al-Dschihad« wieder an, sondern ließ die al-Qaida-Filiale in einer Art irakischem Terrordachverband aufgehen.

»Erklärung über die Gründung des Ratgebergremiums der Mudschahidin im Irak« (Madschlis Schura al-Mudschahidin) war das Posting überschrieben, das im Januar 2006 auf der Website »al-Hisba« einlief, wo al-Sarqawi zu dieser Zeit seine Bekennerschreiben veröffentlichte. Neben der irakischen al-Qaida-Filiale waren fünf weitere Gruppen an dem Zusammenschluss beteiligt.[30] Dieser habe, heißt es in dem Gründungsdokument, zum Ziel, die Vertreibung der Ungläubigen aus dem Irak zu koordinieren, die Reihen der Glaubenskrieger fest zu schließen, die »Leidenschaft durch Verzicht auf Streit zu bewahren«, ein »klares islamisches Programm« zu erarbeiten und neue Rekruten zu gewinnen. In einer nachgeschobenen Tonbanderklärung verlieh ein namentlich nicht genannter Sprecher (nicht al-Sarqawi) der Hoffnung Ausdruck, »alle übrigen Gruppen auf dem Schlachtfeld« würden sich anschließen. Von diesem Moment an gab es keine Bekennerschreiben der irakischen al-Qaida-Filiale mehr; sie alle erschienen, ohne besondere Hervorhebung, nur noch als Kommuniqués des »Ratgebergremiums«. Ein neues Logo wurde kreiert: drei Arme, die gemeinsam eine schwarze Fahne mit dem islamischen Glaubensbekenntnis in die Höhe halten.[31]

Was trieb al-Sarqawi zu diesem erneuten Haken an? Wahrscheinlich wollte er mit diesem Schritt sein Image innerhalb des Irak aufpolieren. »Er versucht, nicht länger wie ein Fremder im Irak zu wirken«, vermuteten deutsche Sicherheitsbehörden. Ab Herbst 2005 hatte es mehrfach Meldungen aus dem sunnitischen Dreieck gegeben, dass der Missmut über al-Sarqawi und seine Leute gewachsen sei. Ähnlich wie in Jordanien schien seine Popularität auch im Irak zu sinken – vielleicht weil er, anstatt all seine Energie gegen die Besatzer zu lenken, immer wieder Schiiten und andere Staaten ins Visier nahm. Al-Sarqawi habe sich ange- maßt, »im Namen des irakischen Volkes (...) zu sprechen«, grollte im März 2006 auch Hudaifa Azzam, der Sohn des al-Qaida-Vordenkers Abdallah Azzam, der sich dem iraki- schen »Widerstand« verpflichtet fühlt. Azzam behauptet, Beziehungen zu den Mudschahidin im Zweistromland zu haben, und diese hätten al-Sarqawi sogar dazu gebracht zu versprechen, nicht mehr außerhalb des Irak zuzuschlagen.[32] Ihm sei angetragen worden, »auf sein politisches Amt zu verzichten« und sich auf den militärischen Aspekt zu kon- zentrieren. Ganz gewiss verfolgt Hudaifa Azzam seine eigene Agenda, die Meldung ist deshalb mit Vorsicht zu genießen. Als Indiz dafür, dass al-Sarqawi in dem Land, in dem er hauptsächlich agierte, zuletzt für Ärger sorgte, ist sie sicher gültig.

Vollkommen ist die Mitgründung des »Ratgebergremi- ums« durch al-Sarqawi nicht zu klären, zumal er sie nicht begründete. Aber der Eindruck, dass sie keine Lossagung von Bin Laden bedeutet, erhärtete sich im April 2006, als al-Sarqawi erstmals ein *Video*band veröffentlichte.[33] Zwar sprach er im Namen des »Ratgebergremiums«, huldigte aber erneut und unzweideutig dem »Emir« Bin Laden und erwähnte die irakische al-Qaida-Filiale. Das Video, das aus 15 Minuten Ansprache und 20 Minuten lose zusammengeschnittenen Szenen aus dem Alltag des Terroristen bestand, zeigte einen neuen al-Sarqawi: einen nachdenklichen Dschihad-Führer, der im Schneidersitz neben seinen Regionalkommandeuren sitzt, während diese auf Laptops ihre Fortschritte dokumentieren. Einen, der nicht mehr ins Mikro schreit, sondern sich zurückzuhalten versteht.[34]

Mit dem Video führte al-Sarqawi seinen Drahtseilakt zwischen Konkurrenz und Kooperation mit Bin Laden fort. Außerdem versuchte er, zugleich seinen irakischen Kritikern entgegenzukommen, indem er sich als treu ergebener Diener des Landes präsentierte, um all jene, die seine regionale Agenda teilen, nicht zu verprellen. Der Spagat kulminierte in dem Satz: »Wir kämpfen im Irak, mit Jerusalem im Blick«. Im Kern, muss man annehmen, war es al-Sarqawi einfach nicht so wichtig, in welchem organisatorischen Rahmen er agiert. Er spielte mit den verschiedenen Labels, um seine Sympathisantenbasis möglichst groß zu halten.

Im Irak ist es al-Sarqawi gelungen, sich in die erste Reihe des internationalen Dschihadismus zu katapultieren – doch am 8. Juni 2006 fand diese Karriere des Grauens ihr Ende: Bei einem US-Luftangriff nahe Ba'quba kam al-Sarqawi ums Leben. Noch am selben Tag bestätigte die irakische al-Qaida die »frohe Nachricht« vom Märtyrertod ihres Anführers. Der Tod des Jordaniers wird Folgen haben. Der Dschihad im Irak, den er zu immer neuen Höhepunkten der Grausamkeit führte, wurde vor allem seinetwegen zum Magneten für arabische Freiwillige. Es ist nicht ausgeschlossen, dass Gelder und Rekruten aus den Nachbarländern und dem Golf nun spärlicher fließen. Bereits seit 2005 hat sich eine »Irakisierung« der al-Qaida im Zweistromland abgezeichnet. Immer mehr Iraker rückten in hohe Positionen des Netzwerks auf, Abu Abd al-Rahman al-Iraqi etwa zu al-Sarqawis Stellvertreter bei al-Qaida, Abdallah Raschid al-Baghdadi zum Chef des »Ratgebergremiums der Mudschahidin«. Dieser Trend könnte sich nun verstärken. Auch wenn beide nach al-Sarqawis Tod umgehend Bin Laden die Treue schworen, steht bei ihnen, anders als bei al-Sarqawi, der Irak eindeutig im Vordergrund.

Am 12. Juni erklärte die irakische al-Qaida unterdessen, dass ein »Abu Hamza al-Muhadschir« zum Nachfolger al-Sarqawis ernannt worden sei. Er sei »erfahren, gebildet« und »ein tugendhafter Bruder« – das waren alle Informationen, die über ihn verbreitet wurden. Seine Herkunft blieb unklar. Ob es »Abu Hamza« gelingen wird, die irakischen und nichtirakischen Mudschahidin der al-Qaida im Irak zusammenzuhalten, wird die Zeit zeigen. Es ist gut möglich, dass diese al-Qaida-Filiale nach dem Tod ihres Gründers an Kohärenz verliert, vielleicht sogar zersplittert. So erging es der saudischen Filiale, die nach dem Tod ihres Chefs Abd al-Aziz al-Muqrin 2004 nie wieder ihre alte Schlagkraft zurückgewann.

Dass al-Sarqawi tot ist, wird aber in keinem Fall zu einem zügigen Ende des Dschihad im Irak führen. »Wer Dschihad führt auf dem Wege Abu Musabs – Nun, Abu Musab ist tot. Wer aber Dschihad führt auf dem Wege Gottes – Nun, Gott lebt und stirbt nicht« – mit diesen bemerkenswerten Zeilen versuchte die irakische al-Qaida sofort nach dem Tod al-Sarqawis klarzustellen, dass der Kampf nicht an einer Person hängen dürfe.

Natürlich wird al-Sarqawi dennoch eine Symbolfigur bleiben, wirksam und gefährlich über den Tod hinaus. Schon an seinem Todestag wurde mit der Arbeit an Gedächtnis-Websites begonnen. Seine Faszination ergibt sich nicht zuletzt daraus, dass er dem Bild des in einer Höhle ausharrenden spirituellen Führers Bin Laden das Bild des aktiven Dschihadführers zur Seite stellte. Al-Sarqawi komplettierte so das Image des Netzwerks und ließ es groß, stark und aktiv erscheinen. Für den Gewinn von Sympathisanten war er zuletzt wichtiger als der Rest der al-Qaida-Führung. »Wir sind alle al-Sarqawi«, lautete nicht zufällig einer der ersten Kommentare im dschihadistischen Internet. Das sollte Betroffenheit ausdrücken, war aber zugleich als Drohung gemeint.

Der Moschusduft der Märtyrer

Dass die meisten der ausländischen Kämpfer im Irak sich al-Sarqawi und seinem Netzwerk anschlossen, belegt seine herausragende Bedeutung. Längst folgen seinem Ruf nicht mehr nur Jordanier, Syrer und Palästinenser. Zwar finden einige arabische Freiwillige gelegentlich den Weg zu anderen Organisationen, wie »Ansar al-Sunna«, doch die irakische al-Qaida-Filiale ist ihr Hauptsammelbecken.[35] War es anfangs, vor allem vor Beginn des Aufstandes, noch relativ leicht, als Kämpfer in den Irak zu gelangen, ist der Weg heute, so gut es geht, versperrt. Sowohl die Grenze zu Saudi-Arabien als auch die zu Jordanien ist schwer bewacht; nur die syrische Grenze ist noch verhältnismäßig durchlässig. Zwar hat die US-Armee hier ihre Anstrengungen verstärkt, keine Freiwilligen mehr einsickern zu lassen, und im Herbst 2005 grenznahe Unterschlupfe der Dschihadisten bombardiert, doch vollständig abzuriegeln ist die Grenze nicht. Hinzu kommt, dass – so behaupten es zumindest die USA – die syrischen Behörden wenig kooperativ sind und öfter ein Auge zudrücken, wenn Mudschahidin den Weg aufs Schlachtfeld suchen.

Belege dafür lieferte im Juli 2005 eine im islamistischen Internet verbreitete Broschüre, die offenbar aus al-Qaida-nahen Kreisen stammte und einen Einblick in das Geschäft der Dschihad-Schleuser gestattete.[36] Adressiert war sie »an alle, die sich den Mudschahidin im Zweistromland anschließen wollen«. Der Weg in das Zweistromland, hieß es in dem vierseitigen Leitfaden, sei allerdings »nicht mit Rosen ausgelegt«, sondern »lang und schwierig«.

Bevor man sich auf den Weg mache, empfahl der Autor, solle man sich an die Werber und Schleuser wenden, die es »in vielen arabischen Ländern gibt« und die über »gute Beziehungen zu den Dschihad-Gruppen« im Irak verfügten. Gemeint waren damit Prediger und Vorbeter an radikalen Moscheen. Diese versorgen – ein Verfahren, das den Sicherheitsdiensten mittlerweile bekannt ist – die Dschihadisten mit Adressen, oft von Moscheen in Syrien, wo sie sich zu einer Gruppe zusammenschließen und weitergeleitet werden können. Auch im Internet gebe es Möglichkeiten zur Kontaktaufnahme: »Ich sage euch, Brüder, einige von ihnen sind in unseren Diskussionsforen zu finden!« Allerdings gehörten sie nicht »zu den Stars der Foren«; sie hielten sich eher im Hintergrund, weil sie von den Behörden verfolgt würden und »sehr beschäftigt« seien.

Wer sich in den Dschihad aufmache, der wähle am besten die Route über Syrien, hieß es weiter. »Reise über die Türkei (nach Syrien, Y. M.) ein«, schärfte der Verfasser den Rekruten ein, möglichst unter dem Vorwand einer medizinischen Behandlung oder als Händler getarnt. Am besten sei es, »sich Jeans anzuziehen und einen Walkman mitzunehmen (...) mit irgendwelcher Musik« – womit gemeint war, dass man auf Dschihad-Gesänge verzichten solle. Denn die syrischen Behörden, so die Warnung, achteten jetzt mehr darauf, wer ein- und ausreise. Aus diesem Grund solle man auch nicht versuchen, auf eigene Faust in den Irak zu gelangen. Geschnappt würden so gut wie ausschließlich die Individual-Terroristen. Bei Gruppen hingegen schauten die Syrer angeblich auch mal weg.

Von der syrisch-irakischen Grenze aus würden jeweils »kleine Gruppen von Kämpfern« von den Kontaktmännern aus dem Irak abgeholt. Es könne also dauern, bis man selbst an die Reihe komme. Im Irak gelte dann strikter Gehorsam. »Sag nie ›Ich werde kein Selbstmordattentat durchführen‹ oder ›Ich kann wegen besonderer Umstände nur diese Arbeit ausführen‹ (...)!«, wurden die potenziellen Rekruten ermahnt. Die meisten Mudschahidin nehme im Zweistromland die al-Qaida-Filiale auf, verriet der anonyme Autor weiter. Sie verfüge auch über Verbindungen zu anderen al-Qaida-Zweigstellen »in den arabischen Ländern und im (nichtarabischen) Ausland«. Bei anderen Organisationen müsse man seinen Weg an die Front selber suchen.

Wer die Broschüre verfasst hat, ist unklar. Aber der Autor verhehlte nicht, dass er über einschlägige Erfahrungen im Dschihad-Business verfügt. Er betonte zudem, dass man ja nicht unbedingt in den Irak reisen müsse: »Ob Tschetschenien, Afghanistan, der Irak oder sogar dein eigenes Land, das ja vielleicht von Tyrannen ungerecht regiert wird« – das sei ganz gleich. Diese internationalistische Sicht spricht für einen Autor mit al-Qaida-Affinität, ebenso die Erwähnung einer Rede Osama Bin Ladens.

»Hunderte, ja Tausende«, versicherte der Schreiber, seien auf die von ihm geschilderte Weise ins Zweistromland gelangt. Tatsächlich weiß niemand, wie viele arabische Kämpfer den Weg aufs Schlachtfeld gefunden haben; die Schätzungen schwanken zumeist zwischen 1000 und 2000. Hunderte von ihnen sind längst tot: entweder weil sie in Bombardements oder Gefechten fielen oder weil sie sich selbst in die Luft sprengten.

Im Herbst 2005 kursierten auf mehreren islamistischen Internetseiten Sammlungen von Nachrufen auf Dschihadisten, die im Irak zu Tode gekommen waren (die meisten als Selbstmordattentäter). Das war eine wertvolle Quelle, um etwas über die Herkunftsländer zu erfahren. Wie eine Auswertung von über 200 dieser Dokumente ergibt, stammt weit mehr als die Hälfte der nichtirakischen Selbstmordattentäter aus Saudi-Arabien, was ein grelles Licht auf die Radikalität der Dschihadisten aus diesem Land wirft. Mit großem Abstand folgen Syrien (rund 10 Prozent), Kuwait (rund 6 Prozent) und Jordanien (rund 3 Prozent). Iraker machen demnach etwa 6,5 Prozent aus.[37] Es sind freilich aus dem Irak auch Fälle bekannt, in denen Menschen Selbstmordattentate im Gegenzug für eine finanzielle Versorgung ihrer Familien durchführten oder unwissentlich als menschliche Bomben sterben sollten.[38] Doch rechtfertigen nicht zuletzt solche Märtyrer-Verzeichnisse die Annahme, dass die meisten der Selbstmordattentäter freiwillig und auf der Grundlage ihrer religiösen Überzeugung zur Tat schreiten.

Denn dies ist der zweite, noch höher anzusiedelnde Wert der Nachruf-Kollektionen: Sie erlauben einen Einblick in die Gedankenwelt der Mudschahidin, der persönlicher ist als alle anderen Quellen, auf die wir Zugriff haben, abgesehen höchstens noch von den Zeugnissen überlebender Attentäter. Viele der Orbituarien wurden von Freunden oder Kampfgefährten der Gefallenen verfasst, die sie über Wochen oder Monate begleitet hatten. Dadurch werden ungewohnte Einblicke in den Umgang der Mudschahidin miteinander gewährt. Ein eindrucksvolles Beispiel dafür ist der Nachruf auf einen gewissen »Abu Osama al-Maghribi«, einen jungen Marokkaner. Er verübte einen Anschlag auf das Uno-Hauptquartier in Bagdad, nachdem es vier Wochen zuvor schon einmal – wie oben geschildert – angegriffen worden war:

Ein schweigsamer Berg und ein wärmendes Herz (...). Mein Freund Abu Osama al-Maghribi war jemand, der wenig sprach, immer still war, sich selten in Gesellschaft begab und die Abgeschiedenheit vorzog. Seine Freude war der Koran, ganz so, als ob zwischen ihm und Gott ein

Geheimnis bestünde. Er kam aus dem äußersten Norden Marokkos, aus Tanger. Ein junger Mann in der Blüte seines Lebens, 26 Jahre alt. Mit seinem Vater besaß er dort ein stattliches Restaurant, das ein Einkommen von nicht weniger als 3000 US-Dollar pro Monat einbrachte. Er kaufte ein Stück Land und heiratete. Das war sechs Jahre, bevor er in den Dschihad ziehen sollte. (...)

Er ertrug es nicht, über den Dschihad und dessen Würde zu lesen, danach aber nichts zu tun. Deswegen beschloss der Freund, auf eines der ehrenhaften Schlachtfelder zu ziehen. (...) Er verkaufte sein Stückchen Land, kaufte sich ein Ticket für ein arabisches Land und entschloss sich zum Aufbruch. (...) Eines Tages hörte er (dort) einige junge Männer in seinem eigenen Dialekt sprechen und lernte sie kennen, denn aus dem, was sie redeten, schloss er, dass sie Mudschahidin oder zumindest auf dem Weg dorthin seien. (...) Mit ihnen gelangte er schließlich ins Zweistromland (...) und in mein Haus. (...)

Dann kam die Zeit des Todes, und man verlangte von uns einen Anschlag gegen das Gebäude der Vereinten Nationen. Das Uno-Gebäude war erst einen Monat zuvor angegriffen worden, doch die Arbeit darin ging weiter, und auch die Angestellten waren noch geblieben, wobei es sich um etwa hundert Personen handelte (...). Wir gingen noch einmal den Plan durch, die Art und Weise des Schlages, den Autotyp, der in Frage käme, und die Menge Sprengstoff, die nötig sein würde; schließlich auch die Wege, die weitab von den Sicherheitsbehörden lagen, und so weiter. Abu Osama war der ernsthafteste Planer und drängte am meisten darauf, dass die Aktion schnell stattfände. Er beauftragte uns, seine Familie anzurufen, als seine Mutter uns mitteilte, dass er einen Jungen bekommen hatte, der Osama genannt worden war – als Symbol für die Gemeinschaft (...) Bin Ladens.

Ich ging zu dem Haus, in dem Abu Osama war. In meinem Kopf hatte ich nur die Operation und die Details zu ihrer Durchführung. Ich sprach unter vier Augen mit ihm und teilte ihm mit, dass er für die Aktion ausgewählt worden war. Er freute sich sehr, lachte und bat mich, dass dieser Beschluss vorerst ein Geheimnis zwischen ihm und mir bleiben solle. (…)

Schließlich kam der Tag der Ausführung. Ich brachte ihn in mein Haus, damit er die Nacht vor dem Anschlag für sich alleine hätte, fern der Gefährten. Er begann zu beten und zu weinen. Ich setzte mich hinter ihn und freute mich. Nachts um zwei sagte ich zu ihm: ›Schlaf ein bisschen‹, und er schlief. Ich aber schlief nicht, sondern betrachtete sein Gesicht – und bei Gott, er war schöner als der Mond, wegen der Freude. (…)

Am Morgen, so war es ausgemacht, sollte ich mit ihm losgehen, um das Ziel ein letztes Mal vor der Durchführung zu begutachten und zu prüfen, ob sich etwas geändert hätte. (…) Als er das Ziel sah, erkannten wir, dass der Feind dort eine wichtige Straßensperre aufgebaut hatte. Ich sagte: ›Wird dich das davon abhalten, hineinzugelangen?‹ Er sagte: ›Nein, ich werde, Gott sei gelobt, mit Leichtigkeit darüber hinwegkommen.‹ (…)

Dann (…) holte er sein Auto und flog damit geradezu an mir vorüber. Ich fuhr in meinem Wagen hinter ihm her. (…) Er fuhr im Zickzack zwischen den Autos hindurch, als ob er sich in einem Autorennen befände und Sieger werden wollte. Ich konnte ihm nicht folgen, dann brach ich zusammen und vergoss viele Tränen. Ich hielt mein Auto an und sah zu, wie er sich von mir entfernte und dem Ziel näherte, um in dessen Herz einzudringen und die Herzen der Verbrecher herauszureißen. Dann sah ich plötzlich, wie Feuersäulen in den Himmel aufstiegen, mindestens 20 Meter hoch, begleitet von einem Lärm, der die Ohren betäub-

194

te. *50 Ungläubige kamen bei der Aktion ums Leben. (...)
Möge Gott sich deiner erbarmen, oh Abu Osama!*[39]

In Wahrheit kamen bei dem geschilderten Anschlag nur
der Attentäter und ein Sicherheitsbediensteter ums Leben.
Und auch von dem übrigen Bericht muss man selbstverständlich nicht alles glauben. Trotzdem gibt es keinen
Grund anzuzweifeln, dass der Selbstmordattentäter Abu
Osama in der Tat seine Heimat, seine Familie und sein gesi-
chertes Einkommen aufgegeben hat, um im Irak zu sterben.
Anders als durch den festen Glauben, dass dieser Akt ihm
die Heilsgewissheit im Jenseits einbringen würde, ist das
kaum zu erklären.

Das Motiv, den Reden vom Dschihad endlich Taten
folgen zu lassen, spielt in der Geschichte vom Tod eines
jungen Kuwaitis ebenfalls eine wichtige Rolle:

*Er starb, durch die Erlaubnis Gottes, bei einem Selbst-
mordanschlag gegen die Feinde Gottes in Bagdad (...), und
zwar am vergangenen Samstag. (...) Faisal Zaid al-Mutairi,
auch bekannt als Abu al-Bara'a, war von großem Wuchs
und schönem Charakter. (...) Er war bekannt für seine
Freundlichkeit und mischte sich häufig unter die Muslime
aus Bengalen und Indien. Er mochte sie sehr und (...) hielt
andere an, sie freundlich zu behandeln (...), weil kein Band
über das des Islam gehe. Möge Gott ihn als Märtyrer annehmen! (...)*

*Er war (...) Boxtrainer. Ganz besonders war er beein-
druckt vom Scheich Osama Bin Laden, er sagte einmal
›Das ist der Islam von heute (...)!‹ (...) Er reiste in den
Iran, am Ende des Afghanistankrieges, um sich den arabischen Brüdern anzuschließen, aber Gott gestattete ihm
diese Freude nicht, denn er wurde im Iran festgenommen.
Nachdem er seine Freiheit wiedererlangt hatte, kehrte er
nach Kuwait zurück. Aber das Schicksal seiner Brüder im
Dschihad ließ ihm keine Ruhe, und er suchte im Internet*

und anderswo nach Neuigkeiten von ihnen. Er sagte stets: ›Bleibt nicht mit gefesselten Händen stehen, stachelt die Muslime an und lehrt sie über den Dschihad!‹

Und so begann er damit, die jungen Männer in einem Fitnessclub auszubilden. (…) Er selbst fing auch an, Tonbänder zur Anstachelung zu verbreiten, und verteilte sie in den Moscheen. Als die Ereignisse im Irak dann ihren Lauf nahmen, suchte er nach einem Weg dorthin. Gott ließ es zu, dass sich ihm ein Weg öffnete, und er schloss sich zunächst dem Medien-Dschihad an und filmte fortan viele Anschläge im Irak. Später fing er auch an zu kämpfen. (…) Dann führte er einen Selbstmordanschlag durch, der ihn, so Gott will, ins Paradies eingehen lässt. (…) Betet für ihn, Brüder! (…) Auch dafür, dass ich meinem Freund ins Märtyrertum folge!

Die meisten Dschihad-Kämpfer im Irak sind junge Männer ohne Kampferfahrung, wie ebenfalls aus den wahrscheinlich einigermaßen repräsentativen Listen hervorgeht. Aber auch altgediente Veteranen des internationalen Dschihadismus haben sich auf den Weg in das Land gemacht. Der Saudi Suhail al-Sahli etwa hatte schon in Tadschikistan, Tschetschenien und Bosnien gekämpft und in seinem Heimatland im Gefängnis gesessen, bevor er im kurdischen Nordirak den Tod fand:

Dies ist die Geschichte vom Anführer der Mudschahidin in Kurdistan, von Suhail al-Sahli aus dem Land der zwei Heiligen Stätten (Saudi-Arabien, Y. M.). (…) Es gefiel Gott, ihm den Weg in den Dschihad zu weisen. Das erste Dschihad-Schlachtfeld, auf das er seine Füße setzte, war Tadschikistan. (…) Als er dort ankam, war er noch jung an Jahren. (…) Er fiel aber durch seine Herzensgüte und Überzeugung auf. (…) Aus Tadschikistan kehrte er nach Saudi-Arabien zurück, um seine kranke Mutter zu sehen. Er verbrachte ein wenig Zeit bei ihr, brach dann aber nach Bosnien auf. Dort traf er auf uns, und ich werde meine Freude über seine

Ankunft nie vergessen! (...) Er sehnte sich schon da sehr nach dem Märtyrertum auf dem Wege Gottes. (...) Er blieb eine Weile als Kämpfer und Missionar in Bosnien, kehrte aber nach dem Ende der Kampfhandlungen nach Saudi-Arabien zurück.

Dort wurde er von den Sicherheitsbehörden eingesperrt. Während er im Gefängnis saß, starb seine Mutter. Kaum, dass er entlassen wurde, machte er sich dann auf nach Tschetschenien. (...) Danach kehrte er wieder nach Saudi-Arabien zurück. Abermals wurde er von den Sicherheitsdiensten verhaftet und diesmal zu fünf Jahren verurteilt. (...) Er wurde in dieser Zeit auch gefoltert. (...) Als ich ihm wieder begegnete, da war (...) seine Moral ungebrochen, (...) und er hatte nicht aufgehört, Gott um den Märtyrertod zu bitten.

Und als die Dinge im Irak in Bewegung gerieten (...), da flog er geradezu nach Kurdistan! Die Mudschahidin dort freuten sich sehr, als er ankam, (...) wegen seiner langen Erfahrung im Dschihad. (...) Sie erkoren ihn einstimmig zum Anführer der arabischen Truppen. Und in einer der Schlachten mit den (kurdischen, Y. M.) Peschmerga-Truppen und den Heuchlern, da stand er wie ein Löwe (...)! Danach sank er als Märtyrer dahin (...). Moschusduft verbreitete sich, und jeder konnte es riechen.

Dem ließen sich problemlos weitere Beispiele hinzufügen. Der 20-jährige Saudi Ahmad al-Ghamidi etwa wollte eigentlich Arzt werden und studierte in der sudanesischen Hauptstadt Khartum Medizin. Angestachelt durch die Propaganda von al-Qaida »hob er jedoch all sein Geld ab, (...) zog in den Irak (...) und wurde der Held einer einzigartigen Operation in Mosul«. Die bestand darin, dass er sich in einem Café in die Luft sprengte und 24 Menschen tötete. Auf einer dieser Listen wird als »Nummer 114« ein saudischer Kaufmann geführt, »der sich von den weltlichen

Dingen lossagte«; »Nummer 144«, erfährt man, hatte eine schwangere Frau. Und der »Löwe von Nasiriyya«, der im Südirak fiel, war Student an einer deutschen Universität, wie sein Nachrufer, angeblich ein Kommilitone, mitteilt.

Dieses Panorama von Dschihadistenbiographien belegt überzeugend, dass man keine Gehirnwäsche braucht, um in den Irak zu ziehen und zum Mörder zu werden. Bei fast keinem der Einträge drängt sich überdies der Verdacht auf, da sei ein Suizid als Märtyrertod getarnt worden. Die Vorstellung, es handle sich beim Dschihad im Irak um einen rechtmäßigen Kampf, ist eben sehr weit verbreitet. Das ist der sinnvollere Schluss aus diesen Dokumenten. Dasselbe gilt für die Überzeugung, es sei erstrebenswert, für diese Sache zu sterben, und zwar nicht nur im direkten Kampf gegen die Besatzer, sondern auch als Selbstmordattentäter. Von Libyen bis Frankreich, von Marokko bis Saudi-Arabien, von Deutschland bis in den Jemen gibt es Menschen, die diese Vorstellungen teilen – und auf dieser Grundlage bereit sind, zu handeln.

Ein neues Afghanistan?

Muslime vergleichen die islamische Welt manchmal mit dem Fell einer Trommel: Ganz gleich, wo es geschlagen wird, die Schwingungen pflanzen sich in alle Richtungen fort, und bald vibriert die gesamte Oberfläche. Der Krieg gegen den Irak war ein riesiger Paukenschlag auf dieser islamischen Trommel – ein Einmarsch in eines der größten und geschichtsträchtigsten islamischen Länder, in das Land, von dem aus die abbasidischen Kalifen jahrhundertelang das islamische Weltreich regiert hatten. Angesichts dieser Dimension verblasste der Umstand, dass die erklärte Absicht des Krieges der Sturz des Saddam-Regimes war. Anders als im Golfkrieg

1991 war diesmal außerdem Bagdad das Ziel. Diese Stadt ist ein Symbol für die Geschichtsmächtigkeit der islamischen Welt, vergleichbar Damaskus oder Kairo, übertroffen nur noch von Mekka, Medina und Jerusalem. Seit im Dezember 1979 die Sowjetunion in Afghanistan einmarschierte, hat das Fell der islamischen Trommel deshalb nicht mehr so stark geschwungen wie heute. Eine Folge ist, dass sich Dschihad-Kämpfer aus der gesamten arabischen Welt zur Verteidigung des Zweistromlands aufgemacht haben – und sich weiter aufmachen. Neue Terrornetzwerke haben sich im Irak gebildet, neue Terrorpraktiken werden ersonnen und erprobt. Haben die USA und ihre Verbündeten im Irak also einen Nährboden für den Dschihadismus entstehen lassen, anstatt einen vermeintlichen Terrorsumpf auszutrocknen? Haben sie »ein neues Afghanistan« geschaffen?

Wenn der Vergleich zwischen Afghanistan und dem Irak bemüht wird, soll damit zumeist einer bestimmten Sorge Ausdruck verliehen werden: Dass der Krieg gegen den Irak für die Terrorbekämpfung, die ja seine ursprüngliche Rechtfertigung war, nicht nur einen Fehlschlag, sondern sogar einen Rückschritt bedeutet. Dass also die Monster, die man vernichten wollte, erst kreiert wurden und die Gefahr durch Terroristen größer ist als vorher. Tatsächlich sind jedoch die Ausgangskonstellationen zwischen dem Afghanistan der 1980er und 1990er Jahre und dem Irak von heute viel zu unterschiedlich, als dass sie einen seriösen Vergleich erlauben würden. Was soll denn verglichen werden? Der Kampf der arabischen Mudschahidin gegen die Sowjets mit dem Kampf der arabischen Mudschahidin gegen die US-geführte Allianz? Oder die Entstehung terroristischer Netzwerke in Afghanistan *nach* Beendigung der Kampfhandlungen und *nach* dem Abzug der Sowjets mit der Entstehung neuer terroristischer Netzwerke im Irak *nach* dem Ende der offiziellen Kampfhandlungen, aber *vor* dem Abzug der USA? Oder ein Konflikt, der sich über mehr als ein Jahrzehnt hinzog, mit einem, der gerade drei Jahre dauert? Schon an dieser Gegenüberstellung wird deutlich, dass nur einzelne Facetten der beiden Schauplätze überhaupt einen Vergleich zulassen.

Sich mit der Frage des »neuen Afghanistan« zu befassen, ist deshalb nur sinnvoll, wenn man diese Formulierung als Chiffre betrachtet. In etwa so, wie die Chiffre »Vietnam« für eine dräuende Niederlage der US-Armee steht. Behält man diese Einschränkung im Auge, lassen sich in der Tat Parallelen zwischen dem Irak und Afghanistan finden. Aber ebenso kann man klare Unterschiede ausmachen.

Die wichtigste Parallele ist: Genau wie seinerzeit Afghanistan nimmt heute der Irak den prominentesten Platz im kollektiven Bewusstsein der Gemeinschaft der Muslime und der Islamisten ein. Das hat unmittelbare Konsequenzen wie etwa den steten Fluss von Spendengeldern oder Rekruten in den Irak. Im Juni 2004 hieß es in CIA-internen Quellen, dass sich »seit Monaten die Beweise für die Unterstützung der irakischen Aufständischen durch mehrere Wohltätigkeitsorganisationen« häuften. Man habe die Sorge, es mit einem »ähnlichen Phänomen hinsichtlich Art und Umfang« zu tun zu bekommen wie Anfang der 1990er Jahre in Afghanistan. Im Januar 2006 wurden in Spanien über ein Dutzend Männer unter dem Vorwurf festgenommen, sie hätten Kämpfer zu Selbstmordattentätern ausgebildet und in den Irak geschleust – beileibe kein Einzelfall: Netzwerke von Unterstützern wurden auch in Deutschland und Italien aufgedeckt. Al-Sarqawis Organisation scheint ebenfalls keine Nachschubprobleme zu haben, offenbar hat sie aber vor allem Zugriff auf Spenden und Personal aus den Golfstaaten. Diese Ressourcenflüsse können dazu führen, dass die im Irak heute bestehenden Terrornetzwerke Bestand haben und zumindest auf dem aktuellen Niveau weiter agieren.

Die US-Regierung musste im April 2006 einräumen, dass der Irak mittlerweile der Brennpunkt des internationalen Terrorismus ist.[40]

Afghanistan ist allerdings nicht nur deswegen ein Menetekel, weil der Dschihad gegen die Sowjets damals besonders viele Kämpfer oder Spender anzog, sondern weil sich dort eine *Idee* und eine *Infrastruktur* bildeten. Auf den Schlachtfeldern am Hindukusch entstand der internationale Dschihadismus als Vorstellung, Ideologie und Gedankengerüst. Umgesetzt werden konnte er jedoch nur, weil die Akteure die Möglichkeit hatten, sich dauerhaft zu organisieren und Strukturen zu errichten. Als die Sowjets Afghanistan verließen, blieb das Land am Hindukusch im Wesentlichen sich selbst überlassen. Afghanen kämpften gegen Afghanen; am Ende setzten sich die Taliban durch. Eine internationale Präsenz, gar eine Besatzung, gab es nicht. Das ist der größte Unterschied zum Irak. Zwar versuchen die Mudschahidin auch hier gelegentlich, Stützpunkte zu errichten oder Städte einzunehmen, aber bislang konnten sie sie nie halten. Solange die US-Armee im Land ist, wird ihnen das auch nicht gelingen. Und selbst danach dürfte im Irak, bei aller Schwäche der Institutionen des neuen Staates, wohl kaum ein derartiges Vakuum wie in Afghanistan entstehen. Denn der neue irakische Staat wird von der Mehrheit der Bevölkerung unterstützt, er ist sogar demokratisch legitimiert. Seine Armee und Sicherheitskräfte werden von den USA sowie anderen westlichen und arabischen Staaten ausgebildet – weil alle ein Interesse daran haben, dass das Land sich stabilisiert. Der Irak ist strategisch viel zu wichtig, um ihn seinem eigenen Schicksal zu überlassen, ganz anders als Afghanistan in den 1990er Jahren.

Der einzige Weg, diesen Prozess auszuhebeln, besteht darin, einen Bürgerkrieg anzuzetteln. Genau deshalb ist dies die Strategie al-Sarqawis gewesen. Doch auch wenn er das Land fast so weit gebracht hat und einige radikale schiitische Gruppen zu Gegenreaktionen provozieren konnte: Er selbst hat dieses Ziel nicht erreicht, und es ist nicht besonders wahrscheinlich, dass es seinem Nachfolger gelingen wird. Die schiitische Mehrheit ist mit dem neuen Staat weitgehend ausgesöhnt, und auch unter den Sunniten stieg zuletzt die Wahlbeteiligung. Konflikte wird es sicher noch lange zwischen diesen und anderen Gruppen geben, aber einen voll ausgebildeten Bürgerkrieg eher nicht.

Es ist also nicht davon auszugehen, dass der Irak dauerhaft eine *physische* Basis des internationalen Dschihadismus wird. Man muss dabei auch die Proportionen im Auge behalten, gerade im Vergleich zu Afghanistan: Am Hindukusch hielten sich im Laufe der Jahre mehrere Zehntausend arabische Dschihadisten auf, von denen etliche die Ausbildungslager durchliefen. Im Irak ist die Zahl wesentlich niedriger. Das mag auf den ersten Blick verwundern, lässt sich zum einen jedoch dadurch erklären, dass Afghanistan, wenn auch wesentlich weiter entfernt, für Araber viel einfacher zu erreichen war. Viele islamische Regime stellten seinerzeit sogar subventionierte Flugtickets zur Verfügung. Heute, da diesen Staaten bewusst ist, dass die Rückkehrer für sie eine Bedrohung darstellen, versuchen sie zu verhindern, dass sich Freiwillige in den Irak aufmachen. Ein zweiter Grund besteht darin, dass der Irak ein ungleich tödlicheres Schlachtfeld darstellt, als es Afghanistan je war: Wer in den Irak reist, muss damit rechnen, entweder getötet zu werden oder die Forderung zu erfüllen, sich in die Luft zu sprengen. Am Hindukusch ging es vergleichsweise gemütlich zu: In den Lagern der al-Qaida blieb man unbehelligt, an die Front musste man nur, wenn man wollte; und viele kamen nicht einmal unbedingt zum Kämpfen.

Entwarnung kann man deswegen aber nicht geben. Denn bestimmte Prozesse, die sich gerade im Irak abspielen, haben schon in Afghanistan gefährliche Folgen gezeitigt. Eine Beruhigung der Lage im Irak steigert nämlich paradoxerweise das Risiko von Anschlägen – *außerhalb des Irak*. Dschihadisten haben eine internationale Agenda. Sollte der Dschihad im Irak mit einer Niederlage enden, werden sie ihr Engagement an anderen Orten der Welt fortführen. In etwa so, wie die Afghanistan-Kämpfer nach Ende des Dschihad gegen die Sowjets zum ersten Mal und bei Beginn des Afghanistankrieges zum zweiten Mal in alle Welt ausschwärmten – und heute für Anschläge von Riad bis Istanbul verantwortlich sind. Selbst wenn Abu Musab al-Sarqawis Nachfolger im Irak scheitern sollten, müsste das deshalb nicht das Ende der Bedrohung bedeuten. Das schlimmste Szenario wäre, dass es ihnen gelingt, vom Irak oder einem anderen Ort aus das internationale Geschäft al-Qaidas an sich zu ziehen. Wenn sie also das Vakuum ausfüllten, das durch die Zerschlagung der Mutterorganisation entstanden ist, und sie mit einer neuen, kampferprobten Generation von Planern und Organisatoren in den USA, Europa und anderswo zur Tat schreiten.

Es sind also ganz spezifische Bedrohungen und Mechanismen, die der Konflikt im Zweistromland in Gang gesetzt hat. Den Irak einfach als ein zweites Afghanistan zu beschreiben, wird dem nicht gerecht. Die größte Gefahr, die geschaffen wurde, ist dabei vielleicht, dass der Irakkrieg schon jetzt – bevor Veteranen in nennenswerter Zahl zurückgekehrt sind – zu Terroranschlägen außerhalb des Landes führt. Sowohl die Attentäter von London als auch jene von Madrid rechtfertigten ihre Bomben mit dem US-geführten Waffengang im Zweistromland. Der Irakkrieg ist so zu einer Frischzellenkur für al-Qaida & Co. geworden, zu einer neuen *psychologischen* Basis des internationalen Dschihadismus.

Heißt das dann auf der anderen Seite wenigstens, dass

wir in Deutschland aufatmen können? Schließlich hat sich die Bundesrepublik ja nicht am Krieg gegen den Irak beteiligt. Die Antwort auf diese Frage ist eindeutig: Nein.

5

Dschihad in Deutschland: Terror aus der Mitte der Gesellschaft?

Das Gift sickert ein

Als Herbert Landolin Müller sich das erste Mal mit dem Thema Dschihad befasste, war der Vater von Osama Bin Laden in Saudi-Arabien noch bekannter als sein Sohn und Abu Musab al-Sarqawi nichts weiter als ein kleiner Unruhestifter irgendwo in Jordanien. Die Deutungshoheit über den Dschihad-Begriff hatten noch nicht die militanten Islamisten inne, sondern eine andere Spezies bewaffneter Muslime: die Kämpfer in Marokko und Algerien, die sich gegen die französischen und spanischen Truppen aufgelehnt hatten. Sie deklarierten ihren antikolonialistischen Befreiungskampf – zum Teil mit Unterstützung europäischer Mächte – mit derselben Selbstverständlichkeit als Dschihad wie Osama Bin Laden und seine Anhänger ihren Terrorismus heute. Und mit genau dieser Dschihad-Interpretation beschäftigte sich Müller, Student der Islamwissenschaften in Freiburg, in seiner Doktorarbeit.

Inzwischen ist Herbert Landolin Müller Leiter der »Kompetenzgruppe Islamismus« beim Landesamt für Verfassungsschutz Baden-Württemberg. Bei ihm hat sich das Bewusstsein erhalten, dass Dschihad nicht immer gleich Terror gegen unschuldige Zivilisten bedeuten muss und über die meiste Zeit der islamischen Geschichte auch nicht bedeutet hat. »Nicht jeder, der vom Dschihad faselt, ist gleich ein Gotteskämpfer«, sagt der Mann, zu dessen Aufgaben es gehört, die Radikalen unter den Muslimen in seinem Bundesland im Auge zu behalten.[1] In seinem Büro in der Stuttgarter Taubenheimstraße steht ein rosafarbener Moschee-Wecker, an den Wänden hängen Mitbringsel aus den arabischen Ländern Nordafrikas. Panikmache liegt Müller fern. Man kann es an vielen seiner öffentlichen Äußerungen ablesen, zum Beispiel an dieser: »Wenn einer von unseren ›Kunden‹ im Internet eine Kalaschnikow bestellt, macht uns das noch nicht nervös«. Und trotzdem – fragt man Müller nach der Wahrscheinlichkeit, dass in Deutschland eines Tages ein Anschlag von islamistischen Terroristen stattfindet, sagt auch er: »Ich glaube, es wird kommen. Aber wir wissen noch nicht, wo oder wann.«

Deutschland im Fadenkreuz? Tote Zivilisten, die aus U-Bahn-Schächten in Berlin-Mitte oder der Hamburger Innenstadt geborgen werden? Ein Selbstmordattentat in der Kölner Fußgängerzone oder vor einer Synagoge irgendwo in Deutschland? Ein radioaktiv verseuchter Flughafen Frankfurt gar, wie es der ZDF-Journalist Elmar Theveßen in einem Horrorszenario in seinem Buch »Terroralarm« durchspielt?[2] Wie alarmiert müssen, wie gelassen können wir in Deutschland sein?

Die »Kompetenzgruppe Islamismus«, der Müller vorsteht, ist einzigartig in Deutschland. Zwar gibt es in jedem Landesamt für Verfassungsschutz Arabisten und Islamwissenschaftler, die beschlagnahmte Dokumente oder mitgeschnittene Moscheepredigten analysieren. Aber nirgendwo gibt es mehr Expertise an einem Ort als hier in Stuttgart-Bad Cannstatt und nimmt man sich mehr Zeit, sich mit der Gedankenwelt islamistischer Terroristen auseinander zu setzen. Allein sieben Islamwissenschaftler arbeiten mit Müller zusammen, insgesamt sind es 40 Beamtinnen und

Beamte. Sie haben tagtäglich mit allem zu tun, was Anlass zur Sorge geben muss.

»Es gibt Leute«, sagt Müller zum Beispiel andeutungsschwer, »die reisen verdammt viel.« Damit meint er bekannte Islamisten, die ihren Urlaub in islamischen Ländern eventuell dazu nutzen, verdächtigen Aktivitäten nachzugehen, vielleicht Kontakte zu Terroristen pflegen oder knüpfen, vielleicht Geld für militante islamistische Gruppen schmuggeln. So verfügt etwa das irakisch-kurdische »al-Ansar«-Netzwerk über belastbare Beziehungen in mehrere europäische Länder. Vor allem nach Italien, aber auch nach Deutschland.

»Es gibt andere Leute«, fährt Müller fort, »die bekommen plötzlich Stipendien, um in Dschidda oder Medina zu studieren.« Damit spielt er auf eine mögliche Radikalisierung an saudi-arabischen Hochschulen an – ein Vorgang, für den es bereits einen Präzedenzfall gibt: der deutsche Konvertit Christian Ganczarski nämlich, der im Anschluss an ein Gratisstudium in Saudi-Arabien nach Afghanistan reiste und sich al-Qaida anschloss.[3] Der Einblick des Landesamtes für Verfassungsschutz endet freilich an den Grenzen Baden-Württembergs, schließlich handelt es sich um einen Inlandsnachrichtendienst. Aber immer, wenn verdächtige »Kunden« nach wochen- oder monatelanger Abwesenheit wieder auftauchen, nehmen die Behörden sie sich genauer vor. Dabei steht ihnen ein klassisches Instrument, das Gewinnen von Verbindungsleuten, jedoch nur in begrenztem Maße zur Verfügung. Das sei in diesen Kreisen »für den Laien unvorstellbar schwer«, wie Müller eingesteht.

Ein Besuch in Stuttgart-Bad Cannstatt offenbart zugleich, dass all das, was in anderen Teilen der Welt die Sympathisanten des islamistischen Terrorismus auf Linie bringt und anstachelt, längst auch in Deutschland angekommen ist. »Ansteckungsgefährliche Stoffe« steht auf einem Aufkleber an dem gewaltigen 17-Zoll-Monitor, ein Gag mit ernstem Hintergrund. Denn hier ist der Arbeitsplatz von Dr. Markus Kaiser, genannt »Dot.Com-Kaiser«, einem der Mitarbeiter der »Kompetenzgruppe Islamismus«. Früher hat Kaiser sich mit Internetauftritten von Rechtsextremisten beschäftigt, heute behält er gemeinsam mit dem promovierten Islamwissenschaftler Benno Köpfer islamistische Websites im Auge und prüft Querverbindungen nach Baden-Württemberg. Die gibt es durchaus: Mindestens einen Server, auf dem sich eine gespiegelte al-Sarqawi-Website befand, orteten die Stuttgarter Verfassungsschützer. »Das größte Gift«, sagt Köpfer, »ist die Verbreitung der al-Qaida-Ideologie.« Sie lässt sich allerdings kaum stoppen und inspiriert ihre Konsumenten auch hier dazu, vom schlichten Leser zum Aktivisten und Multiplikator zu werden. So wurden bei Razzien im Ländle schon die gesammelten Ausgaben des al-Qaida-Militärmagazins »Mu'askar al-Battar« zu Büchern gebunden entdeckt. USB-Sticks voller Dschihad-Videos und Bin-Laden-Reden sind bei Haussuchungen in Islamistenkreisen ebenfalls keine Seltenheit. »Einige der Personen, die wir im Auge haben«, ergänzt Müller, »treiben sich auf den einschlägigen al-Qaida-nahen Websites herum. Sie brennen das Material auf CDs und verteilen es weiter, manchmal mit selbst gebastelten Covern.« Mittlerweile beobachten Müllers Mitarbeiter, dass in einigen Moscheen sogar Argumentationsfiguren Osama Bin Ladens aufgegriffen werden. »Ob das bewusst oder unbewusst passiert, können wir gar nicht feststellen«, konstatiert Müller. »Aber die Propaganda sickert durch, so viel ist klar.«

Deutschland im Fadenkreuz

Bislang hat es in Deutschland noch keinen islamistischen Terroranschlag gegeben. Nach einhelliger Meinung der deutschen Sicherheitsbehörden heißt das jedoch nicht viel. Denn dass in Hamburg lebende Studenten zu den Organisatoren und Ausführern der Anschläge vom 11. September 2001 gehört haben, war bereits Warnung genug. Man kann davon ausgehen, dass es im Land noch weitere gewaltbereite, von Bin Laden & Co. beeinflussbare und bereits beeinflusste Islamisten gibt. Mindestens drei Anschläge, die in Deutschland stattfinden sollten, konnten außerdem verhindert werden: 2002 wollte eine an Abu Musab al-Sarqawi angebundene Zelle Anschläge gegen jüdische und vermeintlich in jüdischen Händen befindliche Einrichtungen in Berlin und im Ruhrgebiet durchführen. Im Frühjahr 2003 soll der Tunesier Ihsan Garnaoui geplant haben, inmitten einer Demonstration in Berlin einen Anschlag auszuführen.[4] Und Ende 2004 hoben die Sicherheitsbehörden eine Gruppe kurdischer Iraker aus, die zu »Ansar al-Islam« gehörten und offenbar vorhatten, den damaligen irakischen Interimspremier Iyad Alawi während eines Staatsbesuches in Berlin zu ermorden. Spätestens seitdem ist klar: Anschläge auf deutschem Boden sind ein realistisches Szenario.

Unmittelbar nach dem 11. September 2001 war das vielen noch nicht bewusst. Die deutschen Behörden standen zunächst vollständig unter dem Eindruck der ungeheuerlichen Tatsache, dass der größte Terroranschlag in der Geschichte der Menschheit offenbar in Deutschland geplant werden konnte. Sie schlossen daraus, dass die Bundesrepublik Terroristen vor allem als »Rückzugsraum« diene und diese das Land, in dem sie derart unbehelligt agieren konnten, nicht angreifen würden. Dieses Gedankenmodell ist passé, dafür haben die vereitelten Anschlagspläne gesorgt, aber auch die

Erkenntnis, dass die Bundesrepublik niemals die alleinige Organisationsbasis für die 9/11-Anschläge gewesen ist.[5] »Deutschland«, sagt heute etwa Wolfgang Gatzke, Direktor des nordrhein-westfälischen Landeskriminalamtes, »ist keineswegs nur Rückzugsraum islamistischer Terroristen, sondern Teil eines europäischen Gefahrenraums.«[6]

Inzwischen denken die Behörden in anderen Kategorien. Etwa 200 »Top-Gefährder«, die in der Bundesrepublik leben, haben sie identifiziert. Die versuchen sie, so gut es geht, im Auge zu behalten, denn unter diese Rubrik fassen sie solche Islamisten, denen sie die Planung oder Durchführung von Terroranschlägen aufgrund ihrer Vorgeschichte jederzeit zutrauen. Es handelt sich vor allem um Personen, die al-Qaida-Ausbildungslager in Afghanistan durchlaufen oder schon an einem »heißen Dschihad« teilgenommen haben, etwa in Tschetschenien oder in Bosnien.

Ein gutes Beispiel ist der ägyptischstämmige Reda Seyam. Er wird verdächtigt, die Anschläge auf Bali im Oktober 2002 mitfinanziert und einschlägige Verbindungen zu al-Qaida-nahen Kreisen unterhalten zu haben. Er selbst gibt nur zu, während der Balkankriege an der Seite der kämpfenden Muslime dokumentarisches Filmmaterial angefertigt zu haben. Weil ihm keine konkreten Straftaten nachgewiesen werden können und er zudem einen deutschen Pass hat, kann er weder verurteilt noch abgeschoben werden. Mehr oder weniger unbehelligt lebte er lange in einem kleinen Nest in Süddeutschland, heute in Berlin.

Niemand geht unterdessen davon aus, dass die Liste der »Top-Gefährder« vollständig ist. Einige, die auf die Liste gehören würden, leben unerkannt in Deutschland. Andere wiederum, deren Namen sich darauf finden, gehen gelegentlich regelrecht verloren, was die zuständigen Behörden naturgemäß jedes Mal in Aufregung versetzt. Ist der jetzt in den Irak aufgebrochen? Oder in Deutschland untergetaucht, um im Untergrund einen Anschlag zu organisieren? »Noch immer«, sagt Herbert Landolin Müller, »ist es für potenzielle neue Rekruten wichtig, Kontakt zu jemandem zu haben, der schon einmal Pulverdampf gerochen hat.« Das ist einer der Gründe, warum die Beschattung der »Top-Gefährder« solch einen hohen Stellenwert hat. Die Sorge, dass sich in ihrem Dunstkreis neue Zellen bilden, ist groß.

Allerdings sind die »Top-Gefährder« nicht die einzige Gruppe, von der potenziell Gefahr ausgeht. Sie sind lediglich so etwas wie die »erste Generation« von Dschihadisten und als solche oft sogar einfacher zu identifizieren als ihre Nachfolger, weil sie sich jahrelang in al-Qaida-Nähe herumgetrieben haben. Weder die »Tawhid«-Gruppe, die Anschläge auf jüdische Ziele plante, noch die kleine Gemeinschaft, die sich zusammentat, um den irakischen Übergangspremier Allawi zu ermorden, fiel jedoch in diese Kategorie. Ihre Mitglieder gehörten schon zur »zweiten Generation«, bei deren Protagonisten der Weg von der Radikalisierung zur Anschlagsplanung wie im Zeitraffer absolviert wurde – weswegen sich auch nicht so viele verdächtige Spuren in ihren Pässen und Lebensläufen finden. Spätestens seit sich in London im Juli 2005 drei pakistanischstämmige Briten und ein konvertierter Jamaikaner in die Luft sprengten, ist auch den Behörden in Deutschland klar, dass nun bereits eine dritte Generation vor der Tür steht. Scheinbar integriert und angepasst, inmitten der britischen Gesellschaft aufgewachsen, schlugen die U-Bahn-Bomber wie aus dem Nichts zu. »Ich glaube, es wird kommen. Aber wir wissen noch nicht, wo oder wann«: Ein Teil der pessimistischen Prognose von Verfassungsschützer Müller wurzelt in dem Wissen, dass Anschläge so genannter »Clean Face«-Täter kaum zu vereiteln sind.

»Abstrakt hoch« – das ist deshalb nicht ohne Grund die Phrase, mit der seit dem 11. September 2001 die Behörden zunächst unter SPD-Innenminister Otto Schily und nun unter Wolfgang Schäuble (CDU) die Gefahrenlage in Deutschland charakterisieren. Das heißt: Wir haben keine konkreten Erkenntnisse, dass diese oder jene Gruppe oder Person an dem oder einem anderen Tag einen Anschlag auf ein bestimmtes Ziel vorhat, aber wir glauben, dass in diesem Land Menschen leben, die wahrscheinlich gerade an einem Plan basteln, in Deutschland zuzuschlagen.

Aber warum eigentlich in *Deutschland*? Steht die Bundesrepublik wirklich im Fadenkreuz des internationalen islamistischen Terrorismus? Wer hat überhaupt was für ein Motiv, massenhaft ausgerechnet *deutsche* Zivilisten zu töten? Die beiden bisherigen Großanschläge al-Qaidas in Europa waren doch schließlich der Tatsache geschuldet, dass die Regierungen Spaniens und Großbritanniens am Irakkrieg teilgenommen haben – im Gegensatz zu Deutschland. Und auch die verhinderten Anschläge hatten ja nicht die Bundesrepublik als solche zum Ziel, sondern im ersten Fall einen irakischen Politiker, der sich gerade in Deutschland aufhielt, und im zweiten Fall deutsche Juden, die von Islamisten wegen ihrer Religionszugehörigkeit, nicht wegen ihrer Staatsangehörigkeit angegriffen werden.[7]
    Natürlich sind das rhetorische Fragen. Denn Zahl oder Ziel tatsächlicher oder verhinderter Anschläge sind allein kein hinreichender Maßstab, um die künftige Gefährdung eines bestimmten Landes zu bemessen. Eine entscheidende Rolle spielt das Bild, das Terroristen von diesem Land haben. Deshalb ist es sinnvoll, sich zunächst mit dem zu befassen, was die ideologischen Leitfiguren al-Qaidas zu Deutschland zu sagen haben. Denn je öfter und eindringlicher ein Land von Bin Laden und seinem Stellvertreter al-Zawahiri kritisiert oder als Feindstaat präsentiert wird, desto wahrscheinlicher ist es, dass es dort zu einem An-

schlag kommt – weil Terrorzellen sich aufgerufen fühlen, den Worten ihrer Idole eigene Taten folgen zu lassen. Ein Zusammenhang, den wir aus dem zweiten Kapitel kennen.

Über Deutschland hat Osama Bin Laden sich bislang zweimal geäußert: einmal in einem Interview mit dem arabischen Satellitensender al-Dschasira, ein weiteres Mal in einer seiner Reden. Damit nimmt Deutschland einen Platz im unteren Mittelfeld der explizit genannten Staaten ein. Insgesamt haben Bin Laden und al-Zawahiri im Laufe der Jahre mehrere Dutzend Staaten als Feinde herausgehoben, darunter fast alle arabischen und viele islamische. Die Spitzenposition nehmen unangefochten Saudi-Arabien und die USA ein. Um einige Vergleichswerte für Deutschland zu liefern: Marokko, Großbritannien, Jordanien, Pakistan, Australien und die Philippinen wurden je zwischen vier- und siebenmal von Bin Laden genannt, Schweden und Nigeria je einmal.

»Was spielt denn dieser Krieg für Deutschland für eine Rolle, wenn nicht als Krieg des Unglaubens und als Kreuzzug?«, fragte der al-Qaida-Gründer im Oktober 2001 den al-Dschasira-Reporter Taisir Aluni – und reihte Deutschland damit in die »Achse der Ungläubigen« ein.[8] Fast genau ein Jahr später, im November 2002, fragte Bin Laden in seiner Rede »an die Völker der Länder, die mit den USA alliiert sind«, erneut: »Was treibt denn diese Regierungen, sich am Krieg gegen uns zu beteiligen? Am wichtigsten ist es in diesem Zusammenhang, Großbritannien, Frankreich und Italien zu nennen – aber auch Deutschland und Australien.«

Der Krieg, den Bin Laden in beiden Äußerungen ansprach, war der US-geführte Feldzug gegen Afghanistan, der unmittelbar nach den Terroranschlägen in New York und Washington vom 11. September 2001 eingeleitet worden war. Anders als im Fall des 2003 gestarteten Einmarsches in den Irak war die Bundesrepublik an diesem Krieg beteiligt. Genau aus diesem Grund muss Deutschland und müssen deutsche Staatsbürger bereits seitdem als potenzielles Terrorziel betrachtet werden, wie die Bin-Laden-Zitate deutlich zeigen. Dass die Bundesregierung später gegen den Krieg im Irak war, hat in Dschihadistenkreisen nie zu einem Umdenken geführt. Das erkannte auch das Bundeskriminalamt (BKA):

Zwar wurde Deutschland in den letzten Reden nicht mehr explizit als Anschlagsziel genannt (Erwähnung zuletzt am 12.11.02), daraus lässt sich jedoch keine Absenkung der bestehenden Gefährdungslage deutscher Interessen ableiten, da al-Qaida ihre Ziele/Zielspektrum langfristig verfolgt.[9]

Im Mai 2004 wurde der Beleg dafür geliefert, dass Bin Ladens Argumentation für die dschihadistische Internationale auch nach dem Irakkrieg nicht an Gültigkeit verloren hat: Mitten auf der »Prinz-Abdallah-Straße«, der Einkaufsmeile der saudi-arabischen Hauptstadt Riad, erschossen drei vermummte Terroristen den Deutschen Hermann D. »Die Mudschahidin in Riad haben einen westlichen Ungläubigen getötet, der deutscher Staatsangehöriger war«, schrieb die saudische al-Qaida-Filiale eine Woche später in ihrem Bekennerschreiben. Zur Begründung führten die Verfasser an, es gelte »sich zu erinnern, dass Deutschland eines der zentralen Länder der internationalen Allianz gegen den Islam ist«. Deutschland habe »mit Kraft« ebenso am »Überfall auf Afghanistan« als auch am »US-amerikanischen Projekt der Besatzung der islamischen Länder mitgewirkt«. Kurz darauf, im Juni 2004, konkretisierte das BKA seine Lageeinschätzung: »Es steht zu befürchten, dass Deutschland, insbesondere aufgrund seiner Rolle in Afghanistan und des Engagements im Kampf gegen den islamistischen Terrorismus, zunehmend zum Ziel gewalttätiger Aktionen werden könnte.« Anschläge gegen deutsche Interessen – auch außerhalb Deutschlands – erschienen Islamisten offenbar gerechtfertigt, lautete das Fazit des BKA. Der »deutsche Begründungszusammenhang« sei beträchtlich.[10]

Im Klartext heißt das: Die zitierten Textstellen reichen jedem militanten Islamisten aus, der eine Legitimation für einen Anschlag in Deutschland oder gegen deutsche Ziele sucht. Das rechtfertigt es in der Tat, von einer »abstrakt hohen« Gefahr für die Bundesrepublik zu sprechen. Allerdings, so weit kann man differenzieren, ist die Gefährdung der Bundesrepublik durch al-Qaida & Co. geringer als jene Italiens, Spaniens, Großbritanniens oder auch Jordaniens. Das zeigt sich zum Beispiel daran, dass Deutschland in Strategiepapieren aus dem Dunstkreis al-Qaidas praktisch nicht vorkommt. Diese aber können, wie das Beispiel Madrid gezeigt hat, der Transmissionsriemen zwischen den Zielvorgaben Bin Ladens und einem konkreten Anschlag sein.

Zum Teil wird das jedoch dadurch ausgeglichen, dass Hassprediger an deutschen Moscheen eine nicht ganz unähnliche Rolle spielen – indem sie beständig dazu aufrufen, deutsches Blut zu vergießen. Hassprediger in Deutschland erklären die deutsche Gesellschaft oft pauschal zum Feind, der mit allen Mitteln bekämpft werden darf und muss. Meistens aber ohne dabei, wie al-Qaida, auf außenpolitische Entscheidungen der Bundesregierung abzuheben. Ihnen genügt, dass Deutschland ein nichtmuslimisches Land ist, von dem dann im Umkehrschluss angenommen wird, es sei islamfeindlich und den USA ein willfähriger Gefährte im angenommenen Krieg von Glauben gegen Unglauben beziehungsweise Kreuzzüglern gegen Mudschahidin. Diese Hassprediger säen mit ihren Worten eine gefährliche Saat. Kommen die al-Qaida-Ideologie aus der Ferne und die

Worte eines radikalen Imams aus der unmittelbaren Umgebung zusammen, ist das Risiko besonders hoch, dass einer, der ohnehin schon auf der Kippe steht, in den bewaffneten Dschihad oder den Terrorismus abgleitet.

Beispielhaft sind die Hasspredigten des derzeit in einem marokkanischen Gefängnis einsitzenden Muhammad Fazazi. Zu dessen Zuhörern zählten, wie Videos beweisen, die 9/11-Verschwörer Muhammad Atta, Marwan al-Schehhi und Ramzi Bin al-Schibh. Sie frequentierten die Hamburger Moschee am Steindamm, an der Fazazi zeitweise angestellt war.[11] Wie viele Hassprediger kann Fazazi in Deutschland nur einen feindlichen Staat erkennen, zu dem eine ausschließlich feindselige, letztlich von Gewalt geprägte Beziehung denkbar ist. Scherzend und jovial dozierte er vor seinen auf dem Fußboden kauernden Verehrern. Es sei »hart für die Ungläubigen, dass unsere Religion uns befiehlt, ihnen die Hälse durchzuschneiden«, predigte er etwa.[12] Und weiter:

Das Vermögen in Deutschland ist ein gesetzloses Vermögen, sie haben uns unsere besten Köpfe geraubt. Wie viele arabische Wissenschaftler arbeiten hier? Und wir sind ihre Sklaven. Wir sind Emigranten, das heißt moderne Sklaven. Wir sind Tellerwäscher, Straßenkehrer. Für uns bleiben nur die Krümel. (...) Wir können ihnen gar nicht so viel wegnehmen, wie sie uns schulden.

Fazazi ist eine der schillerndsten Figuren der radikal-islamistischen Szene Europas. Nicht nur zu der Hamburger Zelle hatte er Kontakt, auch der Marokkaner Dschamal Zugham, einer der Drahtzieher der Anschläge von Madrid, gehörte später zu seinen Zuhörern. Und als im Mai 2003 zwölf junge Männer mehrere Anschläge gegen westliche und jüdische Ziele in Casablanca verübten, waren darunter offenbar erneut Fazazi-Jünger. Wie viele Hassprediger gibt es in Deutschland? Einige sind Verfassungsschützern wie

Herbert Landolin Müller bekannt. Sie können, wenn sie keine Deutschen sind und die Beweislage ausreicht, mittlerweile abgeschoben werden. Andere aber kennt niemand außer ihren Zuhörern.

Die irakische Dimension

Deutschland war zu keinem Zeitpunkt vor Anschlägen gefeit, nur weil heute keine deutschen Panzer in Bagdad stehen: Das hängt mit dem deutschen Engagement in Afghanistan zusammen, wie wir gesehen haben. Es gibt aber daneben auch einen Irakfaktor der deutschen Außenpolitik, der unter dem Strich das Risiko von Anschlägen in Deutschland oder gegen Deutsche weiter erhöht – und nicht etwa senkt. Denn radikale Islamisten teilen die Auffassung nicht, dass Deutschland sich aus dem Irakkrieg herausgehalten habe. Sie finden vielmehr, dass die Bundesrepublik voll verstrickt ist, unter anderem, weil Berlin diplomatische Beziehungen zur neuen irakischen Regierung unterhält und ihr bei der Ausbildung von Sicherheitskräften hilft. Al-Qaida & Co. setzen das mit einer direkten Unterstützung der USA gleich, denn die irakische Regierung betrachten sie als ein Regime von Kollaborateuren und Verrätern, das bekämpft werden muss, genau wie seine internationalen Partner. Feine Differenzierungen, wie jene, dass die deutsche Ausbildungshilfe für die irakische Polizei nicht auf irakischem Boden, sondern in den Vereinigten Arabischen Emiraten stattfindet, verfangen bei ihnen nicht.

Susanne Osthoff war die erste Deutsche im Irak, die mit den Konsequenzen dieser Perspektive auf die deutsche Politik konfrontiert wurde. Im November 2005 wurde sie im Norden des Landes entführt. Bis heute ist einiges an dieser Verschleppung im Unklaren geblieben.[13] Über die Entführer, die sich »Erdbeben-Brigaden« nannten und den Eindruck erweckten, zum nationalistisch-irakischen Lager militanter Gruppen zu gehören, ist noch immer nicht viel bekannt.[14] Gesichert scheint allein, dass sie 5 Millionen US-Dollar Lösegeld aus Deutschland akzeptierten und sich damit weniger ideologisch zeigten als einige der einschlägigen dschihadistischen Organisationen. Vielleicht waren sie nicht viel mehr als eine Bande Krimineller. In dem Videoband jedoch, das sie von der Geisel veröffentlichten, verlangten sie, dass die Bundesregierung jegliche Kooperation mit der irakischen Regierung einstelle. Ausdrücklich erwähnten sie darin die deutsche Hilfe bei der Polizistenausbildung.

Man sollte weder die Erklärung als solche noch die darin präsentierte Forderung überbewerten. So behaupteten die Entführer auch, Osthoff habe im Irak Kunstschätze geraubt, obwohl das wirklich abwegig war. Aber ohne Zweifel ist das Risiko gestiegen, als Deutscher im oder außerhalb des Irak, vielleicht gar in Deutschland, wegen der Irakpolitik der Bundesregierung angegriffen zu werden. Dass das für den Irak in jedem Fall stimmt, bestätigte sich bereits zwei Monate nach der Osthoff-Verschleppung mit der Entführung der sächsischen Ingenieure René Bräunlich und Thomas Nitzschke, denn auch deren Entführer forderten ein Ende der deutschen Unterstützung für den neuen irakischen Staat.[15] Es ist eine Tatsache: Einen Ruf als Friedensmacht genießt die Bundesrepublik in islamistischen Kreisen nicht.

In diesem Zusammenhang ist eine Debatte, die Anfang 2006 in Deutschland einsetzte, von großer Bedeutung. Sie drehte sich um die Art und Weise, wie die deutsche Regierung und ihre nachgeordneten Behörden mit anderen Staaten zusammengearbeitet haben, um nach dem 11. September 2001 den islamistischen Terrorismus zu bekämpfen. Auslöser waren eine Reihe von Medienberichten, die ein grelles Licht darauf warfen, dass die Bundesregierung wei-

ter reichende Kooperationen gesucht, bewilligt oder hinge-
nommen hat, als viele Beobachter ihr zugetraut hätten oder
für verträglich mit ihren öffentlichen Äußerungen hielten.
Im Kern ging es um drei Komplexe: Zum einen gelangte an
die Öffentlichkeit, dass deutsche Agenten in Bagdad dem
Militärgeheimdienst der US-Armee unmittelbar vor und
während des Krieges möglicherweise kriegswichtige Informationen haben zukommen lassen. Darunter etwa Koor-
dinaten, wie ungenau auch immer, von irakischen Stellungen und Geheimdienstquartieren sowie – angeblich – eine
Skizze, die zeigt, wie die Verteidigung Bagdads von der
irakischen Militärführung organisiert werden sollte.

Zum Zweiten wurde bekannt, dass die CIA eine Reihe
geheimer Gefangenen-Transportflüge auch über Flughäfen
in Deutschland abgewickelt hatte. Das warf die Frage auf,
was die deutsche Bundesregierung darüber und über mögliche menschenrechtswidrige Praktiken an den Verbrin-
gungsorten wusste. In diesem Zusammenhang wurde der
Fall Khalid al-Masri zum Thema. Der in Neu-Ulm lebende
Deutschlibanese war während eines Mazedonienurlaubs
im Winter 2003/04 von der CIA regelrecht gekidnappt und
zum Verhör nach Afghanistan verschleppt worden. Nach
der Freilassung al-Masris informierte der US-Botschafter
in Berlin den damaligen Bundesinnenminister Otto Schily,
bat diesen jedoch um Stillschweigen, was Schily zusicherte
und einhielt.

Drittens drehte sich die Debatte um Besuche deutscher
Beamter bei inhaftierten Terrorverdächtigen, die sich im
US-Gefangenenlager Guantánamo Bay (Fall Murat Kurnaz
und Fall Muhammadou Ould Slahi) beziehungsweise in
einem berüchtigten Foltergefängnis in Syrien (Fall Muhammad Haydar al-Zammar) befanden und entweder deutsche
Staatsbürger oder hier aufenthaltsberechtigt sind.

In Regierungskreisen wurde die Auseinandersetzung um

diese Themen mit Besorgnis betrachtet. Man fürchtete, befreundete Nachrichtendienste könnten die Zusammenarbeit mit dem BND einschränken, wenn dessen Methoden Gegenstand eines Untersuchungsausschusses würden. Einen solchen einzurichten haben die drei Oppositionsfraktionen des Bundestages im März 2006 beschlossen. Eine andere Sorge wurde kaum erörtert: Dass radikale Islamisten, durch Internet und Satellitenfernsehen an den internationalen Nachrichtenfluss angeschlossen, die neuen Details über die Zusammenarbeit Deutschlands mit den USA und dem verhassten syrischen Regime als Begründung für Anschläge heranziehen könnten.

Schon im Februar 2006 ließen sich Anzeichen finden, dass radikale Islamisten auf diese Weise zu argumentieren begannen. Auf einer einschlägig bekannten, vor allem von Syrern frequentierten Dschihad-Website erschien damals ein Posting, in dem sich zeigt, wie die Glaubwürdigkeit der Bundesrepublik problemlos in Misskredit gebracht werden kann, wenn man diese neuen Erkenntnisse missgünstig auslegt:

Ich habe mir angesehen, was die deutschen Medien über die Weigerung der deutschen Regierung geschrieben haben, die Forderungen von »Ansar al-Tawhid wa al-Sunna« zur Freilassung der beiden deutschen Geiseln (Bräunlich und Nitschke, Y. M.), die sie im Irak entführt haben, zu erfüllen. Die beiden sind, wenn die deutschen Berichte stimmen, »Petro-Ingenieure« und arbeiten dort im Ölsektor. Ich sage »wenn das stimmt« mit Absicht. Denn schon im Fall der entführten Deutschen Osthoff, die (...) vor einigen Wochen freigelassen wurde, hieß es, sie sei »Expertin für Altertümer« und habe »den Islam angenommen«, sie sei aus »humanitären Gründen« dort, eine Freundin des Irak und gegen die Besatzung. Nach ihrer Freilassung stellte sich aber heraus, dass dieses und

anderes gelogen war. Die deutschen Zeitungen (...) ent-
hüllten, dass sie dort auf Rechnung des Geheimdienstes
tätig gewesen war.[16]

Glauben wir ihnen also dieses Mal, wenn es um jene
beiden Geiseln geht (...)? (...) Sollen wir wirklich glauben,
dass die deutsche Regierung so sehr um ganz normale Bür-
ger besorgt ist? Wo wir doch gerade erst gesehen haben, wie
sie sich im Falle unseres Bruders al-Zammar verhalten hat,
wo sie mit anderen Sicherheitsapparaten daran mitgewirkt
hat, ihn (...) den syrischen Geheimdiensten zuzuführen, um
den Amerikanern einen Gefallen zu tun. (...) Dies alles ge-
schah ja in dem Wissen, dass unser Bruder al-Zammar die
deutsche Staatsangehörigkeit trägt.[17]

Glauben wir ihnen, dass sie sich wirklich so sehr um nor-
male deutsche Staatsbürger sorgen? Wo wir doch gerade
erst gesehen haben, wie der Muslim Muhammad al-Masri
(gemeint ist Khalid al-Masri, Y. M.) behandelt wurde, der
mit Hilfe des amerikanischen Sicherheitsapparates aus Ma-
zedonien entführt wurde, wohin er nur eine kurze Reise
unternommen hatte, und dann in ein CIA-Gefängnis ver-
bracht wurde (...), wo er schließlich seelischer und körper-
licher Folter ausgesetzt war (...). (...) Kein Wort der Ent-
schuldigung wurde an ihn gerichtet. Dies geschah in dem
Wissen, dass Muhammad al-Masri sich in Deutschland or-
dentlich aufgeführt hatte und über eine dauerhafte Aufent-
haltsgenehmigung verfügt.

Dies sind nur zwei Beispiele, die bestätigen, dass das
demokratische, kreuzfahrerische Deutschland sich um die
Angelegenheiten seiner Bürger im Ausland nur kümmert,
wenn sie eine ganz spezielle Bedeutung haben, das heißt,
wenn sie Mitarbeiter der Geheimdienste sind. (...)

Die Schließung der deutschen Botschaft im Irak, der Ab-
zug aller deutschen Firmen und überhaupt aller Deutschen,
die dort arbeiten, außerdem der Stopp der Zusammenarbeit

mit der (irakischen, Y. M.) Verräter- und Kollaborations-
regierung (...): Das sind gerechte Forderungen.[18]

Sicherheitsexperten messen solchen Äußerungen Bedeutung zu, auch wenn sie – wie diese – nicht aus dem Innersten al-Qaidas stammen. Denn sie verraten etwas über das
Denken der Anhänger des Terrornetzwerks, und aus diesem Pool von Sympathisanten können mögliche Attentäter
kommen. Die Sorge ist umso manifester, als davon auszugehen ist, dass auch aus Deutschland stammende Kämpfer im
Irak an der Dschihad-Front stehen, die eines Tages hierher
zurückkehren werden.[19] Zwar sei ein Aufenthalt im Irak
nicht mit einer Schulung in einem al-Qaida-Camp in Afghanistan vergleichbar, meint Verfassungsschützer Müller.
Aber »den letzten Schliff« könne man sich dort auf jeden
Fall holen. Die Rückkehrer werden paramilitärisch ausgebildet, abgehärtet und vermutlich ohne jede Chance auf
eine Resozialisierung hier eintreffen. Etliche von ihnen werden im Anschluss an ihre Rückkehr nach Wegen suchen,
den Dschihad fortzuführen – und dabei vielleicht Deutschland wegen seiner Irakpolitik als Ziel entdecken. »Schon
ein kampferprobter Rückkehrer kann zum Nukleus einer
neuen Terrorzelle werden, wenn es ihm gelingt, neue Rekruten zu gewinnen und sie in terroristischen Taktiken zu
schulen«, warnt der al-Qaida-Experte Guido Steinberg.[20]
Es sei wahrscheinlich, dass einige von ihnen künftig als
Anlaufstelle für Islamisten fungieren, die entweder selbst
als Selbstmordattentäter sterben oder logistische Unterstützung für andere bereitstellen wollen.[21]

Die dritte Generation

Die bisher in diesem Kapitel beschriebenen Gedankengänge
und Gefährderkreise orientieren sich vornehmlich an Ter-

roristen des herkömmlichen Typus, den Afghanistanveteranen und »Top-Gefährdern«. Wie wahrscheinlich aber ist
ein Anschlag aus der »dritten Generation« in der Bundesrepublik? Dem »Informationsdienst Terrorismus« zufolge
stellt ein solches Szenario derzeit »vielleicht den ›worst
case‹ dar«.[22] Ein Anschlag wie in London, ein islamistisch
motivierter Mord wie in Amsterdam hier in Deutschland –
ist das denkbar?

Muhammad Bouyeri, 1978 geboren, startete als ein
»Positivo«, der sich für die Gemeinschaft engagierte, und
endete als reueloser, brutaler Mörder. In einem eindring-
lichen Porträt hat die niederländische Journalistin Annieke
Kranenberg den Weg des marokkanischstämmigen Islamisten nachgezeichnet, der am 2. November 2004 den
Filmemacher Theo van Gogh auf offener Straße erschoss,
bevor er ihm dann noch die Kehle durchschnitt.[23] Vor der
Tat hatte sich Bouyeri jahrelang in der »Nachbarschafts-
plattform« betätigt. Er plante ein Jugendzentrum und
schrieb Artikel für das Gemeindeblättchen. Gelegentlich
rauchte er Joints und trank Alkohol, er hatte Freundinnen.
Es schien keinen Grund zu geben, sich seinetwegen Sorgen zu machen. Schleichend aber veränderte sich Bouyeri.
Und eine Zeit lang liefen die zwei Prozesse – kommunales
Engagement und religiöse Radikalisierung – parallel ab:
Bouyeri schrieb zum Beispiel weiter für die Gemeindezei-
tung, seine Texte wurden aber zunehmend befremdlich. So
forderte er etwa, dass Frauen nur »in angemessener Weise«
an den nachbarschaftlichen Projekten mitarbeiten sollten.
Wir wissen nicht, ob der Krebstod der Mutter, das Scheitern seiner Pläne für das Jugendzentrum oder die Zurückweisung von ihm entwickelter »islamgerechter« Entwürfe
zur Neugestaltung seines Wohnblocks ihn destabilisierten
und über die Klippe trieben. Vielleicht war es eine Kom-
bination aus alldem, möglicherweise etwas ganz anderes.

Aber unaufhaltsam wuchs in Bouyeri die Vorstellung, dass es eine unüberbrückbare Kluft zwischen ihm und der niederländischen Gesellschaft gebe, in die er hineingeboren und in der er aufgewachsen war. Der Dschihad-Gedanke faszinierte ihn immer mehr. Kurz vor seiner Bluttat schrieb er schließlich hasserfüllte, offene Briefe, in denen es unmissverständlich hieß: »Kommt raus aus den Koffieshops, den Drogenkneipen, schließt euch an bei der Karawane der Märtyrer!« Wenig später tötete er van Gogh.

Einen ähnlichen Weg von scheinbarer Integration zu offenem Hass legten die vier Londoner Attentäter zurück, bevor sie im Juli 2005 52 Menschen ermordeten. Shehzad Tanweer etwa, 22 Jahre alt, liebte Cricket und wollte gerne Spieler in einer Auswahlmannschaft seines County werden. Noch zehn Tage vor seinem Selbstmordanschlag frönte er dieser Leidenschaft. Parallel aber radikalisierte auch er sich, suchte immer öfter immer extremere Moscheen auf, änderte seine Kleidung und seinen Umgang.[24] Seine Mitverschwörer entwickelten sich in vergleichbarer Weise, und mindestens zwei von ihnen zog es später an pakistanische Koranschulen, wo sie wahrscheinlich im Umgang mit Sprengstoff geschult wurden. Der Entschluss, die Gesellschaft anzugreifen, in der sie lebten und den größten Teil ihres Lebens verbracht hatten, war da wohl schon gefallen. Wie Bouyeri in Amsterdam deuteten auch die vier London-Bomber ihre Aufnahmegesellschaft zu einer feindlichen Gemeinschaft um. Stellvertretend für die Zelle brachte Muhammad Sidique Khan dies in seinem Märtyrervideo auf den Punkt: »Wir sind im Krieg, und ich bin Soldat«, erklärte er in breitestem Yorkshire-Akzent. »*Eure* demokratische Regierung begeht Akte der Grausamkeit *an meinem Volk*.«[25]

Die Anschläge von Amsterdam und London brachten Terrorexperten in ganz Europa vollkommen aus dem Konzept, denn Täter dieser Art waren nicht vorgesehen. Es gab sie als Profil gar nicht. Terroristen der Vorgänger-Generationen hatten sich dem Dschihad in den allermeisten Fällen in Ländern angeschlossen, in denen sie zuvor weder geboren worden waren noch länger gelebt hatten.[26] Nun hatte eine »dritte Generation« zum ersten Mal in Europa, in ihrer vermeintlichen Heimat zugeschlagen: Junge Islamisten, die nie länger in irgendeinem al-Qaida-Camp gewesen waren, deren Radikalisierung zwar nicht vollkommen unbemerkt geblieben, in ihrem Ausmaß aber total unterschätzt worden war. Vor allem, weil sie scheinbar integriert gewesen waren. »Mit diesen Ereignissen wurde der islamistische Terrorismus endgültig zu einem internen Problem Europas«, fasste Steinberg diese Erschütterung alter Gewissheiten zusammen.[27]

Medienberichte, die in der Folge der Bluttaten entstanden, förderten Beunruhigendes ans Tageslicht: Ihnen zufolge sind gerade junge Muslime europaweit in höherem Maße anfällig für radikale Propaganda als vermutet. In Frankreich, schätzte die Polizei, seien 160 von 1600 Moscheen unter der Kontrolle von Radikalen. Fast ein Viertel von 1160 befragten französischen Muslimen erklärte, Anhänger des salafitischen Islam zu sein – einer Strömung, die sich an der wörtlichen Auslegung der islamischen Quellen und am Vorbild des Propheten sowie seiner Gefährten orientiert.[28] Von hier gibt es breite, ausgetretene Pfade in den militanten Islamismus. In Großbritannien berichteten Jugendliche von Rekrutierungsversuchen radikaler Gruppen, die offen zur Gewalt aufriefen.[29]

Wir haben noch immer kein scharfes Profil von den Tätern der »dritten Generation«. Es gibt nur Annäherungen, Indizien, ein grobpixeliges Bild. Attentäter, die im Namen von al-Qaida oder durch al-Qaida inspiriert Anschläge ausführen, werden zum Beispiel immer jünger.[30] Sie sind in aller Regel nicht kampferprobt. Sie sind ideologisch nicht so gefestigt wie ihre Vorgänger-Generationen (auch, weil sie so schnell nach ihrer Radikalisierung zur Tat schreiten). Und die unmittelbaren Lebensumstände im Westen, ihr Diaspora-Dasein, spielen entweder als Auslöser oder Begründung für ihre Tat eine größere Rolle.

Als Hauptursachen für die Radikalisierung identifizieren Experten vor allem vier Gründe: einen Mangel an Zugehörigkeitsgefühl in ihren Aufnahmegesellschaften; allgemeine Perspektivlosigkeit und mangelnde Aufstiegschancen; Wut über Kriege, die sie als Angriff auf die islamische Welt verstehen; schließlich ein umfassendes Gefühl der Entwürdigung und Demütigung, auch in Folge der Berichterstattung und Behandlung seit dem 11. September 2001.

Der französische Islamismusforscher Olivier Roy konstatiert bei den Anfälligen, sie seien im Westen zu »cultural outcasts« geworden. Bei der Suche nach einem Selbstbild gehen sie dann anscheinend weit über das kulturell-religiöse Erbe ihrer Eltern hinaus. Wegen der imaginierten Rückbesinnung auf ein religiöses Leben, das sie in Wahrheit nie selbst unmittelbar erlernt haben, begreift Roy sie zugleich ausdrücklich als rein westliches Produkt: »Ihr Hintergrund hat nichts mit den Konflikten des Nahen Ostens zu tun.«[31] Auch Guido Steinberg warnt, Begründungen wie den Irakkrieg, den etwa die London-Attentäter ins Feld führten, allzu ernst zu nehmen: »Er war bisher immer nur ein Motiv unter mehreren, und es ist nicht gesichert, dass eine Lösung der Konflikte im Irak ein Ende der Anschläge in Europa herbeiführen würde.«[32] Die Muslime in der europäischen Diaspora erwiesen sich »als empfänglicher für die internationalistische Ideologie (al-Qaidas, Y. M.), weil sie sich bereits von ihrem Heimatland gelöst haben«.[33]

Selbstverständlich steckt mehr als nur eine Identitätskrise

hinter dem Abdriften in den Terrorismus. Aber offensichtlich erscheint die Ideologie von al-Qaida & Co. einigen »angry young muslims« wie ein Ausweg: Ihre als sinnlos begriffene eigene Existenz, so suggerieren es diese neuen Gedanken, kann durch eine radikale Tat mit Sinn aufgeladen werden, die versprochene Heilsgewissheit nach dem Tod wirkt als weiterer Ansporn. Das Eintauchen in diese Gedankenwelt wird dabei nicht einmal als Radikalisierung wahrgenommen, sondern bloß als schlichte Islamisierung empfunden, als eine Art imaginierte Rückkehr in ein durch die Diaspora-Situation verwehrtes Leben als authentischer Muslim. Es ist wohl kein Zufall, dass viele Vertreter der neuen Attentäter-Generation zuvor wegen Drogendelikten und Ähnlichem mit dem Gesetz in Konflikt geraten sind: Der Islam erscheint ihnen als Erlösung vom sündigen Lebenswandel, der Terrorakt als Erlösung von der Sinn- und Ziellosigkeit des bisherigen Daseins. Es mag objektiv zutreffend sein, Selbstmordattentäter als »radikale Verlierer« zu typisieren, wie dies Hans Magnus Enzensberger in einem Essay im SPIEGEL getan hat.[34] Subjektiv aber handelt es sich um radikale Gewinner.

Terror aus der Mitte der Gesellschaft?

Amsterdam und London bedeuten in jedem Fall einen Wendepunkt für die Art und Weise, wie der islamistische Terrorismus betrachtet werden muss. Auch deutschen Sicherheitsbehörden stellen sich neue Fragen. Einige sind ungemütlich: Wenn pakistanischstämmige Jugendliche in London und ein junger marokkanischstämmiger Mann in den Niederlanden zu Mördern werden konnten, was bedeutet das für die muslimische Minderheit in Deutschland? Wie anfällig ist sie? Liegt die wahre Bedrohung vielleicht auch hier in der scheinbaren Mitte der Gesellschaft? Wie viele Personen mag es in Deutschland geben, die ähnlich fühlen und genauso anfällig sind?

»Ich bin von Statistiken in diesem Feld noch nie ein Freund gewesen«, antwortet der Verfassungsschützer Herbert Landolin Müller, wenn man ihm die letzte Frage stellt. »Das würde suggerieren, dass wir die Sache im Griff haben.« Nur zu dieser Einschätzung lässt er sich hinreißen: »Die Attraktivität der Lehre al-Qaidas erreicht mehr Leute, als uns lieb sein kann.« Seine Mitarbeiter Köpfer und Kaiser teilen diesen Eindruck. Sie haben sich in türkischsprachige Chatrooms eingeloggt und Diskussionen verfolgt, die darauf schließen lassen, dass es hier Menschen gibt, die schon auf der Kippe stehen.

Versuche zu zahlenmäßigen Annäherungen an den Pool der potenziellen Terroristen in Deutschland nehmen ihren Ausgang meist in den Mitgliedszahlen islamistischer Vereine und Organisationen. Die türkische Organisation Milli Görüs (IGMG) etwa hat rund 26 500 Mitglieder in Deutschland. Zählt man noch ein paar hundert in Deutschland bekannte Anhänger und Unterstützer von Gruppen wie der palästinensischen Hamas oder der libanesischen Hizbullah hinzu und addiert die bekannten »Top-Gefährder« und sonstige möglicherweise militante Islamisten von Splittergruppen etwa aus Nordafrika, erreicht man eine knapp über 30 000 liegende Größenordnung. Politiker und Experten hantierten dann gerne mit dieser Zahl. Tatsächlich aber ist es irreführend, die Gefährdung von diesen Zahlen ausgehend einzuschätzen. Denn es gibt schlagkräftige Argumente dafür, gerade nicht von den Mitgliedszahlen her zu denken.

Die Hamas zum Beispiel ist zwar militant, aber noch nie außerhalb ihrer ureigenen Front tätig geworden. Dass die Gruppe nach Jahrzehnten ihre Strategie ändert und hier zuschlägt, ist unwahrscheinlicher, als dass ein völlig neu-artiges Terrornetzwerk Deutschland infiltriert. Im April 2006, als Osama Bin Laden in einer Rede die Hamas vor westlichen Attacken in Schutz nahm, verwahrte sie sich ausdrücklich gegen diese Umarmungsstrategie und betonte, dass sie allein auf den Palästina-Konflikt fixiert und nicht Teil der dschihadistischen Internationale sei.

Die IGMG wiederum ist gewiss ein Problem unter in-tegrationspolitischen Gesichtspunkten, weniger aber unter Sicherheitsaspekten. Zwar hat sie gemeinsame Wurzeln mit radikalen, auch militanten Gruppen in der Türkei und in Europa (etwa dem »Kalifatsstaat«). Aber noch in keinem Fall ist ein IGMG-Mitglied irgendwo auf der Welt terro-ristisch aktiv geworden. Die meisten Mitglieder, die die IGMG in Deutschland hat, sind ziemlich normale türkisch-stämmige Muslime, die vom Moscheenetzwerk der IGMG profitieren, darüber hinaus die Teestuben frequentieren, die Deutschkurse besuchen und vielleicht ihre Kindern in die nicht immer unbedenklichen Koranschulen schicken. Al-Qaida-Treffpunkte aber sehen anders aus, und nicht jeder Integrationsverweigerer, Schwulenhasser oder Antidemo-krat ist ein Sicherheitsproblem. Man sollte die Integrations- von der Sicherheitsdebatte trennen, wo immer es möglich ist.[35]

Das entscheidende Argument gegen die Überbewertung der Rolle solcher Organisationen ist indes, dass die Fälle, die wir kennen, darauf hindeuten, dass die Radikalisierung vor den Anschlägen gerade mit einer *Abkehr* von den alt-hergebrachten, konventionellen religiösen Organisations-formen einhergeht, wie beispielsweise die IGMG sie reprä-sentiert. »Das Merkmal, an dem man sie erkennen kann, ist (…) eine plötzliche Ablehnung der orthodoxen Gelehrten«, zitierte »Newsweek« 2005 einen britischen Islamisten, der Erfahrungen mit radikalen Gruppen, aber auch mit einem der U-Bahn-Attentäter gemacht hatte. Dieses Phänomen resultiert daraus, dass radikal-islamistische Strömungen die traditionelle islamische Gelehrsamkeit als korrupt empfinden und daher nicht akzeptieren. Überspitzt formuliert: Wenn die IGMG plötzlich einen massiven Zulauf hätte, gäbe es weniger Anlass zur Sorge, als wenn eine kleine, verschworene Gruppe junger Muslime sich *nicht mehr* in der IGMG-Moschee blicken lässt, sondern sich zunehmend privat organisiert, um ihre Religiosität auszuleben.

Auch Verfassungsschützer gehen heute davon aus, dass Gebetshäuser kaum noch als Treffpunkte zur Planung von Anschlägen oder Reisen in den Dschihad fungieren. Nicht zuletzt wegen des Verfolgungsdrucks geht der Trend klar zu konspirativen Treffen in Privatwohnungen. Eine flächendeckende Videoüberwachung von Gebetsstätten, wie gelegentlich vorgeschlagen, dürfte daher kaum Ergebnisse zeitigen und wird in Expertenkreisen skeptisch beurteilt.[36] Im schlimmsten Fall würden die Kameras – ebenso wie der subtil auf Muslime zugeschnittene »Gesprächsleitfaden« Baden-Württembergs und andere Abfragemodelle dieser Art – von den Radikalen wohl nur als weiterer Beleg für die grundsätzliche Ablehnung durch die Mehrheitsgesellschaft interpretiert werden. Als Anlaufstelle für radikale Wanderprediger und Missionare spielen Moscheen freilich immer noch eine Rolle, doch vermutlich zumeist nur für den Erstkontakt.

Eine größere Gefahr als von der IGMG und ähnlichen Vereinen geht deswegen von solchen Gruppierungen aus, die in ihrer Identität verunsicherte Muslime isolieren und in ihrem Sinne prägen wollen. Das gefährlichste Beispiel hierfür ist sicherlich die »Tablighi Jamaat« (TJ). Diese Gruppe gehört zwar keineswegs zu al-Qaida, hat aber schon öfter als eine Art Rekrutenvermittlung funktioniert. Organisationen

wie die »Hizb ut-Tahrir« können ebenfalls für die Weichen-
stellung Richtung Radikalismus eine Rolle spielen, wenn
sie auch längst nicht so einschlägig in Erscheinung getreten
sind wie die TJ.

Die Tabligh-Gemeinschaft ist ein weltumspannendes
Missionswerk; Wanderprediger ziehen in ihrem Namen in
kleinen Gruppen durch die Innenstädte und sprechen junge
Muslime an, die sie dann auf den »rechten Weg« zurück-
zubringen versuchen. Auch in Berlin-Neukölln oder Köln-
Ehrenfeld kann man ihnen begegnen. Die TJ ist sehr erfolgreich, insgesamt soll die Bewegung bereits 3 Millionen
Muslime umfassen. Sie predigt einen extrem orthodoxen,
in Teilen islamistischen Islam. Ohne selbst einen militanten
Zweig zu unterhalten, hat sie sich Militanten gegenüber
immer wieder tolerant gezeigt. Das hat sie in zahlreichen
Fällen zu einer Art unabhängiger Rekrutierungsanstalt für
al-Qaida & Co. werden lassen. Nicht zuletzt der »Schuh-
bomber« Richard Reid und der »American Talib« John
Walker Lindh wurden von der TJ islamisiert und fanden
von dort problemlos ihren Weg zu al-Qaida & Co. Auch in
München rekrutierte die TJ Kämpfer.[37]

Etwas anders liegt der Fall bei der »Hizb ut-Tahrir« (Be-
freiungspartei, HT), einer ursprünglich palästinensischen
Bewegung, die 1952 gegründet wurde. Die HT ist noch
nicht als Durchlaufstation zu al-Qaida in Erscheinung getreten. Aber als Vehikel für eine klandestine Islamisierung
taugt die traditionell in Zellen gegliederte Organisation
allemal. Die HT-Expertin Zeyno Baran beschreibt sie als
»vielleicht nicht gewalttätig, aber sicher nicht friedlich«.[38]
Im Westen gibt sich die HT als intellektuelle Bewegung, die
die Gründung eines Kalifats anstrebt und Gewalt ablehnt.
Sie ruft ihre Anhänger zum Beispiel dazu auf, ihre westliche
Staatsangehörigkeit gering zu achten und die islamische
Identität in den Vordergrund zu stellen. Der Verfassungs-

schutz Mecklenburg-Vorpommern zitiert die Website der HT folgendermaßen: »Besteht eure eigentliche Aufgabe nicht darin, den Islam zu schützen und die Feinde Allahs zu bekämpfen, nämlich die Juden, die den Boden des Isra' und Mi'raj (Nacht und Himmelfahrt des Gesandten; gemeint ist Jerusalem, Y. M.) gewaltsam geraubt haben? Ihr sollt das hässliche Judengebilde vernichten und den Ruhm des Islam und die Geschichte der großen Führer wieder aufleben lassen.«[39] In Großbritannien soll sie explizit dazu aufgerufen haben, die »Brüder in (der irakischen Aufständischen-Hochburg, Y. M.) Falludscha zu retten und eure Herrscher zu beseitigen, falls sie sich euch in den Weg stellen«.[40] Zwar seien terroristische Aktivitäten der HT in Europa bislang nicht bekannt, heißt es beim Schweriner Verfassungsschutz. Ihre Propaganda könnte »allerdings zu entsprechenden Aktivitäten ermuntern«. In Deutschland ist die HT seit 2003 wegen antisemitischer Propaganda verboten, Flugblätter aber verteilt sie auch hier nach wie vor.

Al-Qaida und die Karikaturen

Was für eine Art Anschlag ist auf der Grundlage der hier dargestellten Zusammenhänge am ehesten in Deutschland zu erwarten? Kann man eine solche Prognose treffen? Natürlich kann keine Art Anschlag ausgeschlossen werden – weder parallele Selbstmordanschläge noch die Explosion einer schmutzigen Bombe. Aber mit Blick auf die im Vergleich zu anderen Staaten verhältnismäßig unwichtige Rolle Deutschlands in der Wahrnehmung von al-Qaida & Co. scheint es unwahrscheinlich, dass Dschihadisten einen bedeutenden Teil ihrer Ressourcen auf die Bundesrepublik verwenden. Ein einfach zu organisierender Anschlag nach dem Muster von London oder Madrid, kann man deshalb begründet spekulieren, ist hierzulande wohl am wahrscheinlichsten. Ein Attentat auf eine missliebige Person oder ein Anschlag auf eine Institution, die sich abfällig über den Islam geäußert hat, wäre ebenfalls leicht zu rechtfertigen und noch leichter zu organisieren. Es gibt mit größerer Wahrscheinlichkeit mehr Personen in Deutschland, die sich zu einem solchen Anschlag hinreißen lassen würden, als es Zellen gibt, die anspruchsvollere Operationen durchführen könnten.

Ein solches Szenario vor Augen, bekommen »tagesaktuelle« (im Unterschied zu permanenten) Konflikte eine neue Bedeutung. Ein Beispiel dafür ist der »Karikaturen-Streit«, der die Welt Anfang 2006 in Atem hielt. Der Abdruck von zwölf als beleidigend empfundenen Karikaturen des Propheten Muhammad hätte durchaus zu Terroranschlägen oder einem gezielten Mord durch die Hand eines Islamisten führen können – auch in Deutschland. Dass es nicht so weit gekommen ist, muss nichts heißen. Denn al-Qaida reagierte erst im Frühjahr 2006. Der erste Versuch, daraus Kapital zu schlagen, stammte von Aiman al-Zawahiri:

Das Zweite, wovon ich euch erzählen möchte, sind die von Amerika angeführten westlich-kreuzfahrerischen Hassgefühle gegenüber dem Islam, die sich wiederholenden Abscheulichkeiten, die gegen die Persönlichkeit des ehrwürdigen Propheten Muhammad gerichtet sind. (...) Sie wiederholten das immer wieder und lehnten eine Entschuldigung ab. (...) Dieser Angriff (...) verlangt uns eine riskante Entscheidung ab: Sind wir oder sind wir nicht bereit, uns selbst und das, was wir besitzen, auf dem Wege Gottes als Opfer zu bringen? (...)

Dem kreuzfahrerischen Westen müssen Verluste zugefügt werden, besonders im wirtschaftlichen Bereich (...). Die Anschläge von New York, Madrid, Washington und London sind gute Beispiele dafür. (...)

*Wir müssen es dem Westen verbieten, das Öl der Musli-
me zu stehlen, denn diese leiden unter dem größten Diebstahl, den die Geschichte der Menschheit kennt. Es ist an
uns, einen populären, wirtschaftlichen Boykott zu organisieren, der sich gegen Dänemark, Norwegen, Frankreich
und Deutschland und alle übrigen Länder richtet, die an
diesem Angriff teilgenommen haben, sowie gegen alle Länder, die an dem Kreuzfahrerangriff gegen den Islam und die
Muslime teilnehmen.*

Zwar fordert al-Zawahiri in seiner Botschaft nicht direkt
zu Anschlägen, sondern nur zu einem Wirtschaftsboykott
gegen Deutschland auf. Aber der Subtext ist klar: Die
Karikaturen können als Begründung für Terrorakte herangezogen werden.

Dieses Signal wurde verstärkt, als Osama Bin Laden im
April 2006 in einer Rede ins selbe Horn stieß und die Zeichnungen ebenfalls als Angriff auf den Islam darstellte: »Ich
richte diese Rede an die islamische Gemeinschaft (...) und
dränge sie, unseren Propheten Muhammad zu unterstützen
und die Verantwortlichen dieses schrecklichen Verbrechens
zu bestrafen, das von einigen Kreuzfahrer-Journalisten und
vom Glauben Abgefallenen begangen wurde«, erklärte er
mit Bezug auf die Karikaturen.[41]

Fast gleichzeitig widmete außerdem das »Ansar«-Netz-
werk einen großen Teil der aktuellen Ausgabe seines On-
linemagazins diesem Thema – und zählte unter anderem die
Namen etlicher europäischer Zeitungen und Magazine auf,
die die Zeichnungen nachgedruckt hatten. Darunter waren
auch die deutschen Blätter »die tageszeitung«, »Frankfurter Allgemeine Zeitung« und »Die Welt«.[42] Dass darauf ein
Artikel folgte, der sich mit der Bestrafung von Spöttern und
Lästerern in der islamischen Geschichte befasste, war kein
Zufall.

Dass al-Qaida & Co. diese Kampagne zu einem Zeitpunkt starteten, als die westlichen Medien die Karikaturenkrise schon abgehakt hatten, zeigt nicht zuletzt, dass die Uhren der Dschihadisten und der Mediengesellschaft nicht synchron laufen. Für die Dschihadisten ist der Karikaturenstreit jedenfalls noch nicht vorbei. Die beschriebene Häufung von Anstachelungen ist brisant, das Thema Karikaturen könnte ein dauerhaftes Problem werden. Die Erregung geht dabei so weit, dass die Aufrufe sogar nicht einmal mehr unbedingt nötig sind. Denn wie im Mai 2006 bekannt wurde, hatte bereits im März des Jahres ein in Mönchengladbach lebender pakistanischer Student versucht, in das Springer-Hochhaus in Berlin einzudringen, um »Welt«-Chefredakteur Roger Köppel anzugreifen – wegen des Abdrucks der Karikaturen.[43] Damals wurde ein Mord just nach dem Muster von Amsterdam verhindert.

Durch das Internet können heute sogar noch kleinere Anlässe riesige Wellen schlagen. Als beispielsweise im Februar 2006 ein Rentner in einer nordrhein-westfälischen Kleinstadt das Wort »Koran« auf Toilettenpapier drucken ließ, fand die Meldung von seinem Prozess blitzschnell den Weg auf ein Diskussionsforum von al-Qaida-Sympathisanten:

Ein deutsches Schwein hat einen Stempel mit (dem Wort, Y. M.) Koran darauf hergestellt und damit dann Toilettenpapierrollen bedruckt. Anschließend hat er die an verschiedene Moscheen in Deutschland verschickt. An was haben wir uns nicht alles gewöhnt an Feindseligkeiten des Westens gegen den Islam und die Muslime! (...) Wenn dieses Schwein ein einziges Wort gegen seine Brüder, die jüdischen Schweine, gesagt hätte, dann wäre natürlich die ganze Welt aufgestanden, und niemand wäre sitzen geblieben![44]

Man kann sich leicht ausmalen, dass eine solche Nachricht als ebenso beleidigend aufgefasst werden kann wie das berüchtigte Wort von den muslimischen »Ziegenfi-

ckern« aus dem Munde Theo van Goghs oder dessen Film
»Submission«.

Bislang ist Deutschland glücklicherweise verschont geblieben. Das hat zweifellos auch mit der Arbeit der deutschen Innenbehörden zu tun. »Wir haben ein gesundes Selbstbewusstsein«, sagt Herbert Landolin Müller. Er ist überzeugt, dass die Innenbehörden mittlerweile das richtige Verständnis für den Umgang mit der »abstrakt hohen« Bedrohung Deutschlands gefunden haben: »Wir sind der Stachel im Fleisch, wir müssen den Finger in die Wunde legen.« Allerdings, so ergänzt er: »Wir sind die Ersten, die in der Kritik stehen, wenn hier etwas passiert.« Das lässt an das berühmte Zitat eines IRA-Terroristen denken, der gesagt haben soll: »Damit ihr Erfolg habt, müsst ihr jeden Anschlag verhindern. Damit wir Erfolg haben, muss nur einer gelingen.«

6

Auf dem Weg zur Bewegung?
Al-Qaidas Zukunft

Al-Qaidas Agenda 2020

Am 16. Dezember 2004 veröffentlichte Osama Bin Laden eine seiner bemerkenswertesten und eloquentesten Reden. Eine sehr lange Rede: Das Transkript umfasst gut 30 Seiten. Der al-Qaida-Chef befasste sich darin fast ausschließlich mit der Situation in seinem Heimatland Saudi-Arabien. Er bezeichnete die zaghaften Reformversuche, etwa die Kommunalwahlen, die Anfang 2005 erstmals abgehalten werden sollten, als »Spiel«; er beschwerte sich darüber, dass auf Druck der US-Regierung die Lehrpläne für den Religionsunterricht an staatlichen Schulen verändert würden. »Als ich dieses Land verließ, um euch zu verteidigen, war die Arbeitslosigkeit niedrig«, beklagte er sich über die zunehmend auseinander klaffende Schere zwischen Arm und Reich in dem Wüstenkönigreich. Jetzt sei sie hoch, und die Monarchie solle ihre Petro-Dollars lieber »auf ihre eigenen Leute verwenden, auf die Armen, die Elenden, auf die Schuldner, denn dann würde sich die Situation dieser Menschen verbessern«. Die Rede kulminierte in einer Passage, in der Osama Bin Laden die Monarchie vor die Wahl stellte:

Erstens: Ihr gebt den Menschen die Angelegenheit wieder in die Hand, und zwar auf friedlichem Wege, und lasst sie einen islamischen Herrscher bestimmen, der sie nach dem Buch (Koran, Y. M.) und den Regeln des Propheten regiert.

Oder zweitens: Ihr weigert euch, den Menschen ihr Recht zurückzugeben, macht weiter mit ihrer Unterdrückung und Entrechtung, und zahlt weiterhin Gelder aus den öffentlichen Kassen an einige Menschen, damit sie ihre Brüder und ihre Cousins, die eure Autorität ablehnen, schlagen und töten.

Ihr solltet jedoch bedenken, dass die Dinge schon weit fortgeschritten sind und dass die Völker, wenn sie sich einmal entschlossen haben, ihre Rechte einzufordern, von keinen Sicherheitsdiensten mehr aufgehalten werden können. Vergesst nicht, was dem Schah von Persien widerfuhr, trotz der Berühmtheit, Macht und Erfahrung seines Sicherheitsdienstes. Oder das, was Ceauşescu in Rumänien geschah – wie er und seine Familie leiden mussten, wegen dem, was er seinem Volk angetan hatte.[1]

Es war, kurz gefasst, die Rede eines exilierten saudischen Oppositionspolitikers, der zum Sturz des Regimes aufrief. Eben weil es keine Brandrede gegen den Westen war, fand sie dort kein besonders großes Echo. Dabei war es eine jener ideologischen Ausführungen, die mehr über die Ziele al-Qaidas verraten als die meisten Verhöre von gefangenen Terroristen. Entgegen der vorherrschenden Wahrnehmung im Westen war der Zweck der Gründung des Terrornetzwerks al-Qaida nie allein die Bekämpfung des Westens durch Terror. Die treibende Kraft war vielmehr der Wunsch, die eigenen, als korrupt und unislamisch empfundenen Regime zu stürzen. Amerika und der Westen gerieten nicht zuletzt deshalb ins Fadenkreuz, weil sie als Unterstützer dieser Despoten wahrgenommen werden. All das wurde in dieser Rede deutlich.

Ein weiteres Ziel al-Qaidas, das über die Durchführung von Terroranschlägen gegen den Westen hinausgeht und mit dem Westen nur wenig zu tun hat, ist die Errichtung eines islamistischen Gottesstaates, eines Kalifats oder Emi-rats.[2] Zuletzt ließ sich Aiman al-Zawahiri, in seinem Brief an Abu Musab al-Sarqawi, ausführlich darüber aus:

Wenn unser Ziel in der Tat die Errichtung eines Kalifats nach dem Vorbild des Propheten ist und wir zugleich erwar-ten, dass dieser Staat – so erscheint es uns jedenfalls – im Herzen der islamischen Welt errichtet wird, dann sind dei-ne Anstrengungen und Opfer – mit Gottes Erlaubnis – ein großer Schritt in Richtung auf dieses Ziel.[3]

Sogar die Frage, ob dieses Kalifat nicht besser in Ägypten als im Irak entstehen solle, sprach al-Zawahiri an – ganz so, als stünde es schon vor der Tür.

Solcherlei Fragen haben für Kämpfer wie Anführer und Sympathisanten al-Qaidas eine große Bedeutung. Nur, wenn man diese Motive berücksichtigt, kann man einschätzen, was in Zukunft von al-Qaida zu erwarten sein wird. Nicht nur Umstände wie der Irakkrieg, auch der feste Vorsatz, die islamischen Führungen zu bekämpfen und ein Emirat oder Kalifat zu errichten, hat Einfluss auf al-Qaidas Ziel-auswahl, Rekrutierungspotenzial und weiteres Vorgehen.

Der bislang prononcierteste Versuch, eine mögliche Lang-zeitplanung al-Qaidas für die nächsten Jahre zu extrapolie-ren, stammt von dem jordanischen Journalisten und Autor Fuad Hussein. In seinem Buch »Die zweite Generation der al-Qaida« präsentiert er eine Art Agenda 2020 des Ter-rornetzwerks. Sie basiert, wie er sagt, auf seinen Korres-pondenzen mit verschiedenen Vordenkern al-Qaidas, unter anderem mit der schon erwähnten »Nummer drei«, Saif al-Adl.[4] Das Modell ist eine reine Konstruktion Husseins, kein al-Qaida-Stratege hat es in dieser Form je aufgeschrieben. Es ist kein authentisches Strategiepapier aus dem Innersten der al-Qaida, und so sollte es auch nicht gelesen werden.

Trotzdem lohnt es sich, diesen »Masterplan« näher zu betrachten. Fuad Hussein ist sicher, dass al-Qaidas Strategen in zeitlichen Abschnitten denken. Er hat sein Modell deswegen in sieben »Phasen« eingeteilt:[5]

Die erste Phase, »das Aufwachen« genannt, ist demnach bereits abgeschlossen; sie soll von 2000 bis 2003 gedauert haben, genauer gesagt von den Vorbereitungen der Anschläge vom 11. September 2001 in New York und Washington bis zum Fall Bagdads 2003. Das Ziel der Anschläge soll es gewesen sein, die USA zu Kriegen in der islamischen Welt zu provozieren, um die Muslime »aufzuwecken«. »Das Resultat der ersten Phase war – nach Empfinden der Vordenker und Strategen der al-Qaida – sehr gut«, schreibt Hussein. »Das Schlachtfeld wurde ausgeweitet, die Amerikaner und ihre Verbündeten wurden zu einem einfacher zu treffenden und näheren Ziel.« Dem Netzwerk sei es außerdem gelungen, seine Botschaften »an jedem Ort« hörbar zu machen.

Die zweite Phase, »das Augenöffnen«, läuft nach Husseins Einordnung im Moment ab; sie soll 2006 beendet werden. In dieser Zeit, so hoffen demnach die Terrorstrategen, werde sich die »islamische Gemeinschaft« der westlichen Verschwörung bewusst. Al-Qaida wolle sich in dieser Phase von einer Organisation zu einer Bewegung entwickeln. Das Netzwerk rechne damit, dass sich ihm in diesen Jahren viele junge Männer anschließen. Der Irak soll zudem zur Operationsbasis von globaler Bedeutung ausgebaut, eine »Armee« eben dort aufgestellt und außerdem Basen in anderen arabischen Staaten errichtet werden.

Die dritte Phase wird mit »das Aufstehen und Auf-zwei-Beine-Stellen« umschrieben. Sie soll den Zeitraum von 2007 bis 2010 umfassen. »Es wird eine Konzentration auf Syrien geben«, prophezeit Hussein auf der Grundlage seiner Rückmeldungen. Die kämpfenden Kader stünden bereit, zum Teil hielten sie sich im Irak auf. Auch Anschläge in der Türkei und gegen Israel würden für diese Jahre anvisiert. Angriffe auf Israel, so hoffen die Vordenker des Terrors demzufolge, werden aus al-Qaida eine allseits anerkannte Organisation machen. Möglich sei außerdem eine Ausweitung der Anschläge in den Nachbarländern des Irak, also etwa in Jordanien.

In der vierten Phase, zwischen 2010 und 2013, wird es al-Qaida Hussein zufolge darum gehen, den Sturz der verhassten arabischen Regierungen zu erreichen. »Der schleichende Machtverlust der Regime wird zu einem stetigen Zuwachs an Kraft bei al-Qaida führen«, laute das Kalkül. Parallel sollen Angriffe gegen Ölförderanlagen durchgeführt und die US-Wirtschaft durch Cyberterrorismus geschwächt werden.

In der fünften Phase, zwischen 2013 und 2016, soll es gelingen, ein Kalifat auszurufen. Der Einfluss des Westens in der islamischen Welt werde dann bereits massiv zurückgegangen sein, sagen die al-Qaida-Ideologen angeblich voraus, auch Israel werde derart geschwächt sein, dass keine Gegenwehr gefürchtet werden müsse. Der islamische Staat soll eine neue Weltordnung hervorbringen, rechnen sich die al-Qaida-Planer laut Hussein aus.

Die sechste Phase, beginnend 2016, sehe die »totale Konfrontation« vor, schließt Hussein aus dem, was ihm zugetragen worden ist. Unmittelbar nach Ausrufung des Kalifats werde die »islamische Armee« die von Osama Bin Laden oft vorhergesagte »Schlacht zwischen Glauben und Unglauben« anzetteln.

Schließlich soll *die siebte Phase* folgen, die mit »endgültiger Sieg« beschrieben wird. Die al-Qaida-Strategen gingen, so Hussein, davon aus, dass das Kalifat Bestand haben wird, weil die restliche Welt angesichts der Kampfbereitschaft von »anderthalb Milliarden Muslimen« klein beigeben werde.

Im Jahr 2020 soll auch diese Phase abgeschlossen sein, wobei der Krieg nicht länger als zwei Jahre dauern soll.

Was ist von dieser apokalyptischen Vision zu halten? Fuad Hussein hält sie, in Teilen zumindest, für realistisch: »Al-Qaida macht keine Kompromisse«, ist er überzeugt. Er fürchtet, dass es dem Netzwerk in absehbarer Zeit tatsächlich gelingen könnte, in einem Land die Macht zu übernehmen. Natürlich glaubt auch Hussein nicht, dass sein Szenario wie ein Plan zu betrachten ist, den al-Qaida nun nach und nach abarbeiten wird. So funktioniert das Netzwerk heute nicht mehr, wenn es überhaupt je so funktioniert haben sollte.

Ohne Zweifel sind Teile des »Masterplans 2020« zudem nachträglich zurechtkonstruiert. Niederlagen werden zu Erfolgen umgedeutet, unerwartete Ereignisse zu von langer Hand geplanten und absichtsvoll herbeigeführten. Das betrifft insbesondere die Interpretation des 11. September 2001. In Wahrheit dürfte sich Bin Laden eher erhofft haben, die USA von einem Angriff auf Afghanistan abzuschrecken, als Kriege im Nahen Osten auszulösen. Einfach vom Tisch wischen sollte man die Erkenntnisse Husseins dennoch nicht. Denn einige Ziele, die er in der Agenda zusammengetragen hat, sind plausibel. Dass etwa Syrien zunehmend in den Blickpunkt der Mudschahidin gerät, gilt unter etlichen Experten als gewiss. »Schließt die Reihen, konzentriert euch auf die Rekrutierung, gründet Zellen!«, hieß es Anfang August 2005 in einem Aufruf »an die Mudschahidin in Syrien« auf einer dschihadistischen Internetseite. Mittlerweile gibt es mehrere Dschihad-Erklärungen dieser Art, in denen zum Teil schon spekuliert wird, wie die Macht in dem Land am besten übernommen werden kann, wenn das Ba'th-Regime unter Baschar al-Asad erst einmal durch externe Intervention oder eine interne Revolte hinweggefegt sein wird.

Israel und die Türkei sind aus dem Blickwinkel der Dschihadisten betrachtet ebenfalls logische und für eine Eskalation geeignete Ziele. In der Türkei hat es al-Qaida-Anschläge bereits gegeben, andere wurden vereitelt. Dieses Land zu destabilisieren, das wegen seiner Nato-Mitgliedschaft und laizistischen Staatsform als Vorbild für die islamische Welt präsentiert wird, ist nahe liegend. Ein Anschlag gegen Israel wiederum stand insbesondere für Abu Musab al-Sarqawi und steht möglicherweise auch für seine Nachfolger weit oben auf der Agenda. In einem Interview mit der panarabischen Tageszeitung al-Hayat im März 2006 wies der palästinensische Präsident Mahmud Abbas auf ihm vorliegende Informationen hin, dass erste al-Qaida-Zellen bereits im Gazastreifen und dem Westjordanland aktiv seien.[6]

»Al-Qaida betrachtet grundsätzlich jede Auseinandersetzung als Sieg, weil die Muslime so lange nicht zu den Waffen gegriffen haben«, meint Fuad Hussein. Das könnte bedeuten, dass eine Ausweitung des Aktionsradius, ein Zuschlagen an so vielen Orten im Nahen Osten wie möglich, von al-Qaida-Kämpfern als ebenso wichtig aufgefasst wird wie die Qualität eines jeden einzelnen Anschlags. Darüber hinaus sind gezielte Attentate auf die Könige Saudi-Arabiens oder Jordaniens veritable Szenarien. Für die kommenden Jahre bedeutet das, dass mit einer Beruhigung im Nahen Osten wohl nicht zu rechnen ist.

Mit Sicherheit ebenfalls nicht gänzlich aus der Luft gegriffen dürfte das Anliegen des Netzwerks sein, sich zu einer Bewegung umzumodeln. Die Ausweitung der Propaganda, das Angebot von Schnittstellen zur Urorganisation an die Sympathisanten, die Aufforderungen, selbst aktiv zu werden: Viele der in diesem Buch beschriebenen Schritte al-Qaidas haben ja nichts anderes zum Ziel. Hier war das Netzwerk bisher wohl am erfolgreichsten.

Interessanterweise finden dagegen Großanschläge im

Westen in den Antworten der al-Qaida-Strategen an Fuad Hussein offenbar keine Erwähnung. Wegdenken darf man sie sich deswegen wohl kaum. Sie stellen ja in gewisser Weise die Königsdisziplin des islamistischen Terrorismus dar, dienen als Ausweise der Kompetenz und Stärke. Aber sie sind eben, und das belegt Husseins Szenario, nicht primärer Zweck al-Qaidas. Die Idee, die US-Wirtschaft durch gezielte Nadelstiche zu schädigen, steht derweil wiederum in Einklang mit dem Denken Bin Ladens, in dem ökonomische Fragen über die Jahre immer mehr an Bedeutung gewonnen haben.[7]

Natürlich bleibt die »Agenda 2020« unter dem Strich ein Manifest des Größenwahns. Al-Qaida wird weder den Dritten Weltkrieg noch einen finalen Kampf zwischen Gläubigen und Ungläubigen auslösen. Doch al-Qaida ist nicht die erste Terrororganisation, die sich unrealistischen Endzielen verschrieben hat, und gerade im Kontext des islamistisch-dschihadistischen Weltbildes erfüllt die religiöse Utopie einen bedeutsamen Zweck. Ohne sie dürfte es extrem schwierig sein, Anhänger zu finden oder Kämpfer, die das eigene Leben einsetzen. Denn die Utopie ist nicht nur das Ziel, sondern auch moralische und religiöse Rechtfertigung.

Andere von al-Qaida anvisierte Meilensteine klingen derweil unrealistischer, als sie es vielleicht sind. Die Bürgerkriegsstrategie etwa, die Abu Musab al-Sarqawi im Irak angestoßen hat, könnte im schlimmsten Fall dazu führen, dass einige Gegenden des Landes temporär in die Kontrolle von Dschihadisten übergehen. Nach dem Vorbild der Taliban in Afghanistan könnten sie versuchen, ein Emirat zu errichten, das dann jeweils so groß wäre, wie ihr Einflussgebiet reicht. Den Drang, darauf hinzuarbeiten, sollte man nicht unterschätzen: Die islamische Geschichte ist voll von

Beispielen für radikale Gruppen, die – sobald es möglich war – einen eigenen Staat errichtet haben. Im islamistischen Denken ist das schon fast eine Notwendigkeit, weil gottgefälliges Leben unter der Herrschaft »unislamischer« Regierungen nicht möglich ist. Radikale Islamisten wollen es dem Propheten nachtun, der die heidnischen Mekkaner verließ, weil sie seine Botschaft nicht hören wollten, und die *Hidschra* wählte, den Auszug nach Medina, wo er einen Staat errichtete.

Allerdings weiß al-Qaida natürlich, dass es ohne breite populäre Basis nie gelingen wird, dieses Ziel auch nur ansatzweise oder temporär zu erreichen. Den Fehler der Taliban, die lokale Bevölkerung am Emirat nicht teilhaben zu lassen, dürfe man nicht wiederholen, warnte Aiman al-Zawahiri deswegen in seinem schon zitierten Brief an al-Sarqawi: »Ohne (...) Unterstützung der Massen wird die islamische Dschihad-Bewegung zu einem Nichts zerfallen.«[8]

Und so hängt letztlich sehr viel von der Frage ab, wie viele Anhänger al-Qaida wird sammeln und halten können – und zu welchem Einsatz diese Unterstützer bereit sind.

Terror und Pop

Gerade da, wo al-Qaida in den vergangenen Jahren zahlreiche neue Anhänger gefunden hat, im Internet, zeigt sich derweil besonders deutlich, dass die Sympathisantenschar kein homogenes Gebilde ist – und nicht von jedem gleicher Einsatz für dieselben Dinge erwartet werden kann. So tummeln sich in den Diskussionsforen zwar durchaus solche, denen der Sinn klar erkennbar nach Kampf steht: Sie erkundigen sich auf den virtuellen schwarzen Brettern, wo sie Waffen bekommen können, wie man in den Irak gelangt oder ob jemand eine Moschee kennt, die einem bei der Ausbildung zum Dschihad-Kämpfer den Weg weisen kann. Dann aber gibt es andere, deren Beiträge zwar auf eine gefestigte islamistische Gesinnung, aber zugleich auf weniger ungestümen Kampfeswillen schließen lassen. In Koran und Prophetengeschichte bewandert, interpretieren diese Personen mit Eifer Bin Ladens Reden und bieten theologische Begründungen für den Kampf gegen die Ungläubigen an. Wieder andere jedoch, und um die soll es hier gehen, scheinen Osama Bin Laden und seine Gefährten nicht so sehr als Kriegsherren oder religiöse Führer zu bewundern – sondern als Popstars. Sie geben Anlass zu der Vermutung, dass al-Qaida nicht nur »hardcore«-, sondern auch »softcore«-Anhänger hat. Gibt es eine »Generation Dschihad-Pop«? Es gibt kein empirisches Material über sie.[9] Man kann nur versuchen, sich ihren Protagonisten über die Spuren anzunähern, die sie hinterlassen. Und das sind vor allem Bilder.

Als Erstes fällt der Blick auf eine in rötliches Abendlicht getauchte, gewaltige Bergkette mit scharfen Graten und tiefen Schluchten. Von links sanft in das Bild eingeblendet sind Teile einer Landkarte Afghanistans. Über der Szenerie zieht bedrohlich ein US-amerikanischer Bomber seine Kreise. Ein halbes Dutzend Mudschahidin in Schlachtmontur mit verschiedenen Waffen und in verschiedenen Größen heben sich derweil teils nur in Umrissen, teils scharf erkennbar vom Hintergrund ab, was dem Bild Tiefe gibt und den Eindruck erweckt, hier werde nicht eine einzelne Szene, sondern eine ganze Geschichte auf einem Bild vermittelt. »Indiana Jones und die Höhlen des Hindukusch«: Gäbe es diesen Film, »Abu Huzeifa« hätte das perfekte Plakat dafür entworfen. Doch hier geht es um einen anderen Film. Denn einer der abgebildeten Mudschahidin ist Osama Bin Laden, und das Bild heißt: »Der Löwe von Tora Bora«.

Andere Internetkünstler haben ähnliche Arbeiten geschaffen, um etwa Abu Musab al-Sarqawi zu verherrlichen. Ein Beispiel: Von links ragt eine Kalaschnikow ins Bild, auf der rechten Seite findet sie ihre Entsprechung in einem Porträt des »Emirs« im Profil. Dessen Blick ist in die Ferne gerichtet und schweift über die tiefblaue Oberfläche des von kleinen Wellen gekräuselten Meeres, das das untere Bilddrittel füllt. Der darüber liegende Horizont geht sacht in eine Landkarte des Irak über. Von deren Zentrum aus legt sich ein Strahlenkranz über die gesamte Montage. Auch dieses Bild könnte ein Filmplakat sein. Al-Sarqawi erscheint hier als »Lone Warrior« in einem seltenen Moment der Kontemplation, eine Art islamistisches Karate Kid oder nahöstlicher Rocky zwischen zwei Kämpfen.

Längst sind solche Montagen Dutzendware auf islamistischen Internetseiten. Oft werden sie von Diskussionsteilnehmern wie Visitenkarten an ihren Meinungsbeitrag angehängt. Zum Teil sind es handwerklich anspruchsvolle Arbeiten, die die al-Qaida-Fans auf diese Weise vorstellen. Sie müssen Stunden am Rechner gesessen haben, vielleicht Tage, um ein Dschihad-Plakat dieser Art zu entwerfen. Sie beherrschen Techniken und Computerprogramme, die darauf schließen lassen, dass sie einen gewissen Ausbildungsgrad haben oder zumindest sehr begabte und hingebungsvolle Autodidakten sind. Am interessantesten aber ist, dass die Formensprache, die sie häufig wählen, keine nahöstliche, arabische oder islamische ist: Die gesamte Ästhetik dieser Werke ist an westlichen Filmplakaten geschult.

Das unterscheidet sie krass von Webaktivisten traditionellerer Prägung. Die gibt es nämlich auch. Aber die schreiben lieber Qasiden – arabische Langgedichte nach klassischem Schema und Versmaß –, wenn sie einen gefallenen Kämpfer ehren oder Bin Laden verherrlichen wollen. Oder sie erstellen graphische Gebilde, die aus der hundertfachen

Wiederholung eines Begriffes (etwa »Allahu Akbar«, Gott ist groß) bestehen. Bäume, Kreise, Dreiecke entstehen durch diese Spielart der konkreten Poesie, die eine Anspielung auf die klassische arabische Kalligraphie darstellt, die wiederum durch das Bilderverbot zur Blüte gebracht wurde. Die Internet-Popkünstler wählen jedoch ein Format aus einem anderen, aus einem vermeintlich feindlichen Kulturkreis. Warum? Hat das eine tiefere Bewandtnis? Oder ist es einfach ein verstörendes Ergebnis einer globalisierten Welt?

»Viele dieser Jungs«, sagt der Stuttgarter Verfassungsschützer Herbert Landolin Müller über die im Internet aktiven al-Qaida-Anhänger, »sind, wenn man so will, viel bessere Okzidentalisten, als wir Orientalisten sind.« Er sieht sie als »Kinder der Moderne – in jeder Hinsicht«. Damit meint er, dass sie mit der westlichen Ästhetik, Bildsprache und Programmiertechnik vertraut sind, weil das alles auch in der islamisch-arabischen Welt erhältlich, konsumierbar und erlernbar ist. Und falls die Webaktivisten im Westen leben, sind sie sogar permanent davon umgeben.

Doch man kann aus diesen Bildarbeiten mehr als eine bloße Vertrautheit lesen, ohne sie gewaltsam überzuinterpretieren. Wenn jemand Bin-Laden-Plakate nach westlichem Vorbild produziert, dann spricht er letztlich eine Fremdsprache. Deshalb liegt der Schluss nahe, dass er – vielleicht auch unbewusst – etwas mitteilen möchte. Vermutlich findet mittels dieser Montagen also ein Sichmessen, Sichvergleichen statt. Wenn man so will: eine Art Kontaktaufnahme mit dem Feind. Die erste Botschaft, die diese Montagen aussenden, lautet: »Unser Indiana Jones ist Osama Bin Laden. Er ist genauso cool, genauso lässig, und das Beste ist – er ist echt.« Das zweite Signal ist etwas subtiler. Es bedeutet: »Glaubt bloß nicht, dass wir primitiv und zurückgeblieben sind. Wir können mit eurer Technik umgehen, wir können euch sogar kopieren und in euren eigenen Disziplinen übertreffen.« Es ist diese zweite Ebene, die besonders interessant ist. Denn sie wirft ein Licht auf die persönliche Befindlichkeit der Internetkünstler.

In den meisten islamischen und in fast allen arabischen Ländern haben die Regierungen komplett darin versagt, Arbeitsplätze für die nachwachsenden, geburtenstarken Jahrgänge zur Verfügung zu stellen. Gehemmt durch bizarr hohe Rüstungsausgaben und Korruption sowie schlechte Regierungspraxis ist über Jahrzehnte hinweg viel zu wenig Geld für intelligente Wirtschaftsförderung aufgewandt worden. Das hat dazu geführt, dass in vielen dieser Länder eine Menge sehr gut ausgebildeter junger Menschen keine Aufstiegschanchen, ja nicht einmal Einstiegschancen haben. Der Human Development Report für die arabische Welt, den die Uno angefertigt hat, beschreibt diese Missstände schonungslos.[10] Zahnärzte verdingen sich als Verkäufer, Ingenieure und Programmierer als fliegende Buchhändler – das ist Alltag im Nahen Osten. Es wäre nicht verwunderlich, wenn einige der Urheber der erwähnten Montagen zu diesem Personenkreis zählen und auf diese Weise ihre erlernten, aber nutzlosen Fähigkeiten ausleben. Eine Mischung aus Frust über das eigene Leben und Begeisterung dafür, dass einer endlich einmal etwas unternimmt (und sich auch gegen die Regierungen wendet, die mitschuldig sind an der katastrophalen Lage der arabischen Jugend) – das könnte eine ihrer Triebfedern sein. Sie projizieren ihre eigenen Wünsche auf Bin Laden, al-Zawahiri und andere Terrorführer, und denen kommt damit eine Funktion zu, die Popstars auf der ganzen Welt haben. »Die jungen Araber sehnen« sich nach Siegertypen«, meint Fuad Hussein. Nach Arabern, die Erfolg haben, Angst verbreiten und Respekt erfahren.

Terror und Populärkultur: Auch andere Beispiele zeigen, dass es zwischen diesen beiden Sphären, die einander so entgegengesetzt scheinen, zumindest für eine kleine Gruppe von Personen Schnittmengen gibt. Anfang 2004 etwa machte in London ein Rapvideo Furore, das die Attentäter des 11. September 2001 verherrlichte. In dem Band wurde zum Dschihad aufgerufen, Bin Laden als »leuchtender Stern« gepriesen.[11] Und die panarabische Tageszeitung »al-Scharq al-Awsat« befasste sich im Juli 2005 in einem Debattentext mit der Frage, wie man junge Saudi-Araber davon abhalten könne, in die »Terrorfalle« zu tappen. Der Text beklagte, dass Dschihad-Propagandisten ungehinderten Zugang zu Schulkindern hätten und ihnen Flausen in den Kopf setzten. »Schnelle Autos, Fußball oder al-Qaida? Entscheidungen über Entscheidungen!«, lautete die Überschrift des Beitrags. Sie drückte die Befürchtung aus, die Entscheidung, al-Qaida gut zu finden, sei vielleicht wesentlich banaler, als man meinen könnte.[12]

Dazu passt, was der Islamwissenschaftler Reinhard Schulze glaubt: Dass der Dschihad für ein bestimmtes Segment der al-Qaida-Anhängerszene nämlich nicht die einzige prägende Kraft ist, sondern einer neben anderen Einflüssen: »Der Jihad ist wie eine Jugendbewegung«, meint Schulze. »Das Einzige, was optimistisch stimmt, ist, dass es in diesen Kreisen neben der Idee vom Jihad weitere Deutungsangebote gibt. (...) Das beginnt mit Heavy Metal, das kann Hip-Hop sein, das kann irgendetwas sein. Man soll ja nicht glauben, dass die muslimischen Jugendlichen allein einer Jihad-Idee anhängen. Viele sind auf irgendeine aktuelle Szene-Kultur eingeschworen.«[13]

Niemand kann sagen, wie groß die »Generation Pop-Dschihad« unter den al-Qaida-Sympathisanten ist. Sicher jedoch dürfte sein, dass diese Anhänger Bin Ladens in der Regel ein geringeres Sicherheitsrisiko darstellen als andere Fälle, in denen die Verehrung für die Vorkämpfer des Dschihad auf einer solideren, ideologischeren Basis als Jugendrebellion und persönlichem Frust steht. Es liegt sogar nahe anzunehmen, dass einige Vertreter dieses Segments ihre momentane Sympathieverteilung später korrigieren werden, dass sie also nur eine Phase durchleben oder eine Mode mitmachen. Zugespitzt formuliert: Wahrscheinlich würden sie einer Green Card für die USA den Vorzug vor einem Ticket in den Dschihad geben. Diesen Personen ist der (Rück-)Weg in den Mainstream der Gesellschaft noch nicht verbaut.

Andererseits kann man diese Personen natürlich auch nicht einfach ignorieren oder rausrechnen, wenn man über al-Qaida-Unterstützer redet. Sie spielen innerhalb der neuen al-Qaida trotz allem eine wichtige Rolle. Spätestens im dritten Kapitel dieses Buches ist klar geworden, dass zum Beispiel auch die Verbreitung von Propaganda und Terrorvideos längst zum Kalkül der Vordenker und Strategen dazugehört und als Teil des Dschihad betrachtet wird. Für die Zukunft von al-Qaida bedeutet dieses Phänomen der Vermischung von Terror, Pop und Jugendrebellion allerdings, dass eine Entwicklung vorstellbar ist, in der zwar die Unterstützerkreise al-Qaidas immer weiter werden – die Ideologie der Organisation dafür aber immer weiter verwässert wird, weil für viele Sympathisanten das Ikonografische, das Emblematische der Dschihad-Idee in den Vordergrund rückt. Je größer, desto bedrohlicher: Diese Faustregel muss auf die neue al-Qaida nicht uneingeschränkt zutreffen. Al-Qaida-Sympathisant ist nicht gleich al-Qaida-Sympathisant: Das zeigen auch andere Entwicklungen innerhalb des Netzwerks.

Rakan Bin Williams

»Rakan Bin Williams: Diesen Namen werdet ihr eines Tages noch hören!« Das waren die ersten Worte jenes Internet-postings, das unter der Überschrift »Der künftige Kämpfer der al-Qaida« Ende Oktober 2005 auf mehreren einschlägigen Dschihad-Websites kursierte. Der Beitrag wurde noch aufgewertet, indem er unter dem Logo der »Global Islamic Media Front« verbreitet wurde.[14] Als Verfasser zeichnete »Rakan Bin Williams, Europa« gleich selbst. Das war ohne Zweifel ein Kunstname. Die merkwürdige arabisch-westliche Mischform dürfte gewählt worden sein, um der strategischen Vision, die in dem Vier-Seiten-Papier entwickelt wurde, Nachdruck zu verleihen. Denn der Autor prophezeite, dass die nächste Generation Dschihadisten, die Anschläge im Namen al-Qaidas ausführen, europäische Islam-Konvertiten sein würden.

Der israelische Terrorexperte Reuven Paz hat den Kunstnamen des Verfassers dekonstruiert: »Wir wissen nicht, wer die Botschaft verfasst hat, aber der Name für den ›Dschihad-Superhelden‹ – Rakan – erinnert uns an den legendären islamischen Helden des Mittelalters, der, in Arabien geboren, später gegen die Mongolen im Irak und in Persien kämpfte. Kürzlich wurde er der Held einer Comicserie im Nahen Osten, die den Titel ›Einsamer Kämpfer‹ trägt.«[15] Der Zusatz »Sohn des Willam(s)« soll dabei zweifellos den westlich-christlichen Ursprung dieses »künftigen Kämpfers der al-Qaida« unterstreichen.

Die Argumentation in dem Papier ist ziemlich simpel. Sie muss deswegen aber nicht völlig abwegig sein. Die Anschläge vom 11. September 2001, schreibt der Autor, seien hauptsächlich von Saudis ausgeführt worden, weswegen sich der »Kampf gegen den Terror« unter Führung der USA zunächst auf Saudi-Araber konzentrierte. Dann jedoch folgte der Anschlag von Bali 2002, ausgeführt von Indonesiern, womit die USA nicht gerechnet hatten. Sie schlossen also Indonesier in ihre Überwachungsmaßnahmen ein. Doch wieder war ihnen al-Qaida einen Schritt voraus, denn nun erfolgte der Anschlag von Madrid, mit wieder einem anderen Tätertypus – arabischen Immigranten. Während der Westen nun erneut glaubte zu wissen, von wo die Gefahr drohte (und wegen der Desinformation der »Brigaden des Abu Hafs al-Masri« Italien im Fadenkreuz wähnte), schlug al-Qaida einfach in London zu – und zwar mit Hilfe pakistanischstämmiger Täter. Der nächste Schachzug al-Qaidas, so der Autor, seien nun konsequenterweise eben Täter nach dem Muster »Rakan Bin Williams«: Konvertiten zum Islam, die im Westen aufgewachsen sind und heimlich zu al-Qaida-Anhängern mutieren, ohne dass jemand etwas ahnt. »Dies schrieb euer Bruder Rakan Bin Williams, der nach dem Märtyrertum dürstet«, endet die Botschaft, die wohl zugleich noch den Eindruck erwecken sollte, der Autor selbst stehe kurz vor einem Anschlag.

»Rakan ist die Dschihadi-Antwort auf Superman, Batman und deren Kollegen«, fasste Reuven Paz diese Horrorphantasie zusammen. Ignorieren solle man sie jedoch keinesfalls: »Nachrichtendienste, Sicherheitsbehörden und die westliche Öffentlichkeit sollten diese Botschaft, trotz ihres arroganten Charakters, ernst nehmen.« Ist es wirklich denkbar, dass Konvertiten in den Rängen al-Qaidas künftig eine tragende Rolle spielen? Schon die bisherige Entwicklung zeigt, dass nichts auszuschließen ist.

Im November 2003 etwa wurde 25 Kilometer von der tschetschenischen Hauptstadt Grozny entfernt der deutsche Konvertit Thomas Fischer von russischen Sicherheitskräften erschossen. Der gebürtige Schwabe war an der Seite tschetschenischer Rebellen in den Dschihad gezogen. Als er starb, war er 25 Jahre alt. Seine Begeisterung für den Islam war bereits während der Pubertät geweckt worden; später, als junger Mann, geriet er in den Sog einer Ulmer Moschee, die für radikale Auswüchse bekannt ist.[16] Er nannte sich bald nur noch »Hamza«, und relativ schnell reifte in ihm der Entschluss, in den Kampf zu ziehen.

Noch spektakulärer gestaltete sich die Dschihad-Karriere des Christian Ganczarski, der in den Jahren 2000 und 2001 in den afghanischen al-Qaida-Camps ein- und ausging.[17] Sein Aufstieg zum Terroristen begann, nachdem er sich während eines gesponserten Studienaufenthalts in Saudi-Arabien in den neunziger Jahren radikalisiert hatte. Konvertiert war er bereits 1986, nachdem ein tunesischer Arbeitskollege ihm den Islam nahe gebracht hatte. Im Anschluss an seine Rückkehr aus Saudi-Arabien machte Ganczarski eine folgenschwere Bekanntschaft: Er traf auf Muhammadou Ould Slahi, heute Insasse in Guantánamo Bay, der damals schon zwischen der deutschen Uni, an der er eingeschrieben war, und den al-Qaida-Camps in Afghanistan pendelte. Ganczarski schloss sich an. Später soll er als Computer- und Logistikexperte für al-Qaida gedient haben. Er probierte neue Anschlagspraktiken aus, schloss Bekanntschaft mit einigen der 9/11-Verschwörern, war vertraut mit Planungschef Khalid Scheich Muhammad und aß angeblich sogar zur Rechten Bin Ladens. Seit Juni 2003 sitzt er nun in Frankreich in Haft – ihm wird vorgeworfen, eine Rolle beim Anschlag von Dscherba 2002 gespielt zu haben, denn kurz vor der Explosion erhielt er einen Anruf des Attentäters.

Auch einer der Rucksackbomber von London, Germaine Lindsay, war ein Konvertit, der sich im Alter von 15 zum Islam bekehrt hatte. Er wurde rasch zum Eiferer, der zum Beispiel auffiel, weil er laut und ausdauernd in der Moschee betete. Sogar das Fußballspielen gab er aus religiösen

Gründen auf. Um vom Neu-Muslim zum Massenmörder zu werden, brauchte er gerade einmal vier Jahre.[18]

Am schockierendsten aber ist vielleicht der Weg der Muriel Degauque, die sich am 9. November 2005 in Ba'kuba im Irak in die Luft sprengte und zur ersten westlichen Selbstmordattentäterin wurde.[19] Die 38-jährige Belgierin hatte über mehrere Stationen zum Islam gefunden; ein erster Kontakt war ihre Ehe mit einem Türken. Später heiratete sie einen marokkanischstämmigen Belgier, der sie an den Terrorismus herangeführt haben dürfte. Er soll mit dem Subnetzwerk nordafrikanischer Militanter in Kontakt gestanden haben, das im zweiten Kapitel angesprochen wurde. Auch er wollte im Irak sterben, wurde aber, bevor er seine Sprengladung zünden konnte, von US-Soldaten erschossen. Von der katholischen Erstkommunion in einer belgischen Arbeiterstadt zur islamistischen Selbstmordattentäterin im Auftrag des »Schlächters von Bagdad« – eine unfassbare Entwicklung, die ratlos macht.

Freilich wäre es völliger Unfug, aus diesen außergewöhnlichen Lebensläufen den Schluss zu ziehen, dass die Community der Konvertiten in Europa unter Sicherheitsgesichtspunkten durchleuchtet werden müsse. Allein in Deutschland gehören nach Kenntnisstand des Zentralinstituts Islam-Archiv-Deutschland in Soest über 14 000 Personen zu diesem Kreis. Nach Aussage des Leiters, Salim Abdullah, sind 62 Prozent der neuen Konvertiten Frauen, »überwiegend Akademikerinnen, gut situiert und gut ausgebildet (...) Nur ein geringer Teil der Frauen tritt zum Islam über, weil sie einen Moslem geheiratet haben«, meint Abdullah.[20] Zwar ist es ein bekanntes Phänomen, dass viele Konvertiten zu einem Leben nach strengen Vorschriften neigen. Aber das deutet ja in keiner Weise auf eine besondere Anfälligkeit für den Terrorismus hin. Eher scheint der Weg in den bewaffneten Dschihad über brisante Bekanntschaften zu führen, die in der Folge manchmal geknüpft werden. Das legen jedenfalls die skizzierten Fälle nahe. Oft ist der Wunsch nach Zugehörigkeit zu einer Gruppe das Motiv für eine Konversion, zu einer Gemeinschaft, in der die überwundene Vergangenheit und ethnische Unterschiede keine Rolle spielen.[21] Wenn dieser Wunsch nun, durch was für Verknüpfungen oder Zufälle auch immer, ausgerechnet von einer Gruppe radikaler und militanter Islamisten erfüllt wird, dann können solche Biographien zustande kommen.

Die vier hier erwähnten Konvertiten scheint zudem zu einen, dass sie eher isolierte Charaktere waren, bevor sie konvertierten. Mit Ausnahme von Fischer kamen sie außerdem aus prekären familiären Verhältnissen, nahmen Drogen oder waren in Kleinkriminalität verwickelt. Den Übertritt zum Islam empfanden sie wahrscheinlich als Rückkehr auf einen geraden Pfad und Chance für einen Neubeginn. Dieses Element der persönlichen Neugründung teilen sie mit den Instant-Mudschahidin. Dass der neue Lebensabschnitt in den Terror führt, mag derweil ganz verschiedenen Auslösern geschuldet sein. Mit Sicherheit spielt das radikale Umfeld eine Rolle. Sie scheinen es jedoch eher gefunden als gesucht zu haben – selbst Ganczarski wäre ohne sein Stipendium für die Uni in Saudi-Arabien vielleicht nie ein Radikaler geworden.

Auf der »Empfängerseite«, auf Seiten von al-Qaida & Co., bestand unterdessen noch nie ein Dünkel gegenüber nicht als Muslime geborenen Rekruten; das belegt eindrucksvoll nicht zuletzt der Aufstieg Ganczarskis in das Umfeld von Khalid Scheich Muhammad. Schon im Mai 2003 warnte der französische Untersuchungsrichter Jean-Louis Bruguière, dass europäische Terrornetzwerke zunehmend versuchten, westliche Frauen zur Erfüllung logistischer Aufgaben zu rekrutieren, weil sie weniger auffällig seien. Von dort, so der Mann, der den Prozess gegen Ganczarski vorbereitet, sei es dann nur noch eine Frage der Zeit, bis sie auch zu Gewalttaten herangezogen würden.[22]

Ob es derweil zu einer regelrechten neuen Taktik al-Qaidas werden könnte, vermehrt Terrorrekruten aus diesem Kreis zu suchen – wie der rätselhafte Autor »Rakan Bin Williams« suggeriert –, ist schlicht nicht zu beantworten. Es gibt keine Zahlen oder Daten, die das bestätigen. Damit rechnen muss man aber. Eine solche Praxis dürfte al-Qaida darüber hinaus in dem Maße leichter fallen, in dem die konkrete Begründung für den bewaffneten Kampf nicht nur von Muslimen geteilt wird, sondern auch in den Kreisen, aus denen die Konvertiten ursprünglich kamen. Gegen den Irakkrieg gingen weltweit auch Millionen Nichtmuslime auf die Straße. Gegen die Stationierung von US-Truppen auf saudi-arabischem Boden kein Mensch.

»Ich wäre nicht überrascht, wenn vermehrt Konvertiten eingesetzt würden«, sagte Reuven Paz im November 2005 während des Interviews im »Dan Accadia«-Hotel. Das war zwei Tage, nachdem sich im Auftrag von Abu Musab al-Sarqawi eine Frau in die Luft gesprengt hatte – aber noch drei Wochen, bevor bekannt wurde, dass die Attentäterin eine belgische Konvertitin namens Muriel Degauque war.

Wer oder was wird al-Qaida sein?

Wird es al-Qaida in den nächsten fünf, zehn oder zwanzig Jahren gelingen, eine schmutzige Bombe in den USA oder einem europäischen Land zu zünden und Hunderte Menschen zu verstrahlen? Oder werden der fortschreitende Zerfall der zentralen Führung und der anhaltende Verfolgungsdruck durch die Sicherheitsbehörden dieser Welt dazu führen, dass al-Qaida keine größeren Anschläge mehr zustande bringt und nur deswegen noch ein Begriff sein wird, weil selbst ernannte al-Qaida-Kämpfer missliebige Personen und Institutionen mit gezielten Attentaten und low-key/low-damage-Anschlägen verunsichern? Werden westliche Firmen sich in zehn Jahren daran gewöhnt haben, mit dem politischen Arm al-Qaidas Verhandlungen zu führen, wenn es darum geht, ein neues Touristen-Ressort auf der ägyptischen Sinai-Halbinsel zu errichten? Wird sich in fünfzehn Jahren vielleicht in einem von Gott und jeder Staatsgewalt verlassenen Landstrich, irgendwo im Jemen, in Somalia oder im Irak, in einer Ecke Saudi-Arabiens oder in Pakistan ein al-Qaida-Emirat etabliert haben? Oder wird der Begriff al-Qaida schon in fünf Jahren für eine zahnlose Bewegung von Untoten stehen, von zur Untätigkeit verdammten, in Erdlöchern versteckten Unbekehrbaren, deren »Führer« zu viele zu großspurige Drohungen ausgestoßen haben, als dass sie damit noch einen Sympathisanten hinter dem Ofen hervorlocken könnten – und vor denen deswegen auch niemand mehr Angst hat?

Viele Szenarien sind vorstellbar, wenn es um die langfristige Entwicklung al-Qaidas geht, und nur wenige sind mit gutem Grund zu verwerfen. So steht zum Beispiel außer Frage, dass al-Qaida mehrfach versucht hat und wahrscheinlich auch weiter versucht, radioaktives Material in die Hände zu bekommen.[23] Ob das und der Bau einer »schmutzigen Bombe« sowie ihre Zündung funktionieren wird, liegt nicht zuletzt in den Händen der internationalen Sicherheitsbehörden. Vom Erfolg oder Misserfolg al-Qaidas bei diesen und anderen Anschlagsvorbereitungen hängt aber wiederum ab, eine wie große Gefolgschaft das Netzwerk dauerhaft an sich binden kann. Denn ohne erfolgreiche Anschläge dürften Osama Bin Laden und seine Mitstreiter viele ihrer Sympathisanten wieder verlieren. Sollten alle anderen Faktoren, die junge Dschihadisten in die Fänge al-Qaidas treiben, erhalten bleiben, wäre dagegen nicht einmal der Tod Osama Bin Ladens ein Ereignis, das den Gang der Dinge entscheidend beeinflussen würde. »Ihr mögt Bin Laden töten«, sagte 2004 der britische Hassprediger Scheich Omar Bakri Muhammad, »aber das Phänomen kann man nicht töten. Das kann man nicht zerstören.«[24] Neue Anführer würden sich erklären, das Vakuum wäre wohl rasch gefüllt.

Was auch immer al-Qaida in der Zukunft sein wird, eines ist ausgeschlossen: dass das Netzwerk jemals wieder einen Organisationsgrad erreicht wie vor dem 11. September 2001. Die alte al-Qaida gibt es seit dem 12. September 2001 nicht mehr, und es gibt keine Chance für eine Rückkehr. Es ist zwar möglich, dass aus der dramatischen Lage im Irak neue Netzwerke des Terrors hervorgehen, die versuchen werden, ähnlich zu agieren. Sie könnten zu einer ernsthaften Bedrohung der internationalen Sicherheit heranwachsen. Aber den Freiraum, den Bin Laden und seine Männer einst genossen, werden auch sie nicht haben.

Dass al-Qaida heute, fünf Jahre nach Beginn des »Kriegs gegen den Terrorismus«, noch immer die schlagkräftigste Repräsentantin des militanten Islamismus ist, lässt sich nur damit erklären, dass sie gelernt hat zu lernen. Sie ist heute keine archaische Organisation mehr, sondern ein zumindest in Teilen intelligentes, kreatives, interaktives Netzwerk. Diese Flexibilität ist al-Qaidas größte Stärke – und zugleich Schwäche. Sie ist der Preis, den das Netzwerk für das Überleben nach dem 11. September 2001 bezahlt hat. Hätte al-Qaida sich nicht gewandelt, wäre sie schon Geschichte. Nun, da sie es getan hat, entgleitet sie jedoch wie Frankensteins Kreatur zusehends ihrem Schöpfer. Schon jetzt wird der Mainstream dessen, was al-Qaida ist, vor allem in den Debatten im Internet definiert, an denen Bin Laden und al-Zawahiri nur noch indirekt beteiligt sind, meint Reuven Paz.

Im Moment hat das Terrornetzwerk einen Zustand angenommen, der in diesem Buch als »die neue al-Qaida« bezeichnet wurde: Reste der Urorganisation dienen nach wie vor als wichtige Knotenpunkte in einem nach wie vor internationalen Netzwerk, das unter veränderten und erschwerten Bedingungen gelernt hat, möglichst effektiv seine Ziele zu verfolgen. Die Öffnung gegenüber den Anhängern hat dafür eine wichtige Rolle gespielt. Doch was, wenn die Neuerfindung al-Qaidas noch nicht abgeschlossen ist? Die entscheidende Frage der kommenden Jahre wird sein: Entwickelt sich das Netzwerk vollends zu einer *Bewegung* weiter, die noch schwieriger zu bekämpfen ist, weil sie noch virtueller wäre und noch mehr Anhänger hätte?

Ja, fürchten die Analysten der US-Militärakademie West Point. Sie haben Anfang 2006 auf der Grundlage von erbeuteten Papieren aus dem internen Schriftverkehr al-Qaidas eine Studie verfasst, die Ratschläge enthält, wie der Kampf gegen der Terrorismus effektiver gestaltet werden kann. Punkt 12 lautet: »Sich auf al-Qaidas Transformation von einer Organisation zu einer sozialen Bewegung einstellen«.[25] Al-Qaida versuche, »die lose Koalition von Organisationen, Persönlichkeiten und Ideen, die al-Qaida zu nennen man sich angewöhnt hat, in eine globale revolutionäre Bewegung umzuformen«. Diese Wandlung, heißt es weiter, würde eine »überragende Herausforderung« für die US- und andere Regierungen bedeuten – und müsse »um jeden Preis« aufgehalten werden.[26]

Diametral entgegengesetzter Ansicht ist der französische Islamismusforscher Olivier Roy: »Die ›Massen‹ werden am Straßenrand stehen gelassen, um zuzuschauen, wie al-Qaida eine Art apokalyptisches Videospiel spielt. In diesem Sinne ist al-Qaida eher eine Mafia oder eine Sekte als eine professionelle Untergrundorganisation. (...) Islamistische Radikale werden nicht in der Lage sein, stabile und dauerhafte Unterstützerkreise zu finden.« Al-Qaida, schreibt Roy zusammenfassend, sei »keine strategische Bedrohung, sondern lediglich eine für die Sicherheit«.[27] Und: »Bin Laden hat zum Dschihad aufgerufen, aber er ist gescheitert.«[28]

Bin Laden, ein Loser? Gemessen an seinen Visionen und Drohungen vielleicht, aber nicht gemessen an den tatsächlichen tausenden Toten, die er zu verantworten hat. Man sollte auch nicht aus dem Blick verlieren, was zur Gründung al-Qaidas und ihrer Vorläufer- und Nachfolgerorganisationen sowie zum steten Zufluss von Kämpfern geführt hat: die Wut über die ja tatsächlich korrupten Regime in der islamischen Welt, die wirklich ungelösten Konflikte von Palästina bis Kaschmir sowie die von Arroganz wahrlich nicht freie Politik der USA im Nahen Osten und anderswo. Solange diese Gründe fortbestehen, wird es militante Islamisten geben. Einige werden Terror als Methode auch künftig gutheißen und al-Qaida unterstützen.

Roy hat jedoch insofern Recht, als für die künftige Erscheinungsform al-Qaidas die Zahl ihrer Anhänger wichtiger ist als die ihrer aktiven Kämpfer und Kader. Instant-Mudschahidin, die vor ihren Anschlägen nie mit einem al-Qaida-Kader zu tun hatten, und Cyber-Dschihadisten, die mal im Internet und mal in der realen Welt zuschlagen, sind neue Entwicklungen, die sich selbstständig gebildet haben – beeinflusst durch Bin Ladens Propaganda, aber nicht von ihm gesteuert. Der Weg al-Qaidas zur Bewegung führt über einen weiteren Zuwachs an Sympathisanten dieser Art. Alle jetzt schon in Ansätzen zu beobachtenden Effekte würden sich dadurch verstärken, das Netzwerk würde noch dezentraler werden, noch weniger hierarchisch, noch offener. Vielleicht würde es aussehen wie die Bewegung der Globalisierungskritiker, die gar kein Zentrum hat, aber trotzdem einen politischen Faktor darstellt und sogar internationale Großveranstaltungen organisieren kann. Eine

Art *Wiki-Qaida* könnte am Ende dieser Entwicklung stehen: ein internetbasiertes Dschihad-Projekt, an dem jeder mitschreiben, mitarbeiten und mitgestalten darf und das zugleich schreckliche Anschläge in der realen Welt durchführt.

Innerhalb al-Qaidas würden sich vielleicht Flügel herausbilden, die sich entlang ideologischer Scheidelinien sortieren. An bestimmten Anknüpfungspunkten wären dann Bündnisse mit anderen Bewegungen denkbar: mit den Linken etwa gegen die Kapitalisten und die USA oder mit den Rechten gegen die Juden. Letztlich beschreibt auch der Skeptiker Roy einen Zustand, der gar nicht so weit von diesem Szenario entfernt ist. So glaubt er zum einen, dass »der radikale Islam weniger islamisch werden müsste, um Alliierte zu finden«. Zum anderen konstatiert er: »Eines Tages könnte es ihnen (den radikalen Islamisten, Y. M.) gelingen, Unterstützung unter den europäischen Ultralinken oder bestimmten ›Befreiungsbewegungen‹ (zum Beispiel ehemalige Ba'thisten im Irak oder ETA in Europa) zu finden.«[29]

Es ist kein unrealistisches Szenario, dass al-Qaida im Laufe der kommenden Jahre ideologisch weiter zerfasert. Einige Vordenker, die eher am ideologischen Rande al-Qaidas stehen, haben schon ein gewisses Gewicht gewonnen. Man kann das zum Beispiel an der bereits zitierten Analyse der West Point Academy ablesen, denn deren Bild von al-Qaida beruht zu einem Teil auf den Aufsätzen von Abu Musab al-Suri, der zum »revolutionären« oder »linken« Flügel al-Qaidas gehört und gar keine Mehrheitsmeinung vertritt. Gelegentlich lässt sich bereits beobachten, wie die al-Qaida-Führung versucht, die Stränge wieder zusammenzuführen. Besonders eindrucksvoll zuletzt, als Aiman al-Zawahiri den London-Anschlag für al-Qaida reklamierte, indem er eine eigene Ansprache mit dem Märtyrervideo eines der Attentäter zusammenschneiden ließ, um eine starke Verbindung zu suggerieren. Sicher, auf der einen Seite hatte al-Zawahiri offenkundig frühzeitig Zugriff auf dieses Band. Auf der anderen Seite sind die britischen Behörden mittlerweile überzeugt: Eine *direkte Beziehung* zu al-Qaida hatten die London-Bomber nie.

Al-Qaida als Bewegung – das wäre eine Chance und eine Gefahr zugleich. Eine Gefahr, weil die Bekämpfung einer Bewegung mit militärischen Methoden undenkbar ist, Alternativen aber noch nicht entwickelt sind. Eine Chance, weil die damit einhergehende Verwässerung den langsamen Tod des Phänomens beschleunigen würde, das wir heute al-Qaida nennen. Der Feind wäre eine weniger sektenmäßige, weniger durch Freundschaft, Loyalität, Kampferfahrung und religiöse Utopie verbundene Gruppe und dadurch wahrscheinlich weniger schlagkräftig.

Entscheiden wird sich die Zukunft al-Qaidas jedoch nicht zuletzt in der arabischen Welt. Denn sie ist im Kern und von ihren Ursprüngen her ein Zusammenschluss militanter arabisch-islamistischer Bewegungen, und Kooperationen mit nichtarabischen Islamisten sind zwar häufiger geworden, aber immer noch die Ausnahme. Arabisch ist zudem die *lingua franca* des Netzwerks. Und Araber stellen noch immer die meisten ihrer Attentäter. Auch auf lange Sicht werden sie den größten Pool an Nachschub bilden.

Gegenwärtig sieht es so aus, als ob die Zahl der al-Qaida-Sympathisanten, soweit man dies aus den Aktivitäten im Internet ableiten kann, eher noch steigt. Und ganz gewiss verfügt das Netzwerk über genügend viele zum Terror bereite Kämpfer, um sicherzustellen, dass auch in den kommenden Jahren noch Anschläge nach dem Muster von Madrid, London und Amman stattfinden – und zwar in islamischen ebenso wie in westlichen Staaten. Kurz- und mittelfristig ist deshalb das wahrscheinlichste Szenario, dass wir die

Fortsetzung der gängigen Praxis erleben werden. Zumal es höchst zweifelhaft ist, dass al-Qaida *irgendwo* genügend Anhänger hat, um auch nur eines ihrer Ziele zu verwirklichen, die darüber hinausgehen – also etwa die Installation einer quasistaatlichen Einheit oder einen Staatsstreich mit Machtübernahme. Hier wird es wohl eher bei blutigen Versuchen bleiben.

Allerdings haben die Anschläge von Amman gezeigt, dass die Sympathiewerte al-Qaidas nicht unangreifbar sind. Ein bedenkenswerter Zusammenhang hat sich offenbart: Al-Qaida verliert in der arabischen Welt Anhänger, wenn sie zu brutal und willkürlich zuschlägt – nicht etwa, weil sie zu wenige blutige Anschläge verübt. Angesichts dessen tun sich neben dem Szenario, dass al-Qaida sich vom Netzwerk noch einen Schritt weiter zur Bewegung entwickelt, weitere Möglichkeiten auf: Al-Qaida könnte sich durch ihre Brutalität auch marginalisieren. Anhänger könnten zu gemäßigt islamistischen, nichtmilitanten Gruppen abwandern, wie etwa den Muslimbrüdern in Jordanien oder Ägypten, die sogar im Parlament mitarbeiten. Oder das Vakuum könnte durch neue terroristische Netzwerke gefüllt werden, die zum Beispiel nur noch solche Anschläge durchführen, bei denen keine Muslime oder unschuldigen Zivilisten zu Schaden kommen.

Der Grund dafür, dass so vieles denkbar und so weniges auszuschließen ist, liegt darin, dass es für das Phänomen al-Qaida keinen Präzedenzfall gibt. Es gibt kein Beispiel, an dem man sich orientieren könnte. Das gilt im Übrigen nicht nur für die, die al-Qaida bekämpfen – es gilt auch für jene, die mit dem Netzwerk sympathisieren. Wer in den Achtzigern nach Afghanistan reiste, der wusste, was ihn erwartete. Und wenn nicht, bekam er es gesagt. Wer heute, zum Beispiel im Internet, erklärt: »Ich bin al-Qaida«, dem wird niemand widersprechen. Aber er muss sich seine Einsatzbefehle selber geben. Es liegt in seiner Hand, ob er ein Online-Dschihadi sein wird oder ein Terrorist in der realen Welt. Die Frage, wer oder was al-Qaida sein wird, entscheiden deshalb bereits jetzt an jedem Tag tausende von Sympathisanten. Und nicht Osama Bin Laden, Aiman al-Zawahiri oder Abu Musab al-Sarqawis Nachfolger. Natürlich ist es wichtig, diese Symbolfiguren auszuschalten, um den dschihadistischen Terrorismus zu bekämpfen. Aber zu verstehen lernen, wie diese neue al-Qaida funktioniert, denkt und handelt, ist vielleicht noch wichtiger.

Danke

Dieses Buch hätte ich nicht schreiben können, wenn Mathias Müller von Blumencron, Claus Christian Malzahn und die übrigen Kolleginnen und Kollegen von SPIEGEL ONLINE mir nicht den Rücken freigehalten hätten. Dafür vielen Dank. Mein Dank gilt außerdem Anne-Sophie Fröhlich und Dr. Hauke Janssen von der Dokumentationsabteilung des SPIEGEL.

Guido Steinberg danke ich für etliche sachdienliche Hinweise, Christian Budnik für viele sprachliche Verbesserungen und beiden für das ständige Lesen von Manuskripten. Sie haben geholfen, das Buch an entscheidenden Stellen besser zu machen. Dasselbe gilt für Birgit Schmitz und Christof Blome von Kiepenheuer & Witsch, bei denen ich mich ebenfalls herzlich bedanke.

Meiner Familie in Amman, Tarik in Bir Zeit, Samer in Ramallah sowie Lale und Arnim in Beirut danke ich für ihre Gastfreundschaft, »Fadi« für unschätzbare Einblicke in das Leben im Irak. Meinem Kollegen Matthias Gebauer danke ich für gelegentliches Asyl und viele Anregungen.

Meinen Lehrern Prof. Tilman Nagel, Prof. Peter Bachmann und Prof. Bassam Tibi danke ich für vor Jahren Gelerntes, das im rechten Moment zur Hand war.

Meinen Eltern und meinen Schwestern danke ich für anregende Diskussionen, andere Blickwinkel und anhaltenden Ansporn.

Vor allem aber danke ich Ziska: Für stete Unterstützung und ständige Nachsicht, für viel Geduld und noch mehr Freundlichkeit, für die richtigen Fragen und wichtige Gespräche. Dieses Buch war ihre Idee, und sie war immer sicher, dass es eines Tages auch fertig wird. Nicht nur darum ist es ihr gewidmet.

Anmerkungen

Vorbemerkung zur Umschrift aus dem Arabischen: Es ist völlig unmöglich, alle arabischen Namen und Begriffe, die in diesem Buch auftauchen, ohne den Einsatz von extrem leserunfreundlichen Sonderzeichen konsequent und einheitlich in Lateinbuchstaben wiederzugeben. Trotzdem habe ich mich bemüht, so stringent wie möglich zu sein. Dabei gelten folgende Grundregeln: Selbst gewählte Schreibweisen bleiben unangetastet (z.B. Ahmed Hisham statt Ahmad Hischam); im Deutschen eingebürgerte Schreibweisen werden beibehalten (z.B. Osama Bin Laden, Koran oder Scharia; im Zweifelsfall gilt zumeist die von SPIEGEL und SPIEGEL ONLINE gewählte Variante); in allen anderen Fällen orientiert sich die Umschrift an einem Kompromiss zwischen Lesbarkeit im Deutschen und vereinfachter Anwendung der Prinzipien der einschlägigen wissenschaftlichen Umschrift.

1. Kapitel

1 Wenn ich hier und im Folgenden von al-Qaida & Co. spreche, dann meine ich damit neben der Organisation Bin Ladens auch jene Gruppen, die deren Ideologie teilen, mit denselben Methoden arbeiten und teils auch mit al-Qaida kooperieren, ihr aber nicht zuzurechnen sind – also etwa die indonesische »Jemaah Islamiyah« oder das irakische Netzwerk »Ansar al-Sunna«.

2 Formal bezeichnet fatwa nur den islamrechtlich definierten Empfehlungsteil eines Rechtsgutachtens; hier und im Folgenden verwende ich den Terminus aber jeweils für das gesamte Dokument, schließe also den Begründungsteil ein.

3 Vgl. Marc Sageman: »Understanding Terror Networks«, Philadelphia 2004, insbes. S. 81. Sageman hat bei seiner Auswertung der Biographien von 172 islamistischen Terroristen keine Häufung psychischer Störungen feststellen können.

4 Leon de Winter: »Mörderische Frömmigkeit«, in: DER SPIEGEL 29/2005 vom 18. 7. 2005, S. 108 ff.

5 Peter Bergen: »Heiliger Krieg Inc.«, Berlin 2001, S. 274.

6 Jason Burke: »Al-Qaida: Wurzeln, Geschichte, Organisation«, Düsseldorf 2004 (engl. 2003), S. 78.

7 Bernard Lewis: »License to Kill«, in: Foreign Affairs, November/December 1998.

8 Osama Bin Laden: »An meine Brüder und Schwestern«, arabisches Transkript einer Rede, veröffentlicht am 20. 4. 2004 von der al-Qaida-nahen »Global Islamic Media Front«. Mittlerweile sind viele Bin-Laden-Texte zumindest in großen Teilen in Übersetzung zu bekommen, vgl. Bruce Lawrence: »Messages to the World. The Statements of Osama Bin Laden«, London/New York 2005, Marwan Abou-Taam u. Ruth Bigalke: »Die Reden des Osama bin Laden«, München 2006 sowie Gilles Kepel u. Jean-Pierre Milelli: »Al-Qaida. Texte des Terrors«, München/Zürich 2006.

9 David Zeidan: »The Islamic Fundamentalist View of Life as a Perennial Battle«, in: MERIA Journal (Middle East Review of International Affairs), Vol. 5, No. 4, December 2001. Zum Weltbild der Attentäter vom 11. September im Besonderen siehe auch Hans G. Kippenberg u. Tilman Seidensticker (Hrsg.): »Terror im Dienste Gottes. Die ›geistliche Anleitung‹ der Attentäter des 11. September 2001«, Frankfurt/Main 2004.

10 Jason Burke: »al-Qaida«, S. 53. Burke zitiert hier Rohan Gunaratna, der wiederum aus einem Buch eines Bin-Laden-Gefährten zitiert.

11 Osama Bin Laden: »An die mit Amerika alliierten Völker«, arabisches Transkript einer Rede vom November 2002. Zitiert nach Abu Dschandal al-Azdi: »Osama Bin Laden – Erneuerer des Zeitalters und Bezwinger Amerikas«, S. 508 f. Hierbei handelt es sich um eine ausschließlich im Internet kursierende, sehr aufschlussreiche al-Qaida-nahe Biographie Bin Ladens.

12 Osama Bin Laden: »Drei Monate nach den gesegneten Schlägen«, arabisches Transkript einer Videobotschaft vom 26. 12. 2001. Zitiert nach Abu Dschandal al-Azdi: »Osama Bin Laden – Erneuerer des Zeitalters und Bezwinger Amerikas«, S. 490 f.

13 Osama Bin Laden: »An das amerikanische Volk«, arabisches Transkript einer Rede vom November 2004; erschienen unter anderem auf der al-Qaida-nahen Internetseite »Ansarnet«. Ursprüngliche Quelle: al-Dschasira.

14 So 2002 in einem Artikel mit dem Titel »Im Schatten der Lanzen«, der auf der seit einigen Jahren nicht mehr funktionierenden al-Qaida-nahen Website www.alneda.com publiziert wurde. Eine englische Übersetzung lieferte www.memri.org am 12. 6. 2002 (http://www.memri.org/bin/articles.cgi?ID=SP38802).

15 Osama Bin Laden: »Rede zum Opferfest«, arabisches Transkript einer Rede vom Februar 2003. Zitiert nach Abu Dschandal al-Azdi: »Osama Bin Laden – Erneuerer des Zeitalters und Bezwinger Amerikas«, S. 514 f. Vgl. auch Bruce Lawrence: »Messages to the World«, S. 189 f.

16 Abu Hamza al-Baghdadi: »Warum kämpfen wir? Und gegen wen kämpfen wir?«. Diese 26-seitige, arabischsprachige Abhandlung ist im Juni 2005 auf mehreren islamistischen Internetseiten zum Herunterladen bereitgehalten worden.

17 Osama Bin Laden et al.: »Fatwa gegen die Kreuzzügler und die Juden«, zitiert nach der englischen Übersetzung auf www.ict.org.il/articles/fatwah.htm.

18 Ahmed S. Hashim: »The World according to Usama Bin

Laden«, www.nwc.navy.mil/press/Review/2001/Autumn/art1-au1.htm.

19 Bernard Lewis: »License to Kill«.
20 Ahmed S. Hashim: »The World according to Usama Bin Laden«.
21 Ebd.
22 Der zweite könnte auch auf das Konto der saudisch-schiitischen Hizbullah gegangen sein; bis heute ist das ungeklärt.
23 Zitiert nach Ahmad Zaidan: »Bin Laden bi la qina'« (Bin Laden unverhüllt), Beirut 2003, S. 65 f.
24 Zu Osama Bin Ladens Auffassung über die Rolle der Religionsgelehrten vgl. z. B. Bruce Lawrence: »Messages to the World« (S. 3, 7, 34, 255) und Abu Dschandal al-Azdi: »Osama Bin Laden – Erneuerer des Zeitalters und Bezwinger Amerikas« (z. B. S. 468).
25 Zu Ibn Taimiyya siehe den entsprechenden Eintrag in der »Encyclopedia of Islam«, Leiden 2002 (CD-ROM-Edition) sowie Ibrahim Muhammad al-'Ali (Hrsg.): »Scheich des Islam Ibn Taimiyya. Reformer und Missionar« (arab.), Damaskus o. J.
26 Osama Bin Laden: »Gott hat die Vereinigten Staaten geschlagen«, arabisches Transkript einer Rede vom 7. 10. 2001. Vgl. Abu Dschandal al-Azdi: »Osama Bin Laden – Erneuerer des Zeitalters und Bezwinger Amerikas«, S. 468 f.
27 Zitiert nach Reuven Paz: »Islamists and Anti-Americanism«, in: Middle Eastern Review of International Affairs (MERIA) Journal Vol. 7, No. 4, December 2003. Neben Qutb muss als Vordenker der Neo-Dschahiliyya-Theorie auch Sayyid Abu al-A'la al-Mawdudi genannt werden.
28 Sayyid Qutb: »Die Wegzeichen«. Zitat nach »al-fikr al-arabi al-hadith« (Das moderne arabische Denken), Fakultät für Philosophie und Kulturstudien der Bir-Zeit-Universität, Bir Zeit 2000.
29 Osama Bin Laden: »Drei Monate nach den gesegneten Schlägen«.

30 Osama Bin Laden: »Widersteht dem neuen Rom!«, Ansprache vom 4. 1. 2004, zitiert nach den Auszügen der englischen Fassung auf http://www.guardian.co.uk/alqaida/story/0,12469,1116927,00.html. Vgl. auch Bruce Lawrence: »Messages to the World«, S. 212 f.

31 Ebd. Die »Römer« (Arab.: *al-rum*) sind hier die Oströmer, also Byzantiner.

32 Abd al-Salam Farag: »al-dschihad, al-farida al-gha'iba« (Der Dschihad, die abwesende oder verlorene [Glaubens-] Pflicht). Dieses weit verbreitete Buch findet sich komplett zum Herunterladen auf zahlreichen dschihadistischen Internetseiten.

33 »Gihad« ist dasselbe Wort wie »Dschihad«. Wegen der spezifisch ägyptischen Aussprache, in der das »dsch« zum »g« wird, bezeichne ich die Organisation hier allerdings, auch aus Gründen der leichteren Unterscheidung, als »Gihad«.

34 Quintan Wiktorowicz u. John Kalter: »Killing in the Name of Islam. Al-Qaeda's Justification for September 11«, in: Middle East Policy, Vol. X, No. 2, Summer 2003.

35 Abdallah Azzam: »al-difa'an aradi al-muslimin« (Die Verteidigung der islamischen Länder), zu finden auf vielen dschihadistischen Websites.

36 Yusuf al-Uyairi: »Rechtsurteil über den Dschihad und seine Arten«(arab.), zu finden auf vielen dschihadistischen Websites.

37 Anonymous (= Rita Katz): »Terrorist Hunter«, New York 2003, S. 198.

38 Abu Dschandal al-Azdi: »Osama Bin Laden – Erneuerer des Zeitalters und Bezwinger Amerikas«, S. 114.

39 Guido Steinberg: »Der nahe und der ferne Feind. Die Netzwerke des islamistischen Terrorismus«, München 2005, S. 117 f.

2. Kapitel

1 Aiman al-Zawahiri: »Letter from al-Zawahiri to al-Zarqawi«, veröffentlicht vom »Office of the Director of National
Intelligence«, 11. 10. 2005. Zu finden unter http://www.
dni.gov/press_releases/20051011_release.htm.

2 Der israelische al-Qaida-Experte Reuven Paz z. B. ist eher
skeptisch, ob der Brief authentisch ist (Gespräch mit dem
Autor im November 2005); Guido Steinberg dagegen hält
ihn eher für echt (Gespräch mit dem Autor im November
2005.). Al-Sarqawi veröffentlichte zwei Tage nach dessen
Publikation, am 13. 10. 2005, eine Erklärung im Internet,
der zufolge der Brief fingiert ist.

3 Al-Sarqawi ging übrigens offenbar davon aus, dass Bin
Laden auch keine Möglichkeit hat, die »New York Times«
zu lesen, denn in einem über das Internet publizierten Brief
an seinen »Emir« ließ er ihm die Übersetzung eines dort
erschienenen Kommentars von Thomas Friedman zur Lage
im Irak zukommen. Friedman wiederum, dessen Kolumnen
auch in arabischen Zeitungen erscheinen, vermutet aufgrund einer Äußerung in einer Rede Bin Ladens, dass dieser
sehr wohl zu seinen Lesern zählen könnte. Vgl. Thomas
Friedman: »The World is Flat. A Brief History of the Globalized World in the 21st Century«, New York 2005, S. 401.

4 Vgl. http://www.whitehouse.gov/infocus/achievements/
Achievement.pdf.

5 Neil Doyle: »Terror Tracker. An Odyssey into Pure Fear«,
Edinburgh 2004, S. 66 ff.

6 Hier und im Folgenden: »Dschihad im Irak – Hoffnungen
und Risiken«, 42-seitiges arabisches Dokument, hrsg. von der
»Liga für den Sieg des irakischen Volkes« und dem »Büro für
Dienstleistungen für die Mudschahidin«. Das Papier wurde
(wahrscheinlich) erstmals im Dezember 2003 veröffentlicht,
und zwar auf der Internetseite der »Global Islamic Media
Front«. Im September 2005 wurde es noch einmal in verschiedenen al-Qaida-nahen Websites gefeatured.

7 »US News & World Report«, 17. 5. 2004.

8 Das Institut ist dem norwegischen Verteidigungsministeri-
um unterstellt.

9 An dieser Stelle möchte ich mich beim Büro von Hegghammer dafür bedanken, dass es mir das Dokument noch am
selben Tag zur Verfügung gestellt hat.

10 »Brief an das spanische Volk«, veröffentlicht von der »Liga
für den Sieg des irakischen Volkes«, ohne Datum.

11 Yusuf al-Uyairi: »mustaqbal al-'iraq wa al-dschasira al-
'arabiyya ba'da suqut baghdad« (Die Zukunft des Irak
und der Arabischen Halbinsel nach dem Fall Bagdads).
Vgl. Guido Steinberg: »Der nahe und der ferne Feind. Die
Netzwerke des islamistischen Terrorismus«, München
2005, S. 96.

12 Lawrence Wright: »The Terror Web«, in: »The New Yorker« vom 2. 8. 2004.

13 So z. B. mehrfach der Chef der saudischen al-Qaida, Abd
al-Aziz al-Muqrin, in Pressebulletins und Onlinemagazinen. Der Anstieg des Ölpreises nach einem Anschlag war
seiner Organisation am 16. 5. 2004 sogar eine Meldung in
»Mu'askar al-Battar« wert. Vgl. außerdem Al-Ahram Center for Political and Strategic Studies (Hrsg.): »dalil al-harakat al-islamiyya fi al-'alam« (Führer für die islamischen
Bewegungen in der Welt), Kairo 2006, insbesondere das
Kapitel »Das ökonomische Denken Osama Bin Ladens«,
S. 235–255.

14 Guido Steinberg: »Der nahe und der ferne Feind«, S. 92.

15 Yassin Musharbash: »Al-Qaida nennt Rangliste weiterer
Anschlagsziele«, SPIEGEL ONLINE vom 2. 4. 2005. Al-
Muqrins Zitate stammen aus dem Onlinemagazin »Mu'as-
kar al-Battar«, 7. Ausgabe vom 28. 3. 2005.

16 »Sawt al-Dschihad«, 1. Ausgabe, August 2003. Da die
Veröffentlichungswege der Onlinemagazine schwierig zu
verfolgen sind, habe ich hier und im Folgenden jeweils die
Daten angegeben, an denen ich sie gefunden habe, oder die
rekonstruiert werden konnten.

17 Das Zitat und die Informationen stammen aus einem Gespräch mit dem Autor im November 2005 in Herzliya, Israel. Vgl. auch den »special Report« namens »E-Qaeda« der »Washington Post« vom 5. 8. 2005 und die dazugehörigen Artikel, z. B. Steve Coll u. Susan B. Glasser: »Terrorists Turn to the Web as Base of Operations« (http://www. washingtonpost.com/wp-dyn/content/article/2005/08/05/ AR2005080501138.html).

18 Combating Terrorism Center, Department of Social Studies, United States Military Academy: »Harmony and Disharmony. Exploiting al-Qa'idas Organizational Vulnerabilites«. Zu finden unter http://www.ctc.usma.edu/aq/ Harmony%20and%20Disharmony%20--%20CTC.pdf.

19 Vgl. Guido Steinberg: »Terror – Europas internes Problem«, in: Internationale Politik, 60. Jg., Nr. 11, 2005, S. 14 ff.; Peter Bergen: »Al Qaeda's New Tactics«, in: »The New York Times« vom 15. 11. 2002.

20 Ein interessanter Randaspekt der Professionalisierung al-Qaidas ist, dass im Laufe der letzten Jahre in al-Qaida-Kreisen offenbar zunehmend westliche Zeitungen und Magazine gelesen werden. Die »New York Times«, der »New Yorker«, das »Wall Street Journal« – sie alle sind schon zitiert und als Anschauungsmaterial genutzt worden.

21 Peter Bergen: »Al Qaeda's New Tactics«.

22 Vgl. z. B. »Das Terrornetzwerk formiert sich neu«, in: »Frankfurter Allgemeine Zeitung« vom 18. 2. 2002 sowie Combating Terrorism Center: »Harmony and Disharmony«.

23 Guido Steinberg: »Der nahe und der ferne Feind«, S. 81.

24 Combating Terrorism Center: »Harmony and Disharmony«.

25 So z. B. Olivier Roy: »Netzwerk des Terrors – Markenzeichen al-Qaida«, in: »Le Monde Diplomatique« vom 10. 9. 2004.

26 Jason Burke: »Al-Qaida: Wurzeln, Geschichte, Organisation«, Düsseldorf 2004, S. 25.

27 Vgl. Jessica Stern: »The Protean Enemy«, in: Foreign Af-

fairs, July/August 2003; Guido Steinberg: »Terror – Europas internes Problem«.

28 So angeblich in einem Papier aus dem Dezember 2004. Vgl. Elmar Theveßen: »Terroralarm. Deutschland und die islamistische Bedrohung«, Berlin 2005, S. 61.

29 Dieses und das folgende Zitat sind Beispiele aus dem Fundus der erbeuteten Papiere. Eine Auflistung der Dokumente findet sich unter http://www.ctc.usma.edu/aq_pdf.asp.

30 Vgl. Combating Terrorism Center: »Harmony and Disharmony«.

31 So etwa die ägyptischen Gruppen »Gama'a Islamiyya« und »Gihad«.

32 Vgl. »Sawt al-Dschihad«, 27. Ausgabe vom 19. Oktober 2005 sowie Reuven Paz: »From Riyadh 1995 to Sinai 2004: The Return of Al-Qaeda to the Arab Homeland«, in: Global Research in International Affairs (GLORIA) Center, The Project for Research of Islamist Movements (PRISM), Occasional Papers, Vol. 2, No. 3, October 2004. Al-Qaida sprach damals vom »richtigen Ziel aus strategischer Perspektive«.

33 Vgl. dazu insbes. »How a Belgian Town became a Terror-Hub«, in: »The Wall Street Journal« vom 25. 11. 2005 und »Belgium is trying to unravel the threads of a Terror Web«, in: »The New York Times« vom 10. 10. 2005. Außerdem Lawrence Wright: »The Terror Web«, in: »The New Yorker« vom 2. 8. 2004 sowie »Terrorists Join Forces As Cells Shift Tactics«, in: »The Wall Street Journal« vom 14. 2. 2005 und »U.K. Inquiry Targets Radicals in Europe«, in: »The Wall Street Journal« vom 11. 7. 2005. Einigen Berichten zufolge soll Abu Musab al-Sarqawi das Treffen gesponsert haben.

34 Reuven Paz: »From Madrid to London: Al-Qaeda Exports the War in Iraq to Europe«, in: Global Research in International Affairs (GLORIA) Center, The Project for Research of Islamist Movements (PRISM), Occasional Papers, Vol. 3, No. 3, July 2005.

35 Unter der Überschrift »Eine Pakistanisierung der al-Qai-

da?« zählt Steinberg noch mehr Beispiele für die Kooperation zwischen al-Qaida und pakistanischen Islamisten auf. Siehe Guido Steinberg: »Der nahe und der ferne Feind«, S. 100 f.

36 Guido Steinberg, »Der nahe und der ferne Feind«, S. 80.

37 Osama Bin Laden: »An die Nachbarn nördlich des Mittelmeers«, Rede, ausgestrahlt am 15. 4. 2004 von al-Arabiyya und al-Dschasira. Die Übersetzung basiert auf dem von al-Qaida kurz darauf veröffentlichten arabischen Transkript.

38 Bernard Lewis weist darauf hin, dass der Begriff *sulh* in moderner Zeit immer häufiger »den Übergang vom Krieg zum Frieden« bezeichnet und schon im Osmanischen Reich als Quasisynonym für Friedensvertrag verwendet wurde. (Bernard Lewis: »Die politische Sprache des Islam«, Hamburg 2002, S. 133–136). Aber das ändert nichts an den religiösen Assoziationen.

39 Siehe Lawrence Wright: »The Terror Web«.

40 Osama Bin Laden: »Über die Kriege im Irak und Afghanistan«, Rede, ausgestrahlt im Januar 2006 von al-Dschasira. Das komplette arabische Manuskript, mit mehr Text als in der ausgestrahlten Passage, erschien im Februar auf mehreren al-Qaida-nahen Websites.

41 Es ist eine Ironie am Rande, dass Auswerter dieser Unterlagen aus Kreisen der US-Armee sich immer wieder über deren Qualität gewundert haben – und den Verdacht nicht loswurden, dass auch Schulungsunterlagen der US-Armee einfach ins Arabische übertragen und adaptiert worden waren.

42 Charles P. Neimeyer von der amerikanischen Marineuniversität New Port in der »New York Times« vom 18. 3. 2002 in dem Artikel »Turning out Guerillas and Terrorists to wage a Holy War«.

43 Vgl. Anonymous (= Rita Katz): »Terrorist Hunter«, New York 2003, S. 212; »Leitfaden für Bin Ladens Terroristen«, in: »Hamburger Abendblatt« vom 12. 10. 2001.

44 Roland Jacquard: »The Guidebook of Jihad«, in: »Time« vom 29. 10. 2001.

45 Rita Katz: »Terrorist Hunter«, S. 212.

46 E-Mail an den Autor, Stand Februar 2005.

47 So zum Beispiel in einer dschihadistischen Yahoo-Mailing-group am 9. Oktober 2005.

48 »Mu'askar al-Battar«, 1. Ausgabe von Anfang Januar 2004, Ende des Schlussworts.

49 »Mu'askar al-Battar«, 10. Ausgabe vom 16. Mai 2004.

50 Yassin Musharbash: »Neues Betriebssystem für al-Qaida«, in: Internationale Politik, 60. Jg., Nr. 11, 2005, S. 22 f.

51 »Australian Officials Accuse 16 Men of Plotting Terrorist Attacks«, in: »The New York Times« vom 9. 11. 2005.

52 »Al-Qaida, eine Universität für die Wissenschaften des Dschihad«, zweiseitiges arabischsprachiges Papier, veröffentlicht vom »Global Islamic Media Centre«, im September 2005 abrufbar, unterzeichnet von »Ahmad, der auf Gott vertraut«.

53 »al-mawsu'a al-amniyya« (Die Sicherheits-Enzyklopädie), auf dem Server von Geocities.com gefunden am 1. Februar 2005.

54 Vgl. Holger Stark: »Missionare des Dschihad«, in: DER SPIEGEL Nr. 2 vom 10. 1. 2005 sowie Kapitel 5 dieses Buches.

55 Jeffrey Cozzens: »Islamist Groups develop new recruiting strategies«, in: »Jane's Intelligence Review«, Vol. 17, No. 2, February 2005, S. 22 f.

56 »How can you become a Member of al-Qaida?«, in: SITE Publications, 27. Januar 2005 (auszugsweise unter www.siteinstitute.org/bin/articles.cgi?ID=publications17105&Category=publications&Subcategory=0).

3. Kapitel

1 Reuven Paz erklärte mir später, die Männer könnten möglicherweise zu einer Gruppe palästinensischer Anhänger der »Tablighi Jama'at« gehören, die gerade aus Indien aus-

gewiesen worden waren, weil sie unangenehm aufgefallen waren. Das würde dazu passen, dass sich auf dem Flughafen von Tel Aviv herausstellte, dass die Männer israelische Pässe hatten.

2 E-Prism steht für »Projekt for the Research of Islamist Movements«, http://www.e-prism.org.

3 Stefan Krempl: »terror.web«, in: »c't – Magazin für Computertechnik« vom 26. 7. 2004.

4 Siehe den »special report« der »Washington Post« vom 5. 8. 2005 namens »E-Qaeda« und die dazugehörigen Artikel; zum Beispiel Steve Coll u. Susan B. Glasser: »Terrorists Turn to the Web as Base of Operations« (http://www.washingtonpost.com/wp-dyn/content/article/2005/08/05/AR2005080501138.html).

5 »US World & News Report«, 17. 5. 2004; Jessica Stern: »The Protean Enemy«, in: Foreign Affairs, July/August 2003.

6 Siehe den »special report« der »Washington Post« vom 5. 8. 2005 namens »E-Qaeda« und die dazugehörigen Artikel.

7 Siehe zum Beispiel Bassam Tibi: »Islamischer Fundamentalismus, moderne Wissenschaft und Technologie«, Frankfurt/Main 1992 (Neuauflage 1993), oder aktuell ders.: »Der islamische Fundamentalismus und die Moderne: Zwischen Islam-Reform, religiöser Orthodoxie und dem islamischen Traum von der halben Moderne«, in: »Perspektive 21. Brandenburgische Hefte für Wissenschaft & Politik«, Heft 15, März 2002, S. 39–64.

8 Dieser sehenswerte Film von Peter Taylor wurde am 15. 12. 2005 unter dem Titel »Die Jagd nach el-Qaida. Das Netz des Terrors« von der ARD ausgestrahlt.

9 Siehe den »special report« der »Washington Post« vom 5. 8. 2005 namens »E-Qaeda« und die dazugehörigen Artikel.

10 So das Internetmagazin »Telepolis« im Februar 2006, vgl. Florian Rötzer: »›Das Netz muss wie ein feindliches Waf-

fensystem bekämpft werden‹«, unter www.heise.de/tp/r4/
artikel/21/21891/1.html.

11 Neil Doyle: »Terror Tracker. An Odyssey into Pure Fear«,
Edinburgh 2004, S. 68 f.

12 Siehe Combating Terrorism Center, Department of Social
Studies, United States Military Academy: »Harmony and
Disharmony. Exploiting al-Qa'idas Organizational Vulne-
rabilites«. Zu finden unter http://www.ctc.usma.edu/aq/
Harmony%20and%20Disharmony%20--%20CTC.pdf.

13 Peter Bergen, »Heiliger Krieg Inc.«, Berlin 2001, S. 80.

14 Ebd., S. 233.

15 Ebd., S. 231.

16 Vgl. Marc Sageman: »Understanding Terror Networks«,
Philadelphia 2004, S. 46.

17 Siehe den »special report« der »Washington Post« vom
5. 8. 2005 namens »E-Qaeda« und die dazugehörigen Artikel.

18 Vgl. Al-Ahram Center for Political and Strategic Studies
(Hrsg.): »dalil al-harakat al-islamiyya fi al-'alam« (Führer
für die islamischen Bewegungen in der Welt), Kairo 2006,
S. 83. Wobei man hinzufügen muss, dass das Wort »Ansar«
im Islam sehr positiv konnotiert ist und deswegen gern verwendet wird; urspr. bezeichnet der Begriff die ersten zum
Islam bekehrten Helfer des Propheten Muhammad.

19 Diese Beispiele sind willkürlich ausgewählt, aber authentisch.

20 Fuad Hussein macht geltend, er habe Kontakt mit einem
der Administratoren eines der Foren gehabt und die Information auf diesem Wege erhalten (Gespräch mit dem
Autor im Februar 2005).

21 »Abu Maisara al-'Iraqi«: »Anmerkungen für die Medien
und die Journalisten, wenn sie über islamische Internetdiskussionsforen berichten«, einseitiges arabisches Internet-
posting, veröffentlicht am 1. 9. 2005.

22 Jean-Charles Brisard (»Das neue Gesicht der al-Qaida.
Sarkawi und die Eskalation der Gewalt«, Berlin 2005,

S. 186) behauptet ohne Angabe von Quellen, dass Abu Maisara eine reale Person sei und mindestens drei Mitarbeiter habe. Auch das SITE-Institut und die Zeitung »USA-Today« gehen offenbar davon aus, dass es sich um eine physische Person handelt. Ich halte das für voreilig. Vgl. Yassin Musharbash: »Neues Betriebssystem für al-Qaida«, in: Internationale Politik, 60. Jg., Nr. 11, 2005, S. 22 f.

23 Siehe den »special report« der »Washington Post« vom 5. 8. 2005 namens »E-Qaeda« und die dazugehörigen Artikel.

24 Wörtlich »Der höchste Punkt des Höckers eines Kamels«, bildlich für die hohe Stellung des Islam.

25 Auch in »Mu'askar al-Battar« wurde das beteuert, z.B. in der 10. Ausgabe vom 16. 5. 2004.

26 »Sawt al-Dschihad«, 10. Ausgabe vom 4. 2. 2004.

27 Nach islamischem Recht sind Christen und Juden, die in islamischem Gebiet leben, als Gegenleistung für die Freiheit, ihre Religion zu praktizieren, dazu verpflichtet, eine Kopfsteuer *(dschizya)* zu zahlen.

28 Arab.: *muschrikun.* Damit sind hier die Christen gemeint, die nach islamistischer Auffassung wegen des Glaubens an die Dreifaltigkeit den wahren Monotheismus aufgeweicht haben.

29 Yassin Musharbash: »Qaida-Magazin wagt sich wieder ins Netz«, SPIEGEL ONLINE vom 29. 4. 2005. Die Formulierung kann auch gelesen werden als »… den du mit einem X gekennzeichnet hast«.

30 Hierbei handelt es sich zugleich um ein Indiz dafür, dass die »Stimme des Dschihad« auch außerhalb Saudi-Arabiens gelesen wurde.

31 »Sawt al-Dschihad«, 28. Ausgabe vom 1. 11. 2004.

32 »Organisation der al-Qaida auf der Arabischen Halbinsel«: »Mahnung an die Muslime, sich nicht unter Kreuzfahrer und Christen zu mischen«, einseitige arabische Erklärung, erschienen am 7. 6. 2004. Unter anderem wurden westliche Wohnanlagen und Fluggesellschaften als Ziele benannt.

33 »Sawt al-Dschihad«, 9. Ausgabe vom 21. 1. 2004, enthält ein weiteres Beispiel für den Versuch, Gegenöffentlichkeit zu nutzen: Dort wird der arabische Satellitensender al-Dschasira dafür kritisiert, dass er von einer al-Qaida-Rede nur einen Ausschnitt statt des gesamten dorthin gesandten Dokuments ausgestrahlt hatte, »obwohl doch klar war, dass dies eine besonders wichtige Rede war«.

34 »Mu'askar al-Battar«, 1. Ausgabe vom Januar 2004.

35 Dies ist der Online-Terrorkursus, der im zweiten Kapitel schon angesprochen wurde.

36 »Mu'askar al-Battar«, 2. Ausgabe vom 15. 1. 2004.

37 »Mu'askar al-Battar«, 1. Ausgabe, Januar 2004, Schluss-wort.

38 Vgl. Yassin Musharbash: »Bin Ladens Mailbox«, SPIEGEL ONLINE vom 23. 4. 2004.

39 Yassin Musharbash: »Das Frauenmagazin der al-Qaida«, SPIEGEL ONLINE vom 11. 10. 2004. Vgl. auch »Jihad-Magazine for Women on Web«, BBC News, 17. 9. 2004; MEMRI Special Dispatch, 7. 9. 2004: »Al-Qa'idas Wo-mens' Magazine: Women must participate in Jihad« sowie Souad Mekhennet: »Krieg beginnt im Bauch. Das Internet leitet muslimische Frauen an: ›al-khansa'‹«, in: »Frank-furter Allgemeine Zeitung« vom 7. 9. 2004.

40 E-Mail an den Autor vom 13. 10. 2004.

41 »Dhirwat al-Sinam«, Nr. 3, Juli 2005.

42 »Amerikaner geben Zahlen getöteter Iraker bekannt«, in: »Frankfurter Allgemeine Zeitung« vom 26. 10. 2005.

43 Yassin Musharbash: »›Oder wir werden diesen Ungläubi-gen töten ...‹«, SPIEGEL ONLINE vom 16. 6. 2004.

44 »Filme mit den gesegneten Hinrichtungen in einer Datei«, Linkliste, gepostet am 6. 2. 2005 auf »al-Ansar« von »dem Liebhaber der beiden Scheichs aus Tunis«. Sie enthält 44 Einträge, vom Mord an dem Journalisten Daniel Pearl 2002 bis zu den letzten Morden im Irak.

45 Thomas Friedman: »The Lexus and the Olive Tree«, Lon-don 1999, S. 14.

46 Auf Arabisch: »al-dschabha al-islamiyya al-i'lamiyya al-'alamiyya«.

47 So wurde etwa am 23. 8. 2005 auf und gemeinsam mit »al-Ansar« ein Trainingsvideo aus Afghanistan angekündigt.

48 »Saladin II., Anführer der GIMF«: »Brief der ›Front‹ – Aufruf der GIMF, die Reihen zu schließen«, einseitiges arabisches Posting, veröffentlicht im Mai 2005 u. a. auf dem Forum »al-Hikma«.

49 »Stellvertreter des Anführers der GIMF«: »Sendschreiben der Führung der GIMF an die Söhne des Islam«, zweiseitiges arabisches Posting, veröffentlicht Ende August 2005 in mehreren Foren.

50 Es war eine Online-Mailing-Liste zu finden, auf der Interessierte sich eintragen sollten.

51 »Der elektronische Dschihad für die Mudschahidin im Irak«, einseitiges arabisches Internetposting, Ende August 2005 erschienen auf mehreren al-Qaida-nahen Internetseiten.

52 Die Sahab Foundation produzierte z. B. das Video mit dem »Waffenstillstandsangebot« Bin Ladens an die Europäer – und zwar komplett mit mehrsprachigen und qualitativ hochwertigen Untertiteln.

53 Vgl. Yassin Musharbash: »Qaida-Magazin wagt sich wieder ins Netz« sowie »Sawt al-Dschihad«, 29. Ausgabe vom 26. 4. 2005.

54 Per Anruf bei der Agentur AFP bezichtigte sich eine Gruppe namens »Internationale islamische Gruppe«, was sehr geschickt auf den Namen der ägyptischen Gruppe »Gama'a Islamiyya« (Islamische Gruppe) und zugleich auf den Internationalismus als konstituierendes Element al-Qaidas anspielte. Eine der beiden Gruppen, die per Internet Glückwünsche ausrichteten, waren die »Tawhid-Brigaden«. Das war wiederum eine Anspielung auf den gerade in Erscheinung getretenen Abu Musab al-Sarqawi, dessen Gruppe sich damals noch »al-Tawhid wa al-Dschihad« nannte, zugleich aber – durch eine Verquickung des Sinai-Anschlags

mit der Vergeltung für die Tötung des Hamas-Gründers Scheich Ahmad Yassin – einen starken palästinensischen Hintergrund suggerierte. Die zweiten Gratulanten nannten sich »Brigaden des Abdallah Azzam, Organisation al-Qaida, Großsyrien und Kanaan« und versuchten damit den Eindruck zu erwecken, es gebe eine al-Qaida-Regionalorganisation im Nahen Osten. Vgl. Yassin Musharbash: »›Rache für palästinensische und irakische Märtyrer‹«, SPIEGEL ONLINE vom 8. 10. 2004.

55 »Roadmap der Mudschahidin«, 16-seitiges arabisches Dokument im Stil eines Strategiepapiers, veröffentlicht von den »Brigaden des Abu Hafs al-Masri« am 1. 7. 2004. Es war in mehreren einschlägigen Internetforen zu finden. Unter anderem enthält das Papier eine Treuebekundung gegenüber Osama Bin Laden.

56 Siehe zum Beispiel: Yassin Musharbash u. Judith Reker: »Pamphlet mit Rätseln«, SPIEGEL ONLINE vom 12. 3. 2004 sowie Yassin Musharbash: »Die Aasgeier des Terrorismus«, SPIEGEL ONLINE vom 10. 8. 2004.

57 Vgl. »Die Gruppe Abu Hafs–al-Qaida: ›Den Europäern bleiben nur noch wenige Tage für den Waffenstillstand‹«, in: »al-Hayat« vom 2. 7. 2004; Yassin Musharbash: »›Es bleiben nur noch wenige Tage‹«, SPIEGEL ONLINE vom 2. 7. 2004.

58 Yigal Carmon: »Assessing the Credibility of the Abu Hafs Al-Masri Brigades' Threats«, veröffentlicht auf der Website von MEMRI am 10. 8. 2004 (http://memri.org/bin/articles.cgi?Page=archives&Area=ia&ID=IA18504).

59 Das gilt ausdrücklich auch, wenn Brisard die Brigaden in seinem Buch als im Irak aktive Terrorgruppe aufführt. Worauf diese angebliche Information beruht, bleibt unklar.

60 Yassin Musharbash: »Puppe Cody in der Propaganda-Maschine«, SPIEGEL ONLINE vom 3. 2. 2005.

61 Hier und im Folgenden vgl. Reuven Paz: »Islamic Legitimacy for the London Bombings«, in: Global Research

in International Affairs (GLORIA) Center, The Project for Research of Islamist Movements (PRISM), Occasional Papers, Vol. 3, No. 4, July 2005. Auf www.e-prism.org dokumentiert Paz außerdem eine sehr interessante Kollektion islamistischer Rechtsgutachten zu terroristischen Akten.

62 Beide Debatten wurden auf »al-Hisba« geführt.

63 Sie tobte freilich fast ausschließlich dort: In allen arabisch-islamischen Ländern, in denen ich nach den ersten Enthauptungen mit Muslimen sprach, habe ich ausschließlich Abscheu über diese Taten vernommen.

64 Abu Bara' al-Nadschdi: »is'ad al-akhyar fi ihya' nahr al-kuffar« (sinngemäß: Die Steigerung des Guten durch die Wiederbelebung der Praxis, die Ungläubigen zu schlachten), zehnseitiges arabisches fatwa, veröffentlicht von der GIMF, ohne Datum.

65 Koranzitat: Sure 47 (»Muhammad«), Vers 4.

66 Eine Anschlussdiskussion kreiste später noch um die Frage, ob eine Säge das besser geeignete Instrument für eine Geiselenthauptung sei und wie dies religiös begründet sei.

67 Dies ist ein Auszug aus einem Online-Interview, das im vierten Kapitel ausführlich behandelt wird.

68 Yassin Musharbash: »US-Firmen-Website für Qaida-Botschaft gehackt«, SPIEGEL ONLINE vom 17. 6. 2004.

69 Vgl. »US-Hacker kapert al-Qaida-Website«, SPIEGEL ONLINE vom 14. 8. 2002.

70 Brad Stone: »Heroes oder Nettlesome Hacks?«, MSNBC. com, 13. 7. 2005 (http://www.msnbc.msn.com/id/8560624/ site/newsweek/, ursprgl. ein »Newsweek«-Artikel).

71 »Afghanistan, Al Qaida and the Internet«, http://www. haganah.org.il/harchives/004951.html.

72 Zitiert nach Stefan Krempl: »terror.web«.

73 Es gibt keine stichhaltigen Informationen darüber, ob und in welcher Weise die Tracker-und-Hacker-Szene Kontakte zu Sicherheitsbehörden und Geheimdiensten unterhält. Auszuschließen ist eine Zusammenarbeit aber nicht. Insbesondere nachdem die Seite »al-Qal'a« infolge der Lon-

doner Anschläge gewaltsam abgeschaltet worden war, kursierten viele Gerüchte, die britischen Behörden hätten Hacker gebeten, die Seite lahm zu legen, weil ihnen selber rechtlich die Hände gebunden seien.

74 Brad Stone: »Heroes oder Nettlesome Hacks?«.

75 Im Oktober 2001, also unmittelbar nach 9/11, ging der britische Inlandsgeheimdienst MI5 sogar so weit, offen im islamistischen Internet zu posten: »Wenn Sie glauben, dass Sie uns helfen könnten, künftige Anschläge (Outbreaks) zu verhindern, rufen Sie 020-7930 9000 an.« Vgl. »Intelligence: MI5 posts appeal on Arab Websites«, in: »The Guardian« vom 26. 10. 2001.

76 Eric Lipton u. Eric Lichtblau: »Online and even Near Home, a New Front is Opening in the Global Terror Battle«, in: »The New York Times« vom 23. 9. 2004.

77 SITE-Institute: »Irhabi 007 unveiled: A Portrait of a Cyber-Terrorist«, 23. 2. 2006 (veröffentlicht auf www.siteinstitute. org). Vgl. auch Rita Katz u. Michael Kern: »Terrorist 007, exposed«, in: »The Washington Post« vom 26. 3. 2006.

78 Ebd.

79 »The Decline and Fall of Irhabi007, Episode One, The Name«, http://www.haganah.org.il/harchives/005488. html, datiert auf den 28. Februar 2006.

80 »2 Charged in UK Bomb Plot«, in: »Daily Mirror« vom 5. 11. 2005. Vgl. zu den Festnahmen in Bosnien und in London außerdem: »Two appear in Court on Charges of Plotting Bomb Attacks in Britain«, in: »The Independent« vom 5. 11. 2005; »Hacking for Terror?«, MSNBC.com, 15. 3. 2006 (http://www.msnbc.msn.com/id/11847159/ site/newsweek, urspr. ein »Newsweek«-Artikel); »Police in Sarajevo confiscated a suicide bomber belt«, SEE On-line (http://www.southeasteurope.org/subpage.php?sub_ site=2&id=15697&s_word=bomber%20belt); Anti-Defamation League: »Cyber Operative Charged in Real World Terror Plot«, 1. 3. 2006, (http://www.adl.org/main_Terrorism/terrorist:007_younis_tsouli.htm).

4. Kapitel

1 Das Bekennerschreiben und das dazugehörige Video wurden Anfang 2005 auf dem Forum »al-Ansar« verbreitet. *Dschaisch* bedeutet Heer oder Armee und wird manchmal von der Organisation als Zusatz oder zur Kennzeichnung des militärischen Flügels geführt. Vgl. auch »Terrorgruppe richtet Wahlhelfer hin«, SPIEGEL ONLINE vom 19. 1. 2005.

2 Eine allerdings nicht ganz zuverlässige Liste der im Irak aktiven Organisationen findet sich bei Jean-Charles Brisard (»Das neue Gesicht der al-Qaida. Sarkawi und die Eskalation der Gewalt«, Berlin 2005, S. 70). Neben den in diesem Buch erwähnten gibt es auch militante Schiitengruppen; weil diese aber mit dem sunnitisch geprägten Dschihadismus nichts zu tun haben, spielen sie hier keine Rolle. Siehe außerdem International Crisis Group: »In their own Words: Reading the Iraqi Insurgency«, Middle East Report No. 50, 15. 2. 2006.

3 Vgl. Zaki Chehab: »Iraq ablaze. Inside the Insurgency«, London 2006, S. 15.

4 Dazu z. B. Holger Stark u. Andreas Ulrich: »Die dritte Generation«, in: DER SPIEGEL Nr. 51 vom 13. 12. 2004, oder Annette Ramelsberger: »Anschlag auf Iraks Premier in Berlin vereitelt«, in: »Süddeutsche Zeitung« vom 4. 12. 2004.

5 So in dem Onlinemagazin »al-Ansar«, 14. Ausgabe, April 2006. Siehe auch Kapitel 5.

6 Der hier wiedergegebene Teil des Gesprächs ist gekürzt, aber nur leicht redigiert. Der besseren Verständlichkeit halber wurden an wenigen Stellen Umstellungen vorgenommen, die der ursprünglichen Chronologie widersprechen.

7 Jean-Charles Brisard: »Das neue Gesicht der Al-Qaida«; Fuad Hussein: »al-Zarqawi, al-dschil al-thani l-al-Qa'ida« (Al-Sarqawi. Die zweite Generation der al-Qaida), Beirut 2005.

8 Dazu z. B. M. Ehsan Ahrari: »Saudi-Arabia: A Simmering Cauldron of Instability?«, in: The Brown Journal of World

Affairs, Vol. 6, No. 2, Summer/Fall 1999, S. 209–222, insbesondere S. 217.

9 Und *nicht*, wie bei Brisard auch zu lesen, »Beir al-Imam« oder »Beit al-Imam«.

10 Fuad Hussein zufolge hieß die Gruppe übrigens »Jama'at al-Tawhid« (Gemeinschaft des Monotheismus); der Name »Bai'at al-Imam« sei lediglich der Name des Falls, den die Behörden geprägt hätten.

11 Gespräch mit dem Autor im Februar 2005.

12 Fuad Hussein: »al-Zarqawi, al-dschil al-thani l-al-Qaida«, S. 16.

13 Ebd., S. 116.

14 Brisard (»Das neue Gesicht der Al-Qaida«, S. 93) schreibt zwar, al-Sarqawi habe das sehr wohl getan; aber die Beleglage ist in dieser Frage insgesamt schwach und widersprüchlich. »Bevor er in den Irak ging, hatte Zarqawi keine Beziehung zu Osama. Seine Beziehung zu ihm begann erst vor einem Jahr, 2004, über das Internet«, zitiert Peter Bergen etwa Hutaifa Azzam (»Auf der Suche nach Bin Laden«, Magazin der »Süddeutschen Zeitung«, Nr. 15 vom 13. 4. 2006).

15 Fuad Hussein: »al-Zarqawi, al-dschil al-thani l-al-Qaida«, S. 11.

16 Siehe den »special report« der »Washington Post« vom 5. 8. 2005 namens »E-Qaeda« und die dazugehörigen Artikel; zum Beispiel Steve Coll u. Susan B. Glasser: »Terrorists Turn to the Web as Base of Operations« (http://www.washingtonpost.com/wp-dyn/content/article/2005/08/05/AR2005080501138.html).

17 Vgl. Guido Steinberg: »Die Anschläge von Amman. Zur Strategie Abu Musab az-Zarqawis«, in: SWP-Aktuell 50, November 2005, insbesondere S. 4 (Eine Publikation der »Stiftung Wissenschaft und Politik«).

18 Jean-Charles Brisard: »Das neue Gesicht der Al-Qaida«, S. 122.

19 Fuad Hussein: »al-Zarqawi, al-dschil al-thani l-al-Qaida«, S. 31.

20 »Text des Briefes von al-Sarqawi an Osama Bin Laden über den Dschihad im Irak«, sechsseitiges arabisches Internet-Posting, das unter Verweis auf das Forum »al-Islah« im Juni 2004 auf dem Forum »al-Qal'a« zu finden war. Obwohl die Authentizität nicht bewiesen ist, deckt sich der hier präsentierte Inhalt mit den Darstellungen an anderer Stelle.

21 »Erfreuliche Nachricht über die Unterstellung der Gemeinschaft ›al-Tawhid wa al-Dschihad‹ unter das Banner der al-Qaida. Gefolgschaftseid des Emirs Abu Musab al-Sarqawi gegenüber dem Scheich Osama Bin Laden«, zweiseitiges arabisches Dokument, veröffentlicht von Abu Musab al-Sarqawis Gruppe, erschienen u. a. in dem Forum »al-Ansar«, datiert auf den 17. 10. 2004.

22 Fuad Hussein zufolge machten sich die ersten Freiwilligen, als hätten sie auf dieses Signal gewartet, sofort nach Verkündung der Erklärung auf den Weg zu al-Sarqawi. Auch über massiv angestiegene Geldflüsse berichtet er. Vgl. Fuad Hussein: »al-Zarqawi, al-dschil al-thani l-al-Qaida«, S. 44.

23 Abu Musab al-Sarqawi: »Damit sich die Art der Verbrecher zeige …«, zwölfseitiges arabisches Transkript einer Rede, veröffentlicht am 22. 1. 2005, unter anderem auf »al-Ansar«. Vgl. Yassin Musharbash: »Sarkawi ruft zum Dschihad gegen alle Demokraten auf«, SPIEGEL ONLINE vom 23. 1. 2005. Die Argumente ähneln denen, die im ersten Kapitel genannt werden: Gottes alleiniges Recht auf das Erlassen von Gesetzen zum Beispiel oder das der Demokratie inhärente Prinzip der Mehrheitsentscheidung, die auch gegen islamische Grundsätze ausfallen könne, etc.

24 Yassin Musharbash: »Sarkawi lässt auf offener Straße köpfen«, SPIEGEL ONLINE vom 22. 1. 2005.

25 Von den USA abgefangener, angeblich von Aiman al-Zawahiri an Abu Musab al-Sarqawi gerichteter Brief, veröffentlicht im Oktober 2005. Zu finden auf: http://www.dni.gov/press_releases/20051011_release.htm. Zur Diskussion über die Glaubwürdigkeit des Schreibens siehe Kapitel 2.

26 Fuad Hussein: »al-Zarqawi, al-dschil al-thani l-al-Qaida«,
   S. 110.
27 Diese Interpretation ist umstritten, weil sie darauf beruht,
   dass nicht nur Sprengstoff, sondern auch Chemikalien zum
   Einsatz kommen sollten. Meine Aussage stützt sich auf ein
   Gespräch mit Personen aus dem Umfeld des jordanischen
   Sondertribunals, das für den Fall zuständig ist.
28 Ein jordanischer Soldat wurde eher zufällig getötet.
29 Die Rede wurde als Tondokument in mehreren Internetforen verbreitet. Die Übersetzung beruht auf meiner Transkription.
30 Es waren dies: »Dschaisch al-Ta'ifa al-Mansura«, »Sirayat Ansar al-Tawhid«, »Sirayat al-Ghuraba'«, »Kata'ib al-
   Ahwal«. Im Mai 2006 schloss sich noch »Dschaisch Ahl
   al-Sunna wa al-Tawhid« an.
31 »Erklärung über die Gründung des Ratgebergremiums der
   Mudschahidin im Irak«, zweiseitiges arabisches Internet-
   posting, das im Januar 2006 auf allen einschlägigen islamistischen Websites kursierte, zunächst auf »al-Hisba«.
   Vgl. Yassin Musharbash: »Sarkawi gründet Terrordachverband«, SPIEGEL ONLINE vom 17. 2. 2006.
32 AFP-Meldung vom 2. 4. 2006.
33 Abu Musab al-Sarqawi: »Botschaft an die Menschheit«,
   Rede vom 21. 4. 2006, veröffentlicht am 25. 4. 2006 als
   Teil eines 34-minütigen Videos, das in den einschlägigen
   Internetforen zum Herunterladen verlinkt war. Die Über-
   setzung beruht auf meiner Transkription. Vgl. Yassin Mus-
   harbash: »Mit dem Schlächter auf dem Teppich«, SPIEGEL
   ONLINE vom 26. 4. 2006.
34 Nur Tage nach Veröffentlichung des Videos reagierte die
   US-Armee: Sie publizierte ihrerseits einen Teil des von al-
   Sarqawi offenbar nicht zur Veröffentlichung bestimmten
   Originalmaterials, das sie bei einer Razzia erbeutet hatte.
   Auf diesen »Outtakes« ist etwa zu sehen, wie al-Sarqawi
   Schwierigkeiten bei der Bedienung eines Maschinengewehrs
   hat. Vgl. Yassin Musharbash: »Abu Tolpatsch al-Sarkawi«,

SPIEGEL ONLINE vom 5. 5. 2006 sowie »U. S. Uses Iraqi Insurgent's Own Video to Mock him«, in: »The New York Times« vom 5. 5. 2006. Wiederum ein paar Tage darauf veröffentlichte die US-Armee ein angeblich erbeutetes »Strategiepapier« der irakischen al-Qaida-Filiale für die Region Bagdad, das auf einen Mangel an Kämpfern, Organisation, Strategie und Waffen schließen lässt – wenn es authentisch ist. Vgl. Yassin Musharbash: »Irakische Qaida zweifelt an sich selbst«, SPIEGEL ONLINE vom 9. 5. 2006.

35 Auch wenn sie heute innerhalb des al-Sarqawi-Netzwerks offenbar nicht mehr die Mehrheit stellen. Vgl. »An Interview with the Chief Aide of Abu Musab al-Zarqawi, Abu Hafs al-Ansari, by al-Watan al-Arabi«, SITE Insitute, 14./15. 3. 2006 (www.siteinstitute.org).

36 »Dies ist der Weg in den Irak«, vierseitiges arabisches Dokument, veröffentlicht auf der Website »Jihad Web« im Juli 2005; anschließend kursierte das Papier mehrere Wochen lang in verschiedenen islamistischen Diskussionsforen. Der Verfasser nannte sich »Der islamische Doktor«.

37 Yassin Musharbash: »Der Cyberfriedhof der Dschihadis«, SPIEGEL ONLINE vom 25. 10. 2005; auf ähnliche Zahlen kommt auch Reuven Paz in seiner Auswertung (»Arab Volunteers killed in Iraq: an Analysis«, in: Global Research in International Affairs [GLORIA] Center, The Project for Research of Islamist Movements [PRISM], Occasional Papers, Vol. 3, No. 1 [March 2005]).

38 So in dem Film »Zarqawi. Porträt eines Phänomens« von Jörg Armbruster, der am 19. 1. 2006 in der ARD ausgestrahlt wurde.

39 Yassin Musharbash: »›Er war schöner als der Mond ...‹«, SPIEGEL ONLINE vom 25. 10. 2005. Der Fall ist auch unabhängig verifiziert.

40 Vgl. z. B. »Der Tagesspiegel« vom 29. 4. 2006, S. 7 (»USA: Irak ist Brennpunkt des Terrors«). Originalberichte des US-Außenministeriums sind zu finden unter http://www.state.gov/s/ct/rls/crt/.

5. Kapitel

1 Zitat nach »Nicht jeder, der vom Dschihad faselt, ist gleich ein Gotteskämpfer«, in: »Frankfurter Allgemeine Zeitung« vom 29. 7. 2005, S. 4.

2 Elmar Theveßen: »Terroralarm. Deutschland und die islamistische Bedrohung«, Berlin 2005.

3 Vgl. Oliver Schröm u. Uli Rauss: »Osamas deutscher General«, in: »Stern« vom 4. 8. 2005.

4 Allerdings wurde er im April 2005 aus Mangel an Beweisen von diesem Vorwurf freigesprochen. Vgl. z. B. »Freispruch vom Terror-Vorwurf«, in: »Süddeutsche Zeitung« vom 7. 4. 2005, S. 7.

5 Durch die Hamburger Terrorprozesse hat sich mittlerweile gezeigt, dass der Hauptteil der Planung in Afghanistan abgewickelt wurde.

6 Zitat nach Bruno Schirra: »Gottesstaat mitten in Berlin«, in: »Welt am Sonntag« vom 14. 11. 2004, S. 6.

7 Der möglicherweise geplante Anschlag Garnaouis kann an dieser Stelle nicht betrachtet werden. Zum einen ist der Mann freigesprochen worden (auch wenn er angeblich zum Sprengstoffmischen geeignete Materialien in seiner Wohnung hortete). Zum anderen ist die Motivation und Begründung in diesem Fall dubios. Sein angebliches Ziel soll eine Demonstration gegen den Irakkrieg gewesen sein, was aber nicht bestätigt werden konnte.

8 Abu Dschandal al-Azdi: »Osama Bin Laden – Erneuerer des Zeitalters und Bezwinger Amerikas«, eine ausschließlich im Internet kursierende, sehr aufschlussreiche al-Qaida-nahe Biographie Bin Ladens.

9 Die Einschätzung stammt vom Februar 2004.

10 Vgl. Yassin Musharbash: »Islamisten bekennen sich zu Mord an Deutschem«, SPIEGEL ONLINE vom 30. 5. 2004 sowie »Deutscher fiel offenbar Terroranschlag zum Opfer«, in: »Frankfurter Allgemeine Zeitung« vom 22. 6. 2005, S. 1.

11 Vgl. die beiden Filme »Warum Terroristen töten« und

»Warum Terroristen töten. Eine Analyse« von Dirk Laabs, ausgestrahlt am 28. 2. 2006 auf ARTE.

12 Zitate hier und im Folgenden nach Dirk Laabs: »Der Lehrer des Terrors«, in: »Frankfurter Allgemeine Sonntagszeitung« vom 17. 7. 2005, S. 49.

13 Sicher scheint nur, dass 5 Mio. US-Dollar Lösegeld bezahlt wurden; unklar blieb unter anderem, warum ein Teil dieses Geldes nach der Freilassung in der Tasche von Frau Osthoff gefunden wurde. Vgl. »Berliner Morgenpost« (»Susanne Osthoff arbeitete im Irak für den BND«, 7. 1. 2006) und »Focus« (»1000 und eine Frage«, 30. 1. 2006).

14 Osthoff deutete nach ihrer Freilassung an, sie sei in den Händen einer Gruppe gewesen, die zum al-Sarqawi-Lager gehöre. Warum das so gewesen sein soll, erläuterte sie nicht. Vgl. »›Jetzt bin ich der Buhmann‹«, SPIEGEL ONLINE vom 4. 1. 2006; »Susanne von Arabien«, in: »Süddeutsche Zeitung« vom 11. 1. 2006.

15 Am 2. Mai 2006 wurden Nitschke und Bräunlich nach 99 Tagen schließlich freigelassen.

16 Dies berichtete auch »Die Welt« (»Susanne Osthoff war ›gelegentlich‹ für den BND tätig«, 7. 1. 2006).

17 Dies ist eine Unterstellung. Nach bisherigem Kenntnisstand gibt es nichts, das darauf hindeutet, dass die Bundesregierung eine aktive Rolle bei der Überstellung an die Syrer gespielt hat.

18 Das Posting wurde verfasst von »Abu Omar al-Schami« und erschien am 6. 2. 2006. Der Verfasser scheint mit seiner suggestiven Auslegung nicht alleine zu stehen, denn auch die Entführer von Nitschke und Bräunlich bezeichneten ihre Geiseln in einem der Videos, die sie veröffentlichten, Medienberichten zufolge als »Agenten«. Dass die beiden im Mai 2006 freigelassen wurden, spricht indes dafür, dass die Gruppe, die sich »Unterstützer von Tawhid und Sunna« nannten, letztlich weniger ideologisch als vielmehr rein kriminell war.

19 Das ZDF bezog sich im Januar 2006 auf Geheimdienstkreise und berichtete von ca. 300 Kämpfern, die aus Europa in den Krieg gezogen seien.

20 Guido Steinberg: »Terror – Europas internes Problem«, Internationale Politik, 60. Jg., Nr. 11, 2005, S. 14 ff.

21 Vgl. »Von Hamburg in den Irak – und zurück«, in: »Die Welt« vom 6. 1. 2006.

22 Stefan Braun: »Anwerbung von ›Dschihad-Kämpfern‹ – Rekrutierung und Radikalisierung von Islamisten«, Informationsdienst Terrorismus, Nr. 9/2005.

23 Annieke Kranenberg: »Nachbarsjunge, Gotteskrieger«, in: »Die Zeit« vom 28. 7. 2005.

24 »From cricket-lover who enjoyed a laugh to terror suspect«, in: »The Guardian« vom 13. 7. 2005, S. 1. Mittlerweile liegen Untersuchungsberichte des Innenministeriums und des Geheimdienstausschusses vor. Vgl. Yassin Musharbash: »Die Instant-Mudschahidin von London«, SPIEGEL ONLINE vom 11. 5. 2006; für die Originalberichte: http://www.cabinetoffice.gov.uk/publications/reports/intelligence/isc_7july_report.pdf, und http://www.homeoffice.gov.uk/documents/7-july-report.pdf?view=Binary.

25 Vgl. Yassin Musharbash: »›Wir sind im Krieg, und ich bin Soldat‹«, SPIEGEL ONLINE vom 2. 9. 2005.

26 Marc Sageman (»Understanding Terror Networks«, Philadelphia 2004, S. 92) hat einen entsprechenden Wert von 70 % bei seiner Auswertung der Biographien von 172 Terroristen ermittelt.

27 Guido Steinberg: »Terror – Europas internes Problem«, S. 18.

28 Bill Powell: »The Enemy Within«, in: »Time« vom 31. 10. 2005.

29 Carla Power: »The Lost Generation«, in: »Newsweek« vom 15. 8. 2005.

30 So Marc Sageman in dem Film »Warum Terroristen töten. Eine Analyse« von Dirk Laabs, ausgestrahlt am 28. 2. 2006 auf ARTE.

31 Olivier Roy: »Globalized Islam. The Search for a new Ummah«, London 2004, S. 303.

32 Guido Steinberg: »Terror – Europas internes Problem«.

33 Ebd.

34 Hans Magnus Enzensberger: »Der radikale Verlierer«, in: DER SPIEGEL Nr. 45 vom 7. 11. 2005.

35 Tut man es nicht, geht es meistens schief. Ein gutes Beispiel war die in Teilen hysterische Diskussion um den türkischen Blockbuster-Film »Tal der Wölfe«. Geschockt von der Tatsache, dass viele türkischstämmige Zuschauer auch in Deutschland das Machwerk – sicher auch wegen seiner Amerikafeindlichkeit – gut fanden, leiteten nicht wenige Politiker und Journalisten daraus eine Steigerung der Terrorgefahr ab. Die Tatsache, dass dieser Film Selbstmordattentate ablehnt und eine Szene enthält, in der eine positive Identifikationsfigur eine Geiselhinrichtung mit religiösen Argumenten unterbindet, wurde kaum noch wahrgenommen.

36 Stefan Braun: »Anwerbung von ›Dschihad-Kämpfern‹«.

37 Vgl. Holger Stark: »Missionare des Dschihad«, in: DER SPIEGEL Nr. 2 vom 10. 1. 2005.

38 Zeyno Baran: »Hizb ut-Tahrir, Islam's Political Insurgency«, Washington 2004, S. 48.

39 http://www.verfassungsschutz-mv.de/pages/hizb_ut.htm.

40 Carla Power: »The Lost Generation«.

41 Osama Bin Laden: »An die islamische Umma«, arabisches Transkript einer Rede vom April 2006, zitiert nach der Fassung von al-Dschasira.

42 So in dem Online-Magazin »al-Ansar«, 14. Ausgabe, April 2006, insbes. S. 8 ff. Vgl. Yassin Musharbash: »Terrorführer wiegeln Extremisten gegen deutsche Zeitungen auf«, SPIEGEL ONLINE vom 3. 5. 2006.

43 Der Fall wurde erst öffentlich bekannt, nachdem der Inhaftierte, Amer Cheema, sich in Untersuchungshaft in Berlin umgebracht hatte. Vgl. Matthias Gebauer u. Yassin Musharbash: »Selbstmord nach versuchtem Angriff auf Chefredakteur der ›Welt‹«, SPIEGEL ONLINE vom 5. 5. 2006

sowie Matthias Gebauer: »Alptraum Einzeltäter«, SPIE-
GEL ONLINE vom 11. 5. 2006.
44 Das Posting erschien, mit einer Abbildung des Corpus De-
licti, am 24. 2. 2006 in dem Forum »al-Hisba«.

6. Kapitel

1 Osama Bin Laden: »An die Muslime im Land der zwei Heiligen Stätten im Besonderen und an die Muslime an anderen
Orten im Allgemeinen«, Rede vom 16. 12. 2005, als arabisches Transkript in dem Forum »Ansarnet« veröffentlicht.
2 Ein Kalifat bezeichnet einen islamischen Staat mit einem
Kalifen an der Spitze – ein Amt, das »Nachfolger« bzw.
»Stellvertreter« (des Propheten, und zwar ausschließlich
hinsichtlich der Führung der religiösen und weltlichen Angelegenheiten der Gemeinde, nicht als Gesandter Gottes)
bedeutet. Bis 1924 bestand durchgängig seit dem Tod Muhammads eine solche Einrichtung, manchmal gab es sogar
mehrere Kalifen zur gleichen Zeit. Das Kalifat der ersten vier
Amtsinhaber gilt allen Sunniten als Idealzustand, Islamisten
erstreben seine Wiederherstellung. Ein Emirat bezeichnet
einen islamischen Staat unter Führung eines Emirs, also
eines Befehlshabers, der nicht notwendigerweise auch die
religiöse Führung innehat. Islamisten betrachten das Emirat
oftmals als Schritt auf dem Weg zum Kalifat, das heißt, dass
zunächst die weltliche Macht erstritten werden muss, bevor sich die Umma, die Gemeinschaft der Gläubigen, auf
einen Kalifen einigt. Osama Bin Laden wird in der Regel als
Emir, nie als Kalif bezeichnet. Mullah Omar dagegen, der
Talibanführer, trägt zumindest den traditionellen Ehrentitel
eines Kalifen, nämlich »Amir al-Mu'minin« (Befehlshaber
der Gläubigen). Es gibt darüber hinaus auch eingeschränkte
Interpretationen der Begriffe Kalifat und Emirat, die darunter allein das Amt fassen.
3 Aiman al-Zawahiri: »Letter from al-Zawahiri to al-Zar-

qawi«, veröffentlicht vom »Office of the Director of National Intelligence«, 11. Oktober 2005. Zu finden unter: http://www.dni.gov/press_releases/20051011_release.htm.

4 Gespräch mit dem Autor in Amman im Februar 2005.

5 Fuad Hussein: »al-Zarqawi, al-dschil al-thani l-al-Qaida« (Ál-Sarqawi. Die zweite Generation der al-Qaida), Beirut 2005.

6 Man sollte dieser Aussage allerdings nicht ohne Skepsis begegnen. Sichere Belege fehlen. Die »Süddeutsche Zeitung« (»PLO und Hamas ringen um die Macht«) berichtete unterdessen am 23. 3. 2006, ein israelisches Militärgericht habe zwei Palästinenser angeklagt, weil sie angeblich von al-Qaida 3500 Euro für zwei Selbstmordanschläge erhalten hätten.

7 Vgl. Al-Ahram Center for Political and Strategic Studies (Hrsg.): »dalil al-harakat al-islamiyya fi al-'alam« (Führer für die islamischen Bewegungen in der Welt), Kairo 2006, insbesondere den Artikel »Das ökonomische Denken Osama Bin Ladens«, S. 235–255.

8 Aiman al-Zawahiri: »Letter from al-Zawahiri to al-Zarqawi«, veröffentlicht vom »Office of the Director of National Intelligence«, 11. Oktober 2005.

9 Es gibt eine Auswertung der Symbolik solcher Montagen, durch das Combating Terrorism Center der US-Militärakademie (www.ctc.usma.edu/CTC%20--%20Islamic%20 Imagery%20Project.pdf, veröffentlicht im Mai 2006). Aber auf die Querverbindungen zur westlichen Bildersprache wird hier nicht eingegangen.

10 Vgl. »Self-doomed to failure«, in: »The Economist« vom 4. 7. 2002 sowie www.rbas.undp.org/ahdr.cfm für die Originalberichte.

11 Vgl. SPIEGEL ONLINE vom 7. 2. 2004, »Wie Islamisten mit Pop Nachwuchs ködern«; die Recherche zu dem Video stammt von Abdelasiem El Difraoui, SPIEGEL TV.

12 Mohammed Al-Jazairy: »Fast Cars, Soccer or Al-Qaeda?

Decisions ... Decisions!«, in: »al-Scharq al-Awsat« vom 3. 7. 2005 (http://www.asharqalawsat.com/english/news. asp?section=2&id=672).

13 So in einem Interview mit der »Neuen Zürcher Zeitung am Sonntag« vom 4. 4. 2004.

14 »Rakan Bin Williams«: »dschundi al-Qaida al-qadim« (Der al-Qaida-Soldat der Zukunft), vierseitiges arabisches Internetposting, veröffentlicht von der Global Islamic Media Front, Oktober 2005.

15 Hier und im Folgenden Reuven Paz: »Rakan ben Williams: The Next Generation of Jihadi Terrorists in Europe«, in: Global Research in International Affairs (GLORIA) Center, The Project for Research of Islamist Movements (PRISM), Occasional Papers, Vol. 3, No. 8 (November 2005).

16 Vgl. SPIEGEL spezial Nr. 4 vom 26. 4. 2005, »Im Netz des Terrors«, S. 70 ff.

17 Vgl. Oliver Schröm u. Uli Rauss: »Osamas deutscher General«, in: »Stern« vom 4. 8. 2005.

18 »New Muslim at 15, Terror Suspect at 19«, in: »The New York Times« vom 18. 7. 2005.

19 Im Mai 2006 wurde bekannt, dass möglicherweise auch eine deutsche Konvertitin geplant hatte, einen Selbstmordanschlag im Irak oder im pakistanisch-afghanischen Grenzgebiet auszuführen. Vgl. Matthias Gebauer u. Holger Stark: »Mit dem Kleinkind in den Dschihad«, SPIEGEL ONLINE vom 30. 5. 2006.

20 Regina Kerner: »Allahs neue Anhänger«, in: »Berliner Zeitung« vom 13. 12. 2005.

21 Tatsächlich wird in den islamischen Quellen betont, dass allein der Grad der Gläubigkeit und keine anderen Kriterien die Menschen voneinander unterscheiden.

22 Craig S. Smith: »Raised Catholic in Belgium, She Died a Muslim Bomber«, in: »The New York Times« vom 6. 12. 2005.

23 Vgl. hierzu Stefan Leader: »Osama Bin Laden and the terrorist search for WMD«, in: »Jane's Intelligence Review«, Vol. 11, No. 6, June 1999, S. 34–37; »CIA: Al-Qaida plant

›schmutzige Bombe‹«, in: »Süddeutsche Zeitung« vom 25. 11. 2004; »Anschlagspläne aufgedeckt«, in: »Süddeutsche Zeitung« vom 3. 6. 2004.

24 »Militants in Europe openly call for Jihad and the Rule of Islam«, in: »The New York Times« vom 26. 4. 2004.

25 Combating Terrorism Center, Department of Social Studies, United States Military Academy: »Harmony and Disharmony. Exploiting al-Qa'idas Organizational Vulnerabilites«, zu finden unter www.ctc.usma.edu/aq/Harmony%20and%20Disharmony%20--%20CTC.pdf.

26 Ebd.

27 Olivier Roy: »Globalized Islam. The Search for a new Ummah«, London 2004, S. 57.

28 Ebd., S. 323 ff.

29 Ebd., S. 324 bzw. 323.

Nasrin Alavi
Wir sind der Iran

Aufstand gegen die Mullahs –
die junge persische Weblog-Szene
Mit zahlreichen Abbildungen
Deutsch von Violeta Topalova
KiWi 919
Deutsche Erstausgabe

Im Iran ist das Internet vor allem für die Jugend zu *dem*
Medium des Protestes gegen die Herrschaft der Mullahs
geworden. Es gibt mehr als 65.000 iranische Weblogs,
Internet-Tagebücher – mehr als in deutscher, italienischer
oder spanischer Sprache. Nasrin Alavi fängt die junge
Subkultur des Widerstands ein: Die iranischen Blogger
sprechen mit Witz, Poesie und Zorn über ihre Konflikte
mit dem Gesetz, die Situation der Frauen, diskutieren über
Repression und Widerstand, Religion und Medien, über
Musik und Partys, erzählen von der Liebe und der Trauer
über verschwundene Helden.

»Ein fulminantes Buch, das auf ungewöhnliche Weise
Antworten gibt. Es wendet sich ab von den Fernsehbildern,
die nur einen Bruchteil dessen zeigen können, was vor Ort
wirklich geschieht.« *FAZ*

Paperbacks bei Kiepenheuer & Witsch  www.kiwi-koeln.de

Andreas Zumach
Die kommenden Kriege

Ressourcen, Menschenrechte,
Machtgewinn – Präventivkrieg als Dauerzustand?
KiWi 912
Originalausgabe

Nach dem völkerrechtswidrigen Krieg gegen Irak hat die
Bush-Administration Syrien, Iran und andere »Tyrannen-
und Terrorstaaten« ins Visier genommen. In diesen
Ländern sollen die Entwicklung von Massenvernichtungswaffen verhindert, Freiheit, Demokratie und Menschenrechte gefördert und damit dem Terrorismus der
Nährboden entzogen werden. Doch tatsächlich geht es
der Bush-Administration in erster Linie darum, im zu Ende
gehenden Ölzeitalter den Einfluss und die Machtpositio-
nen der USA zu festigen und auszubauen. Und dies in
immer schärferer Konkurrenz zu Europa, China und Russ-
land. Sind (Welt-)Kriege um Öl noch vermeidbar? Gibt es
noch Chancen für den friedlichen Ausgleich von
Interessen und die gemeinsame Bewältigung der globalen Probleme im Rahmen der UNO?

»Guter investigativer Journalismus gepaart mit hellsich-
tiger Analyse.« *Vorwärts*

Paperbacks bei Kiepenheuer & Witsch  www.kiwi-koeln.de

Bahman Nirumand
Iran – Die drohende Katastrophe

Broschur

Sein Buch »Persien, Modell eines Entwicklungslandes oder Die Diktatur der Freien Welt« prägte die Studentenbewegung und löste die Anti-Schah-Demonstration vom 2. Juni 1967 aus. Nun beschreibt Bahman Nirumand, der zweimal in seinem Leben den Iran verlassen und ins Exil gehen musste, die Gefahren, die von dem akuten Konflikt um das iranische Atomprogramm ausgehen. Er analysiert die tiefen Widersprüche im Gottesstaat und zeigt, wie sich in dessen Schatten eine lebendige Zivilgesellschaft ausgebildet hat. Deren Reformkräfte müssen genutzt werden, um einen militärischen Konflikt doch noch zu vermeiden.

Kiepenheuer & Witsch   www.kiwi-koeln.de